奥秘 ◎ 探索

后宫秘史

祈莫昕 著

吉林出版集团股份有限公司 | 全国百佳图书出版单位

Discovery

图书在版编目(CIP)数据

后宫秘史 ／ 祈莫昕著. —— 长春 ：吉林出版集团股份有限公司，2017.1
（奥秘探索）

ISBN 978-7-5581-1537-0

Ⅰ．①后… Ⅱ．①祈… Ⅲ．①宫廷－生活－中国－古代－通俗读物

Ⅳ．①K220.9

中国版本图书馆CIP数据核字（2016）第162020号

后宫秘史
HOUGONG MISHI

著　　者：祈莫昕

出版策划：孙　昶

选题策划：孔庆梅

责任编辑：孙骏骅

文图编辑：刘燕萍　李国斌

美术编辑：何冬宁

封面设计：夏　鹏　段　瑶

版式设计：刘晓东

图片提供：华盖创意　中国图片库　Fotoe

出　　版：吉林出版集团股份有限公司（长春市人民大街4646号，邮政编码 130021）

发　　行：吉林出版集团译文图书经营有限公司 （http://shop34896900.taobao.com）

电　　话：总编办 0431-85656961　营销部 0431-85671728 / 85671730

制　　作：日知图书（www.rzbook.com）

印　　刷：吉广控股有限公司

开　　本：787mm×1092mm　1/12　　印　　张：18

字　　数：307千字

版　　次：2017年1月第1版　　　　　印　　次：2017年1月第1次印刷

书　　号：ISBN 978-7-5581-1537-0

定　　价：28.00元

印刷错误请与承印厂联系　电话：0431-85199088

后宫，一个女人的天地，一个谜一样的地方。在正史中，你只能读到关于它的只言片语，因为任何一位帝王都不希望自己的私生活被人津津乐道，因此他们禁止天下人谈论有关后宫的话题。但越是如此，越引人探寻。历朝野史皆述后宫秘事，并极尽演绎之能事，字里行间弥漫着奢华、暧昧、情欲、哀婉、杀戮的气息。

两千余年来，后宫的红墙究竟遮掩了多少阴谋算计与情爱纠葛？三宫六院七十二妃，一群原本温婉的女子，一朝成为帝王的女人后，开始为男人而活，为生存而战。裙裾翻飞间，宫闱恩仇愈演愈烈，胜者摘得无上荣耀，败者被权力碾为齑粉。

宫斗究竟有多残酷？定陶美女戚夫人深得刘邦宠爱，因此招吕后嫉恨，在刘邦死后被囚于永巷舂米，最终落得成为人彘并被弃于厕所的悲惨结局。最是无情帝王家，她们如何尝尽了天下最清冷透骨的寂寞？当金屋藏娇终于成为色衰爱弛，陈阿娇从椒房殿退居长门宫，就算花千金请大文士司马相如作《长门赋》，终不能唤武帝回头一顾。江山美人自古难两全，多少帝王倾尽天下为红颜？唐中宗与韦后共历十余年患难，情意深厚到愿以江山与之。韦后，这个在历史上连名字都没有留下的女人，在丈夫的纵容下变得淫荡、贪婪、狠毒，在女皇梦中差点儿葬送大唐江山。

当荒淫帝王遭遇蛇蝎美人，结局又会如何？汉成帝在赵飞燕、赵合德的温柔乡神魂颠倒，醉生梦死，为博美人一笑不惜杀亲生子，最后竟死在赵合德的床榻之上。

再凶险的权力争夺，再凄凉的深宫怨梦，终究被湮没在王朝的烟尘里。奇珍异宝成了残金碎玉，华阁美室成了断壁残垣，帝王美人成了一抔黄土，天朝上国成了过眼云烟，后宫往事也早已被时光燃成片片灰烬。只有细心的人方能在史书所载的大事之中看到重重帷幕之后的背影，只有幸运的人才能在笔记野史偶然提到的宫室之中，看到雕梁画栋间飘过的那一道丽影。

目录

美人如花隔云端 ·································· 6

中国历史上第一个狐狸精："女祸"妹喜 ·················· 8

褒姒一笑天下亡：烽火戏诸侯的闹剧 ···················· 11

疯狂去爱：齐文姜恋兄之谜 ·························· 15

孔子的"绯闻女友"：南子往事 ······················ 18

美人身世成谜：美女间谍西施 ························ 22

千古艰难唯一死：桃花夫人息妫 ······················ 26

从烟花巷到黄金宫：赵姬之乱 ························ 30

演绎汉初风云的女人们：吕后、戚夫人、薄姬浴血争宠 ········ 34

外甥女嫁舅舅：处女皇后张嫣的凄凉一生 ················ 38

后宫争宠弱者胜：栗姬与王娡之争 ···················· 42

从金屋藏娇到幽禁冷宫：长门怨女陈阿娇 ················ 46

歌伎皇后的传奇：卫子夫霸天下 ······················ 50

武帝魂牵梦萦的妃子：李夫人的心机 ···················· 54

子贵母死：钩弋夫人的无奈 ·························· 58

帝后之死：霍氏阴云下的大汉后宫 ···················· 62

人生若只如初见：悲哀愁叹班婕妤 ···················· 66

淫乱后宫的赵氏姐妹花：汉成帝溺死温柔乡 ·············· 70

让皇帝"断袖"的美男子：男宠董贤 ·················· 76

环肥燕瘦几多娇儿：历代帝王选嫔妃的标准 ·············· 80

泪湿罗巾梦不成 ·································· 84

互换身份的妻与妾：阴丽华与郭圣通 ···················· 86

执掌后宫与天下：邓绥的计谋 ························ 92

后妃掌权 汉业将倾：终落骂名的梁妠 ·················· 96

被发覆面 以糠塞口：千古悲歌《洛神赋》中的甄洛 ········ 100

挑动八王之乱的第一丑皇后：毒辣贾南风 ················ 104

南齐深宫中的荒唐与天真：萧宝卷与潘玉儿的荒诞生活 ······ 110

徐娘虽老 犹尚多情：徐昭佩死后被休 ·················· 116

玉树流光照后庭：张丽华的胭脂红·····························120

用春药魅惑君王的妃子：冯润玩火自焚·····················124

从天使到魔鬼：胡仙真的争议·································128

一朝为帝作践天下人：癫狂帝王北齐文宣帝殴母淫亲·······132

沦落风尘的凤凰：北齐胡太后甘愿为娼·······················136

貌美妃子送江山：胡闹到极致的冯小怜·······················140

成也独孤 败也独孤：独孤皇后的铁腕·······················144

宫花寂寞红：隐没在深宫中的宫女们·························148

歌尽桃花扇底风·····················152

媚行深宫 铁腕治世：千古第一女皇武则天·····················154

被皇帝宠坏的女人：乱政的韦后·······························160

被迫自缢的倾城美人：唐玄宗与杨贵妃的传奇爱情···············166

盛开在南唐遗梦中的姊妹花：红颜薄命的大小周后···············170

真假狸猫换太子：刘娥的封后之路·····························174

几度浮沉 因祸得福：孟皇后三立之谜·························178

大明后宫的母子恋：万贵妃终身受宠·························182

一生只爱郑贵妃：万历后宫之乱·······························188

姑侄三人同侍一夫：皇太极的三位妻子·······················194

万千宠爱在一身：顺治帝与董鄂妃之恋·······················198

葬在妃园寝中的乾隆之后：乌喇那拉氏断发之谜···············202

真正的红颜祸水：慈禧太后颠覆河山·························206

三宫六院七十二妃：皇帝究竟有多少位妻妾···················212

中国历史上第一个狐狸精

"女祸" 妹喜

■ 妹喜素来被称为"中国第一祸水",人们习惯性地将夏亡国的多半责任归咎于妹喜。可是就算没有妹喜的出现,夏朝灭亡的事实仍不会改变。一个国家腐朽的根源是制度,而不是女人。

世有佳人

桀是夏朝最后一位国君,他即位以后轻仁德,尚武功,以暴治政,使得整个华夏大地烽烟四起、民不聊生。很多部族为了免遭桀的不断侵略而选择妥协,每年向夏朝朝贡。

东方的施氏部族势力非常弱小,不敢与夏朝为敌,也选择了朝贡之路。不过施氏献出的不是奇珍异宝,也不是奴仆和封地,而是倾城倾国的美色。

施氏献出的美女名叫妹喜,关于她的来历和身份,历史上一直没有定论。有史料记载她出身低贱,是一介平民,也有史料记载她是施氏部族的王室成员。桀暴政好色,每年都会有一些部族上贡美女,但是像妹喜如此美艳的女子却是独一无二的。

妹喜貌如初发芙蓉,自然美态,明眸皓齿,仙姿玉貌,一亮相就将其他妃子比了下去,自然得到了桀的宠爱。桀为了让妹喜欢喜,无所不用其极,对她的任何要求都极力满足。有了桀这样的宠溺,妹喜变得骄横便不意外。

有了妹喜相伴,桀终日沉溺在歌舞、酒色之中,尽情释放心里的欲念,将朝政大事抛诸脑后。而此时夏朝的朝臣们,要么灰心失望,远走他乡;要么倒戈相向,准备起义;要么跟着桀、妹喜一起胡混过日。总之,朝堂上下人心尽散,桀亡国已是注定之事。

历史传说

关于妹喜，正史鲜有记载，其事大多见于《列女传》《帝王世纪》等书中。因此，今人看到的关于妹喜的历史或许有些偏颇，并不完全客观。不过对于一个跟亡国之君整日享乐的女子来说，历史从来不愿意给她宽恕。

由于正史对妹喜鲜有记载，所以流传到现在的妹喜版本有许多，不管是她到桀身边的目的，还是对她的评价，都不相同。不过流传最广、最有趣的，还是间谍一说。拥护此说之人认为妹喜的出现本身就是一个政治阴谋，是外族推翻暴君计划中的关键一步，最强有力的证据就是《国语·晋语一》中记载："昔夏桀伐有施，有施人以妹喜女焉；妹喜有宠，于是乎与伊尹比而亡夏。"

伊尹是辅助商汤登上帝王之位的功臣之一，有"第一名相"之称。当年伊尹见桀气数已尽，便向汤献计，佯装叛商前往夏，并很快跟妹喜取得灭夏共识。于是，妹喜的任务除了要混淆桀的视听之外，还要收集有利于汤攻夏的讯息。有了妹喜和伊尹的通力合作，夏朝想不亡也不行。这样看来，妹喜是商汤灭夏的一大功臣，可是最后也难逃被杀的命运。《史记·殷本纪》注引《淮南子》说："汤败桀于历山，与妹喜同舟浮江，奔南巢之山而死。"后人大多认为，商汤赐死妹喜，一来是宣告天下，新君不会沉溺美色，不会重蹈桀之覆辙；二来是妹喜知道太多汤的隐秘之事，不得不死，正应了那句"狡兔死，走狗烹"。

● **河南偃师二里头宫殿复原模型**

在二里头文化遗址中曾挖掘出一座夏朝宫殿遗址。这座宫殿东西长约108米，南北宽约100米。整个宫殿坐北朝南，从规模看，当为王室所居。由柱洞的布局可以推测其屋顶结构为四面起脊式。正面墙基中心处建有门廊，宽34米，为两面坡式，有三条通道。在东北角另有两个小门。二里头遗址的宫殿建筑，从形制到结构都具有早期宫殿的特点，很多地方为后代宫殿所沿用，开创了中国宫殿建筑传统的先河。

因为妹喜之死众说纷纭，所以才有了另一个版本的立足之地，即妹喜帮助汤是为了报复。这个说法的佐证是《竹书纪年》中有这样一段记载：当年夏桀攻打岷山，岷山国主为了自保，也献出了两个绝代佳人，琬和琰。据说这两人也是能歌善舞，媚态万千，把桀迷得神魂颠倒。桀为了表示对她们的珍爱，特地在苕玉和华玉上刻了两人的名字。新人得宠，旧人得愁，妹喜从此被冷落在洛水一带。后宫之中争宠夺爱本就是常见之事，得宠者呼风唤雨，失宠者妒火焚心。妹喜眼见自己的一切都被琬和琰夺去，心里渐渐生恨。此时恰逢伊尹来夏刺探国情，妹喜便自然而然与之交好，把一腔妒火都变成灭夏的决心。也许在妹喜看来，只有将桀变成一个亡国之君，才不会有人跟自己争抢。

妹喜一边将军情透露给伊尹，帮助商汤大军摸清夏的软肋；一边在国内大肆宣扬，说桀做了一个梦，梦见西方有个太阳，东方也有个太阳，两个太阳互相争斗，最后西方的太阳胜利了，东方的太阳陨落了。当时，商在西，夏在东，西日获胜，预示着商会取代夏的地位。这样的言论传出后，百姓坚信夏灭亡指日可待，而汤则成为新的领袖。民心所向，再加上舆论引导，商汤很快获得了出兵的正当理由，桀遂亡。

妹喜的报复算是成功，但她没有想到的是，桀作为一个亡国之君，是没有资格再享受荣华富贵的，甚至连性命都不保。于是，当桀被流放历山的时候，妹喜也有一定的悔意，自愿跟随桀一同赴死。

独特的癖好

一个祸国殃民的绝色美女，似乎总是有一些令人发指的不良习惯。传说妹喜有几个特殊的癖好：听绢帛撕裂的声音，看人们在酒池里寻欢作乐，戴男人的官帽。

《帝王世纪》记载："妹喜好闻裂缯之声而笑，桀为发缯裂之，以顺适其意。"据说妹喜有一次听到绢帛撕裂的声音，便沉迷于此。桀为了博美人一笑，便从国库里搬出大量的绢帛，命宫女撕给妹喜听。国库绢帛不够，桀便横征暴敛，增重百姓的苛捐杂税，弄得百姓怨声载道。

因为妹喜喜欢看人们挤在酒池喝酒，桀于是下令在宫内挖了一个大池子，里边注满美酒，源源不断，不会干涸。平时，桀会与妹喜坐于龙船上，在酒池里行驶，又命三千宫女一齐起舞，二人一边饮酒，一边欣赏歌舞。然而妹喜并不就此满足，她让桀找来三千臣仆，在酒池里放纵喝酒。臣仆一醉，丑态百出，甚至有许多人醉死在酒池边，妹喜这才莞尔一笑。

至于妹喜戴男人官帽，恐怕就不是一个习惯那么简单了，其背后隐藏的是渴望参与政治的男儿心态。这一点十分符合妹喜是间谍的说法，她从出现就带着政治任务，可见骨子里透着一丝舍身忘己的英雄气概。但大多史学家认为这一点恐怕是《列女传》的杜撰。

不管妹喜是以间谍身份来到夏，还是作为朝贡的礼物来到夏，都带有很明显的俘虏色彩，归根结底，她也只是个无法自由生活的可怜女人。而桀也成了中国历史上记载的第一位暴君，荒淫无度，最终丢掉了国家，也丢掉了性命。

褒姒一笑天下亡

烽火戏诸侯的闹剧

■■■ 周朝从周幽王开始就已经落入万劫不复的深渊，尽管后来东周在极力维护国家的统一，却改变不了诸侯各自坐大的现实。后人皆称褒姒是红颜祸水，事实上真正的祸水不是红颜，而是追崇红颜的周幽王。褒姒不过是个导火索，周朝灭亡的真正原因是当朝君主已经不再有一统天下的能力。

女妖传言

公元前788年，也就是周宣王统治的第四十年，民间流传着一个恐怖的传言，说周朝将来会被一个女妖所灭。周宣王听闻后十分惊慌，立即命人四处捉妖。其实哪里有什么女妖，不过是百姓不满当时苦难的生活状况，试图通过这样的谣言来唤醒当朝君王，同时发泄心中强烈的不满。但周宣王从没有考虑到这个层面，他只是单纯要保住周王朝。

中国有句老话叫"疑心生暗鬼"，如果周宣王带给周朝百姓的是一个清明天下，他就不会对自己地位的稳固性如此缺乏信心，也不会对周朝的未来充满担忧。无论如何，周宣王已然陷入谣言中不能自拔，只要是他认为可疑的女人，全都被秘密杀害。然而，谣言并没有就此止住，反而愈演愈烈。

三年后的一个夜晚，周宣王做了个噩梦，梦到女妖来夺王位。惊醒之后，周宣王再次派人去捉妖。前去捉妖的大臣杜柏实在不忍心杀害平民百姓，就回报周宣王说根本没有妖精，如果继续诛杀百姓，恐怕会招致众怒，失去了民心，就离失去天下不远了。周宣王不仅不听劝告，还杀了杜柏。另一名大臣

●骊山烽火台遗址

左儒想替杜柏说话，却被周宣王一顿怒骂。左儒彻底对周宣王失望了，最后只能以自杀的方式来进行抗议。

杜柏和左儒死后，周宣王也有些后悔，觉得自己当时有些冲动。他开始茶饭不思，逐渐憔悴。有一次，周宣王外出打猎，回来时在马车上做了个梦，梦到死了的杜柏身穿红衣，头戴红帽，手持红色弓箭，向他射了一箭。周宣王感到胸口一阵疼痛，醒了过来。此事发生后不久，周宣王就去世了。

如果说周宣王已经将周朝弄得气数将尽，那么他的儿子周幽王则最终葬送了西周的江山。

上天警示

周幽王继位之后，将大部分精力都放在吃喝玩乐上，很少过问国家大事。他一定听闻过女妖传言，但从来都没有在这个问题上做过文章。就这一点而言，周幽王还不如他父亲，周宣王虽然手段极端，却多少能体现出一点爱惜周朝江山的情感。到了周幽王，什么江山社稷，什么黎民百姓，都不是他所关注的。他登上王位后最喜欢做的事情就是喝酒、淫乐。

于是，当时的周朝，除了选美女这件事是国君亲力亲为之外，其他事情基本上见不到他的身影。许多忠义之士劝谏周幽王专心朝政，励精图治，但都被周幽王当作了耳边风。

公元前780年，即周幽王继位的第二年，周朝都城镐京发生大地震。这种天灾在当时被视为不好的预兆，代表上天对在位君王不满，是一种警示。当年，商王武丁登基之后，曾有一只野鸡突然飞到宫殿屋顶不停鸣叫。武丁认为将有灾难发生，心里忐忑不安，惶惶不可终

日。后来，大臣祖己劝解武丁说："上天对道德败坏的人都会发出警示，但那些人置若罔闻，依旧我行我素，最后想悔改的时候已经来不及。大王只要尽心竭力为百姓做好事，就是顺应天意，定会得到上天庇佑。"从此之后，武丁不管遇到什么天灾人祸，都会将其视为警示，督促自己治理好国家，商朝便有了武丁中兴的辉煌。

如今，到了周幽王这里，也有一位类似祖己的大臣赵叔带劝谏说："山崩川竭，其象为脂血俱枯，高危下坠，乃国家不祥之兆。况岐山王业所基，一旦崩颓，事非小故。及今勤政恤民，求贤辅政，尚可望消弭天变。奈何不访贤才而访美女乎？"意思是让周幽王不要整日只想着搜罗美女，而忽略了正事，否则会遭到上天惩罚。但周幽王不是武丁，他根本没有想过让百姓安居乐业，听了这番话后，他直接将赵叔带革职，赶出王宫。

被革职的赵叔带绝望了，跟身边人说："危邦不入，乱邦不居。吾不忍坐见西周有'麦秀'之歌。"于是，赵叔带带着家人搬到了诸侯国晋国。

后来，大夫褒珦看不下去，上书死谏，却被周幽王丢进了大牢。久而久之，朝中上下再也没有人讲真话了。而周幽王就在一片阿谀奉承中继续荒淫玩乐。

烽火戏诸侯

褒珦在牢里一待就是三年，他的家人十分担心，想方设法进行援救。褒姒就在这种情况下粉墨登场。

褒珦家人知道周幽王喜欢美女，就四处挑选容貌秀丽的女子，最后选中了一户贫苦人家

的女儿，为其取名褒姒，献给了周幽王。周幽王大喜之下，放了褒珦。也就是从这个时候起，当年女妖的传言竟然一语成谶，变成了现实。

周幽王十分疼爱褒姒，可无论使用什么方法，都无法博褒姒一笑。最后，周幽王张贴榜文，说谁能献出一个可以让褒姒笑的计策，就赏金千两。一时间，王宫门庭若市，人来人往，许多想靠此发财的人都来献计。但是一连几天过去了，都没人能献出一个管用的计策来。就在此时，周幽王身边的佞臣虢石父献了一策，正是烽火戏诸侯。

这一天，周幽王带着褒姒来到骊山（今陕西临潼东南）烽火台，命人点燃烽火。烽火台是古代用来报警求援的讯号台，一旦点燃烽火，无论是白天还是夜晚，几十里以外的地方都能看到。周朝边境时常遭到敌人骚扰，于是在骊山建造了二十多座烽火台。一旦有敌军入侵，就点燃烽火，告诉各路诸侯战争爆发，速来援救。可想而知，这烽火一旦被点燃，将会是怎样的混乱场面。

烽火点燃了，邻近诸侯看到浓烟滚滚，立即整合兵马，赶到都城镐京。可当诸侯们赶来的时候，却没有看到任何敌情，反而看到了烽火台上周幽王在哈哈直乐。诸侯们这才知道，周幽王开了一个十分可恨的黑色玩笑，他们被耍了。此时的褒姒看到如此情景，终于笑了。

周幽王看到美人这一笑像绽放的花朵，腿都酥了。之后，他又几次点燃烽火。可他不知道，"狼来了"的故事永远都是以悲剧收场。

弄假成真

自从褒姒笑了之后，周幽王对她更是宠爱

有加。不久之后，褒姒为周幽王生了个儿子，名叫伯服。周幽王为了让褒姒高兴，废了当朝王后和太子宜臼，立褒姒为后，伯服为太子。按照周朝礼制，王后无过，是不能随便被废的，太子亦是如此。周幽王这般任性，让很多大臣心生不满，特别是申侯。

申侯是诸侯国申国之君，被废的王后的父亲。他听说女儿和外孙被废，当场震怒，心里生出了逼周幽王传位给外孙的念头。他联合周边的犬戎和邻国，打算一起来攻打镐京。犬戎早有灭周之心，听闻申侯来意，十分爽快地答应了。

三国大军浩浩荡荡开到了镐京城外，周幽王大惊失色，连忙命人点燃烽火。然而，有了之前的教训，没有诸侯愿意再"上当"。因此烽火燃烧了几天，都没有诸侯前来救援。守城将士人数不多，根本无法抵挡三国大军。没过多久，镐京就被攻破了。周幽王带着褒姒四处奔逃，在途中被犬戎抓获。此时时局已经完全不在申侯掌控之中，犬戎杀了周幽王，抓了褒姒，开始在镐京城中掳掠。申侯本来是想借助犬戎兵力教训一下周幽王，却没想到犬戎会趁火打劫，心里十分羞愧。为了保住镐京，申侯只能给其他诸侯修书求援。

很快，各路诸侯带着大军到达镐京。犬戎一看大事不妙，就一把火烧了镐京，带着掳掠到的财宝绝尘而去。

这场动乱之后，周朝元气大伤。太子宜臼被拥立为王，是为周平王。但是此时的镐京已经是满目疮痍，大街上尽是被毁坏的屋舍。要恢复从前的镐京，需要大量人力、财力。周平王思前想后，决定放弃镐京，另选洛邑（今河南洛阳）为都城。其实周平王做出这个决

●烽火戏诸侯

周幽王为博妃子褒姒一笑，点燃烽火台，戏弄了诸侯。如此几次，到周幽王真的被犬戎围困时，再也没有诸侯带兵前来援助。落得这个下场，除了烽火戏诸侯外，更在于周天子已经失去了对诸侯的控制。

定，还有一个十分重要的原因，就是镐京离犬戎很近，时常被犬戎骚扰。

公元前770年，即周平王继位第二年，周朝正式迁都洛邑，西周灭亡，东周建立。也是从这个时候起，周王朝开始走上下坡路。当年那个女妖夺位的传言，也神奇地成了现实。

疯狂去爱
齐文姜恋兄之谜

■ "鲁道有荡，齐子由归"，说的是齐文姜出嫁鲁国的情形。也是从这时候开始，鲁桓公的悲剧就已注定。齐文姜与兄长乱伦，鲁桓公不是不知道。但他日夜提防，最后还是没能守住妻子的身心。这场乱伦闹剧，导致鲁桓公莫名其妙地死亡。不过，齐文姜虽然被安上了不守妇道的淫荡名号，却也有聪慧果敢的一面，算是个毁誉参半的传奇女子。

退婚风波

春秋时期的齐国国君齐僖公在历史上似乎并没有什么名气，不过他的两个女儿却是闻名古今。大女儿齐宣姜将公公卫宣公迷得神魂颠倒，使他不惜把儿媳变成自己的侧室。二女儿齐文姜更是貌美如花，《诗经·卫风·硕人》形容她"手如柔荑，肤如凝脂，领如蝤蛴，齿如瓠犀，螓首蛾眉，巧笑倩兮，美目盼兮"，令众多诸侯、公子心动不已。

转眼间，齐文姜也到了适婚的年纪，齐僖公开始为她张罗婚事。齐文姜要选夫的消息一经传出，立即吸引了各诸侯国达官贵人，甚至诸侯、世子前来求亲。在众人中挑来选去，齐文姜最后看中了郑国世子姬忽。春秋时期是中国历史上一个比较开放的时期，齐文姜可以光明正大地坐在那里为自己挑选夫婿。当她看到身材伟岸、温文尔雅的姬忽时，便认定了这个男子。随后，齐、郑两国高高兴兴结成了亲家。

可就在齐文姜准备出嫁事宜的时候，却传来了郑国退婚的消息，这对齐文姜而言无疑是晴天霹雳。当时郑国世子给出的退婚理由是"人各有耦，齐大，非吾耦也"，也就是说郑国实力不如齐国，地位卑微，实在高攀不起，这就是成语"齐大非偶"的出处。对于一个郑国世子而言，姬忽的退婚决定实在不够大气。不过对一个男人而言，不希望将来生活在女方强势的环境之下，也算情有可原。总之，齐文姜被人抛弃了。

春秋时期思想虽然开放，但女方被退婚毕竟不是什么光彩之事。更何况齐文姜从来没有想过，自己会有被退婚的一天，她一直认为自己的倾城之貌可以让所有男人都死心塌地。不管怎样，齐文姜被退婚的事情很快传开，齐国上下都知道这位二公主被人抛弃了，茶余饭后也免不了谈论一番。

此时的齐文姜在宫里长吁短叹，茶饭不思，心情十分抑郁，久而久之便积郁成疾，逐渐消瘦下去。而就是在这个时候，历史上最著名的乱伦事件发生了，事件主角是正处于感情低谷的齐文姜和她同父异母的哥哥姜诸儿。

从兄妹情深到儿女情长

姜诸儿与齐文姜从小一起玩耍，兄妹两人感情十分好。随着齐文姜逐渐长大，那绝代的美艳便成为姜诸儿越过道德边界的最大诱惑。

自从齐文姜因退婚之事抑郁生病后，姜诸儿便隔三岔五去探望妹妹，说些贴己宽慰的话。齐文姜也从兄长那里获得了振作的力量，心里十分感激。可久而久之，这对青春年少的兄妹就发展出了不一样的感情，一日不见便思之若狂。至此，兄妹之情彻底变成了儿女情长。

兄妹乱伦相恋，甚至还有越轨之举，即便是在开放的春秋时期，也会被视为伤风败俗的事情。因此，齐僖公知道之后，气急败坏地叫来姜诸儿，让他不要再靠近妹妹。与此同时，齐僖公也在为女儿物色合适的丈夫人选，想让她赶紧出嫁，以免家丑外扬。就在这个时候，鲁桓公派人前来提亲，说对齐文姜仰慕已久，希望能结成连理。齐僖公想都没想就答应了。

就这样，齐文姜被许配给了鲁国新君鲁桓公。对于鲁桓公来说，这是一次政治婚姻，他去求亲最主要的目的是跟齐国攀上关系，以便对鲁国未来的发展有所帮助；对于齐僖公而言，这就是一次急于掩盖丑闻的行为，并没有过多考虑；而对于齐文姜来说，这是一次无奈又无情的婚姻。

当姜诸儿知道妹妹被许配给鲁桓公后，悲痛欲绝，写下了"桃树有华，灿灿其霞，当户不折，飘而为直，吁嗟复吁嗟！"的诗句。意思是妹妹如桃花一般，灿烂如霞，可还来不及慢慢欣赏，就已经花落别家，实在令人唏嘘。而齐文姜在收到姜诸儿的诗后也附和一首："桃树有英，烨烨其灵，今兹不折，证无来者？叮咛兮复叮咛！"这有点"花开堪折直须折"的意味，是齐文姜期盼姜诸儿及时摘花的暗示。这样看来，齐文姜的文采也跟容貌一般绝佳，一句"今兹不折，证无来者"，大胆又细腻地表达了一个女子对挚爱的狂热追求。

不管齐文姜如何暗示，她与姜诸儿的恋情也只能就此打住。第二天，齐文姜就嫁给了鲁桓公。而且齐僖公一再叮嘱鲁桓公，别让齐文姜回娘家。为了让这一切看起来自然一点儿，齐僖公也断绝了跟二女儿的联系。齐僖公认为，只要这样做，就能彻底了结齐文姜和姜诸儿的丑事。可他千算万算都没能算到，在他离世之后，这对冤孽儿女又走到了一起。

起初，齐文姜跟鲁桓公的婚姻生活还算平静。齐文姜先后为鲁桓公生下了两个儿子，鲁桓公对齐文姜也是敬爱有加。可这段平静随着齐僖公的过世而烟消云散。

公元前698年，齐僖公去世，姜诸儿继位，是为齐襄公。齐文姜得知这个消息后，内心压抑已久的对姜诸儿的思念一发不可收。她再三要求鲁桓公带她回娘家，恭祝哥哥继位。可鲁桓公谨记岳父教诲，说什么都不答应。其实齐文姜跟姜诸儿的苟且之事，鲁桓公也早有耳闻。当年只是出于政治目的和爱美之心娶了齐文姜，婚后齐文姜安分守己，没有做出什么越礼之事，鲁桓公就渐渐淡忘了这段往事。此时见齐文姜如此急切要求回家，鲁桓公内心的戒备线悄然拉起，任凭齐文姜如何恳求，就是不松懈。

倘若鲁桓公一直坚持，也就不会造成后来的悲剧，可惜的是鲁桓公并没有太多理由一直阻拦妻子回娘家。于是在姜诸儿继位后的第四年，鲁桓公带着齐文姜回到了齐国。

桓公的悲剧

回到齐国后，齐文姜迫不及待去见姜诸儿。此时距离两人乱伦之事暴露，已有十八年的光景。这十八年来，齐文姜的平静让鲁桓公错以为妻子已经对姜诸儿忘情，二人不会旧情复炽。可事实证明，十八年对于齐文姜兄妹而言，并不足以磨灭旧情，再次相见后，两人之间的感情一下子迸发了。

此时的齐文姜，虽然少了少女时代的青涩，却多了几分少妇的成熟，这让姜诸儿欲罢不能。而此时的姜诸儿，也有了几分王侯风采，让齐文姜不能自制。昔日的恋人久别重逢，除了无法遏制的爱欲之外，就再也找不出其他情感。于是，姜诸儿随便找了个借口，支开鲁桓公，将齐文姜带回了自己的寝宫。两人缱绻情深，道不尽的缠绵，早已把道德约束、家庭责任抛诸脑后。

与此同时，可怜的鲁桓公在驿馆里独守孤灯，夜不能寐。过了几日，齐文姜都没有露面。鲁桓公终于按捺不住，前往宫中找寻。一进王宫，鲁桓公就看到了齐文姜和姜诸儿无比暧昧的一幕，当即火冒三丈，痛斥兄妹二人的无耻行径。

第二天，鲁桓公就要带着齐文姜回鲁国。姜诸儿象征性地为鲁桓公送行，摆了送行宴。酒过三巡之后，姜诸儿派人驾车送鲁桓公回国，可就在半路上，却传来了鲁桓公暴毙的消息。姜诸儿给出的理由是鲁桓公酒后颠簸，肝脏爆裂而死。可谁都看得出，这其中有问题。鲁桓公生前身体十分健康，怎么会喝两杯酒就受不起车马颠簸了？鲁国宗亲也明白这必然是个阴谋，但忌惮于齐国的实力而不敢发作。

之后，姜诸儿跟齐文姜的幽会更加方便且频繁了。而齐国就在姜诸儿跟妹妹肆意幽会的时候发生了巨变，朝中一些能臣都去了别的诸侯国，比如管仲去了鲁国，鲍叔牙去了莒国。

公元前686年，姜诸儿的荒唐行径终于招致众叛亲离，被大夫连称和管至父等杀害。不久之后，公子小白继位，是为齐桓公。而齐国的巅峰时代也就此开始。

姜诸儿一死，齐文姜便没有了留恋，她回到鲁国，一心一意帮儿子鲁庄公处理国政。对于一个乱伦、偷情的美艳女子来说，能够安度晚年，已经是莫大的幸运。齐文姜在政治和军事上表现出了非凡的才能，在她的打理下，鲁国一跃成为春秋时期实力最雄厚的诸侯国之一。

孔子的"绯闻女友"

南子往事

■ 历史给南子的评价非常笃定及简短——"美而淫"。她原本是春秋时期的宋国宗室之女，却因为政治需要嫁给了老态龙钟的卫国国君卫灵公。出嫁之后，她不甘寂寞，依旧跟从前的情郎私会，甚至跟卫国宠臣有着不明不白的关系。这样的作风导致她在约见孔子的时候，为孔子带去无尽的烦恼。似乎孔子一生的清名，就毁在了"子见南子"这件事上。然而历史从来都是多面的，也许我们看到的一面并不全面，这也是孔子见南子终成谜的重要原因之一。

南子的名声

尽管朱熹曾说"此是圣人出格事，而今莫要理会它"，但一直以来，仍有许多人在问："子见南子"是怎么回事？孔子和南子是不是有暧昧关系？南子到底是何人？按照朱熹的说法，孔子见南子的确有损圣人形象，所以才跟学生说是"圣人出格事"。但他另一方面又积极鼓励人们多关注圣人贤德的言行，而不是终日纠缠在这些传闻上。可事实上，越是想遮掩的传闻越是传得广，更何况是关于孔子的。

其实，"子见南子"之所以引人关注，根源在南子的名声上。倘若南子是位贤德之人，恐怕也不会为孔子惹来诸多非议。

南子本是宋国宗亲，宋国忌惮卫国势力，而将南子嫁给了大她三十多岁的卫灵公。南子在出嫁之前已经跟公子朝有私情，两人时常幽会，恩爱无比。南子嫁给卫灵公后，二人依旧时常相见。卫灵公对二人之事心知肚明，但出于对南子的宠爱而佯作不知。不久之后，南子生下一个儿子，取名为蒯聩。

倘若南子只是对公子朝一往情深，那还算是专情之人，但她嫁入卫国后，竟时常跟卫灵公的宠臣弥子瑕私会。《史记·老子韩非列传》记载，弥子瑕是卫灵公十分宠爱的一个臣子，长相俊美。卫国有律法规定，凡是偷窃君主车马的人，一律处以刖刑。可有一天晚上，弥子瑕因突闻母亲生病而驾卫灵公的车离开，不仅没有受到处罚，反而得到了卫灵公的赞赏。还有一次，弥子瑕跟卫灵公一同游果园，尝到一个非常甜的桃子，特地留给卫灵公吃。卫灵公拿到被弥子瑕咬过的桃子，说了句："弥子瑕多么敬爱我，一心想着让我品尝，竟然忘了他自己已经咬过。"这就是著名的"分桃"典故，常被后人用来形容同性之爱。大概是出于对弥子瑕的宠爱，所以他跟南子私通之事，卫灵公也装聋作哑。

卫灵公不计较，不代表没人对南子的作风深恶痛绝，蒯聩就是其中一个。

蒯聩长大之后，对母亲的所作所为也有听闻，不过他当他的太子，平时跟母亲也没什么来往。但是有一次，蒯聩路过宋国，听到宋人在传唱"既定尔娄猪，盍归吾艾豭"。娄猪暗喻南子，艾豭暗指公子朝。蒯聩一听，羞耻难当，转身带着家臣戏阳速就要去杀南子。不过戏阳速迟迟不敢动手，最后南子识破蒯聩的刺杀计划，逃过一劫。蒯聩因此逃到宋国，后又辗转到了晋国。

由此便不难想象，即便孔子去会见南子，只是谈论了一些儒学之道，恐怕也逃不过人们丰富的想象力和毫无节制的谣传，因为南子的名声真是坏得一塌糊涂。

●子见南子

孔子见南子

孔子见南子，《史记》上这样记载："（南子）使人谓孔子曰：'四方之君子不辱欲与寡君为兄弟者，必见寡小君。寡小君愿见。'孔子辞谢，不得已而见之。夫人在绨帷中，孔子入门，北面稽首。夫人自帷中再拜，环佩玉声璆然。孔子曰：'吾乡为弗见，见之礼答焉。'子路不说。孔子矢之曰：'予所不者，天厌之！天厌之！'居卫月余，灵公与夫人同车，宦者雍渠参乘，出，使孔子为次乘，招摇市过之。孔子曰：'吾未见好德如好色者也。'于是丑之，去卫，过曹。"

这段记载的大致意思是南子要见孔子，孔子先是拒绝，最后迫不得已答应。子路知道这件事后十分生气，认为孔子去见一个名德败坏的女人，实在不是圣贤人该有的举动。孔子听后赌咒说："我要做了什么不正当的事情，就让上天谴责我！"后来，孔子看到卫灵公过分贪恋美色，没有君主的贤德之心，便离开卫国。

其实这一次已经不是孔子第一次弃卫国而去，在鲁定公十四年（前496）的时候，孔子就已经到过卫国，并在十个月后离开。

鲁定公十四年，也就是蒯聩刺杀南子不成逃亡而出的这一年，当时孔子在鲁国任职。在孔子的打理下，鲁国国泰民安，和谐繁荣。齐国不满鲁国的强大，便送给鲁定公八十个倾国倾城的美女和一百二十匹骏马。鲁定公忌于孔子所提倡的政治理念而不敢收纳，齐国使臣便让那些美女整天在鲁国都城城门口跳舞，诱惑鲁定公。

鲁国权臣季桓子每天都怂恿鲁定公出去观

看，鲁定公经不起诱惑，微服到城门口观看。孔子知道这件事后，多少有些失望。但他并没有立即离开，因为他一直认为鲁定公是个有胸怀、有志向的国君，并不是无药可救。子路曾劝说孔子离开，可孔子却说再等等看，如果鲁定公在郊祀大典结束后，能将祭肉分给大夫，就还值得留下。对孔子来说，只要一个国家尚尊奉礼乐，那就值得一帮。可惜的是，郊祀结束之后，大夫并没有得到祭肉。孔子彻底心灰意冷，离开了鲁国，转而到了卫国。

到了卫国没多久，就有人向卫灵公进谗言陷害孔子。孔子为了自保，只能离开卫国。一个多月后，孔子又返回卫国，打算帮助卫灵公整顿封地。这一年是鲁定公十五年，孔子57岁，见南子也就是在这一年。

南子为什么要见孔子，史书并没有明确记载。不过一个生性放荡的女子，仰慕一个才识过人的贤人，并要求见面，也不难理解。更何况春秋时期是一个男女观念十分开放的时期，女人因仰慕男人而主动要求见面并不稀奇。

不管南子召见孔子的原因是什么，"子见南子"都成了历代名家争论的焦点。史书上并没有记载孔子见到南子后都谈论了些什么，只是间接从子路的不愉快上把玩出一些意味。即便孔子不停强调"予所不者，天厌之！天厌之！"，可后人还是对这次会面进行了负面解读。例如东汉王充就在《论衡》中将子路不愉快的原因定为"孔子淫乱也"。而朱熹也将子路不悦的症结归为"子路以夫子见此淫乱之人为辱"。

当然，并不是所有名家都认为孔子见南子充满了淫逸之恶趣味，东汉桓宽就在《盐铁论》中为孔子辩解，说孔子去见南子是因为

汉平云御饮明僖伯玉
及孔所之邃伯玉
灵於與夫人同车史
子方次夫人同车曰
吾未見好德如好色
者也去之
黄曰信矣詩薬
許力孫舟
所布仕衛
或可爲時
何或俊女
德色英好
醉歌聘微
遂污者道

●孔子圣迹图之丑次同车

"忧百姓之祸欲安其危"。

　　不管后世之人如何看待"子见南子"这件事，都无法绕开"南子淫乱"的事实。不论历史怎么变迁，南子淫荡的恶名是始终无法摘去了。

　　中国的历史跟希腊、印度的历史相比，少了几分浪漫主义色彩。在面对男女之事的时候，历史多半会以负面记录出现。一个女人，特别是乱世中的女人，一旦容貌秀丽、受人青睐，多半就会被定为红颜祸水。这就导致后人在品读历史的时候，形成一个误区，那就是红颜和亡国必然是有联系的。这种惯性思维直接将所有责任都推到了女人身上，忘记女人其实是社会中的弱势群体，忘记她们与权贵的暧昧关系多半含有政治成分，甚至可以说是一种买卖。换个角度也许会发现，这些所谓的"祸水"，极尽其所能施展和利用自己的美丽，一方面是为自己争取更好的生存环境，一方面是在报复压制女性的父权体制。

　　其实南子就是一个典型的政治交易的牺牲品。不管她在宋国的时候名声如何，她都无法自由决定自己的未来，最后还是像货物一样被出售给论年龄可以当自己父亲的卫灵公。她在卫国虽然过着奢华的生活，却得不到爱人之爱，也许她认为既然已经无法改变这样的命运，那就必须要在这样的命运中找点乐趣。当然，历史始终存在很多盲点，现实中的南子究竟有着怎样的情怀，今人不得而知。但可以肯定的是，乱世红颜一定也有悲情的一面。

美人身世成谜

美女间谍西施

■ 西施是中国古代四大美人之一，相传她幼年经常在村旁的小溪边浣纱，水中的鱼儿见到她都羞愧地沉入水底，于是便有了沉鱼之貌的说法。后来大多对西施的认识，都是从吴越之战中来的。如果她是个真实存在的历史人物，那么她可能是中国最早的受过训练的专业女间谍。不过世人似乎更关心她的感情归宿和最后的去向，大概人们都希望在冰冷的政治世界里能找到一丝感情带来的温存。

西施其人

关于西施最详尽的历史记录是在《吴越春秋》里。令人感到奇怪的是，这样一位出色的女间谍，却没有被记录在《史记》《国语》之中。这不禁让人想到西施会不会根本是一个虚构的人物，历史上并没有原型。《吴越春秋》并不完全是客观历史，里面掺杂着一些虚构夸张的戏剧性桥段，那么西施这一段内容，会不会也是作者有意添加的？

不过后人在《管子·小称》中发现了西施这个名字，但只是提及她的美貌，却没有说她帮助勾践灭吴的事。现今史学家大多倾向于认定西施确实存在，而且的确在吴越之争中有过突出表现。

无论这个人物是否存在，都不影响后人对她的追寻和探索，这就注定了西施的故事会永远流传下去。

按照《吴越春秋》的记载，西施，名夷光，越国人，家乡在浙江诸暨苎萝村。因为西施住在西苎萝村，故名西施。而著名的"东施效颦"中的东施，自然就是住在东苎萝村。

西施拥有绝世美貌，这也是令她从一个普通人家的女孩子变成重要历史人物的关键所在。

美女间谍

公元前494年，越国被吴国打得大败，越王勾践向吴王夫差俯首称臣。夫差为了羞辱勾践，命他和越国大夫范蠡一起在吴国养马。勾践只能忍辱负重，装出一副奴颜婢膝的样子，任凭夫差凌辱。这样的日子过了大约三年，夫差终于相信勾践对自己是真心臣服，将勾践一行人放回了越国。

勾践受此奇耻大辱，怎会善罢甘休。所幸的是，勾践是个理智且有智慧的人，没有一味贪图报复的快感，而是休养生息，卧薪尝胆，治理越国。在范蠡、文种等贤能之士的帮助下，勾践重新建立起一个富强的越国。

勾践在振兴越国的时候，也不忘从另一个方面削弱吴国的斗志。于是，历史上百试不爽

的美人计再次闪亮登场，西施是被选拔出的最符合美人计要求的美女之一。西施跟另一名被选中的美女郑旦一起进了越国王宫，进行一系列的系统学习，包括礼仪、歌舞、诗书、历史、时局，以及魅惑吴王的技巧和计谋。

学习结束之后，勾践以进献为名，将西施和郑旦送到了吴王夫差的身边。据说在学习期间，范蠡跟西施已经暗生情愫，私订终身。后来送西施去吴国的时候，范蠡更是自告奋勇，亲自送行，而且在吴国停留了一年多才离开。

其实从政治角度讲，范蠡留在西施身边一段时间是非常有必要的。作为一个心思缜密的权谋家，范蠡可以帮助西施更好、更快地完成任务。从私人感情而言，范蠡自然是想在爱人身边多留一刻。

西施来到吴国之后，立即就得到了吴王夫差的宠爱。当时伍子胥曾告诫夫差，西施恐怕是越国用来消磨大王意志的政治工具。但是夫

● **浙江嘉兴范蠡湖畔的西施妆台**

范蠡湖相传是范蠡偕西施泛舟五湖的隐居地，当年西施每天在湖畔梳妆。

●西施浣纱

差面对如斯美人，哪里还听得进去，不仅将西施纳入后宫，还整日与她形影不离。而西施则施展浑身解数，让夫差不思朝政。

就这样过了几年，夫差对西施越来越宠爱，对国事却日渐荒疏。伍子胥眼见夫差当年的雄心壮志都丢在了温柔乡里，心里焦急万分，多次劝谏夫差要一鼓作气先消灭越国。

但是此刻夫差最信任的人已经不是伍子胥，而是大夫伯嚭。伯嚭是个贪婪又善于逢迎的小人，当大臣们都劝夫差不要沉迷美色，不要被西施所骗的时候，他却跳出来坚决维护西施。人总是喜欢跟放纵自己的人亲近，夫差也不例外，尽管他曾经知道放纵不是件好事。

其实伯嚭私下里收受了越国的许多好处，负责帮助西施瓦解夫差的意志力。于是，当伍子胥强烈建议吴王赶快消灭越国的时候，伯嚭立即出面阻止，称此时齐国对吴国虎视眈眈，十分嚣张，先除掉齐国才是最紧要的。夫差也一直想攻打齐国，听了伯嚭如此支持自己，便举兵攻打齐国。这一仗吴国险胜，夫差十分高兴，从而也更加信任伯嚭。

伯嚭得宠，不断在夫差面前说伍子胥的坏话，夫差越听越恨，最终处死了伍子胥。据说伍子胥在临死之前，让邻人将自己的眼睛挖出，挂在吴国都城的城门上，表示他要亲眼看着越国举兵来攻。这一年是公元前484年。

两年之后，越王勾践率兵攻打吴国。此时的夫差正带着吴国主力在攻打晋国，没想到越王勾践会对其釜底抽薪，于是急忙回国援救。但此时的吴国都城已经被攻破，太子也被杀，夫差无力回天，只能求和。勾践此次征伐消耗了不少兵力、财力，一时间无法彻底灭吴，便表面答应与夫差和解。

但崛起的越国已经势不可当，公元前476年，勾践再次率兵伐吴。公元前473年，吴国都城被攻破。夫差见大势已去，最后举剑自刎。

西施去向

吴国已灭，勾践心愿已了，西施再没有价值。那么西施到底何去何从？这已成为历史之谜。关于西施去向的说法有两种，一种说法是西施跟随范蠡一同离开了越国，一种说法是西施被杀害了。

关于范蠡离开越国之事，《史记·越王勾践世家》中这样记载："浮海出齐，变姓名，自谓鸱夷子皮。"里面没有提到任何关于西施的讯息。不过唐版的《越绝书》中记载："吴之后，西施复归范蠡，同泛五湖而去。"其中还记录一些他们归隐之后的生活，十分温馨动人。然而，现今流传的《越绝书》却没有这段记载。到底西施是不是跟范蠡远走他乡，今人无从知晓。但大多数人还是比较倾向于这一种说法，因为人们更希望一个有为国献身勇气的女子，最后可以得到美满的爱情。

至于第二种说法，则有些残忍。《墨子·亲士》中记载："比干之殪，其抗也；孟贲之死，其勇也；西施之沉，其美也；吴起之裂，其事也。"这里的"西施之沉"，是指西施被沉水而死，原因就是她的美貌。根据《东周列国志》所言，夫差死后，西施回到了越国。勾践垂涎西施美貌，便传她侍寝。勾践的妻子知道后，妒火中烧之下，将西施丢进了江水之中。勾践知道后也没有责备妻子，因为妻子那句话说得十分在理："此乃祸水，岂能就

留。"自古以来就是"狡兔死，走狗烹"，类似西施这样的棋子，在完成任务后被杀，也不是全无可能。

此外还有一说，认为是勾践杀害了西施。当年范蠡从众多女子中挑选出西施，并传授她各种技艺和才能，朝夕相对，自生情义。后来西施到了吴国，曾跟范蠡相约，任务一旦完成，两人就双宿双飞，找个没有纷争的安静地方隐居，不再过问时政。但在范蠡倾心于西施的同时，勾践也对西施萌生了好感。不过勾践并没有表明心迹，反而还承诺范蠡，只要吴国一亡，就成全他和西施。勾践之所以这么做，是为了稳住西施，让她更有动力完成任务。后来吴国灭亡后，勾践食言，他担心西施会被范蠡带走，就以得不到就毁灭的心态，将西施沉入江中。很多人认为勾践生性狡诈，做出这种事情也极有可能。

不管西施是被谁害死的，认可西施被沉的人不在少数。大概是认定了政治阴谋中没有浪漫主义存在，因此很多人坚信西施不会有好下场。不过单从政治角度而言，西施被害是极有可能的。但是如此精彩又重要的事情，却没有被记录在《史记》《左传》《国语》等重要史籍中，又让人不得不想到关于西施的一切，会不会只是一场美丽的误会，这令人唏嘘又感动的往事，会不会真的是后人的虚构。

无论西施存不存在，她的故事真不真实，这个人物的出现都让历史多了些许趣味，也给了后人许多想象的空间。或许在这个时候，不该讨论她的存在性，而应该关注她出现的原因。如果《吴越春秋》中对西施的记载是虚构的，那么只能说世人太渴望在那段混乱昏暗的历史中，出现一个类似西施这般勇敢又有传奇色彩的女子。

千古艰难唯一死

桃花夫人息妫

■ 泱泱几千年的中国历史，无数兴衰荣辱，王朝更替，在这个男权社会中，左右历史进程的不仅仅只有男人，妹喜、妲己、褒姒，她们是政治的旁观者，也是历史的书写者，站在亡国之君的背后，她们背负的只有千古骂名。然而，还有这样一位女性，她的美貌导致了一个国家的灭亡，可她非但没有被后人斥责为红颜祸水，反而为人们深深缅怀，她就是桃花夫人息妫。

● 太美丽的容貌给息夫人带来了一生的悲剧。诗人宋之问曾感叹道："可怜楚破息，肠断息夫人。乃为泉下骨，不作楚王嫔。楚王宠莫盛，息君情更亲。情亲怨生别，一朝俱杀身。"

美丽的陈国公主

历史上关于息妫的记载早已散失，今天的我们只能通过零星的文献碎片来复原这个真实而美丽的女人。

史书上这样记载她的美貌："目如秋水，脸似桃花，修短适中，举动生态。"这栩栩如生的描写，使得一位绝代佳人的清丽容颜跃然纸上，而这样一位美丽的女子，历史却没有记录下她的名字，我们只知道她叫作息妫。按照两周时期对妇女的习惯称呼，这个称谓说明息妫姓妫，后来嫁到了息国。妫是当时仅有的几大姓之一，以女字为部首，残留着母系氏族的影子，同时也彰显了这个姓氏的高贵。作为一个古老的姓氏，妫姓是五帝中舜帝的后裔，周武王克商后，将舜的后代分封在陈地（今河南淮阳）。拥有绝世容颜的息妫，就是舜帝的后代，陈国的公主。

陈国的君主有两个女儿，长女嫁给邻国的蔡侯，次女嫁给淮水之滨的小国息国之君。这个嫁给息侯的小女儿，就是有着倾城倾国之姿的息妫。然而，这个嫁入息国的陈国公主一生的命运却在邻邦蔡国改写，又在遥远的楚国结束。

时代变迁，当周代的历史进入春秋时期，数百年前那原本牢不可破的分封制度开始动摇，一些大的诸侯国不断扩充实力，蚕食周边小国，召集诸侯会盟，成为时代的霸主。在这个礼崩乐坏的多事之秋，强大的诸侯不再服从周天子，种种僭越昭示着他们的野心，八佾舞于庭者有之，问鼎中原者有之，而楚国就是这些强大诸侯国中的翘楚。春秋时期诸侯争霸的主角是晋楚两国，作为两大超级霸主之一的楚国，相继吞并了周边的小国，所到之处，无不望风披靡。也许楚国的历代先王都没有想到，堂堂楚文王兴兵讨伐一个国家，没有必要的政治目的，没有冠冕堂皇的出兵理由，他大动干戈地征伐一个小国，竟然仅仅是为了得到一个女人，而这个女人就是当时已经嫁给息侯的息夫人息妫。王图霸业和寂寞的遗憾、国破家亡与妻离子散，楚文王、息侯、蔡哀侯，这些王侯霸主的成功败绩所勾画的，却是一个绝代佳人凄美的爱情传说。

祸起蔡哀侯

蔡国的祖先是周文王的儿子叔度，周武王分封天下时，叔度被封在汝南上蔡，也就是今天的河南省上蔡县。蔡国地处中原地区，虽然周边多是一些弱小国家，但北方的晋国、南方的楚国常年征战，极大地限制了蔡国的发展，因此，到了春秋时期，这个古老的诸侯国时常受大国宰割。公元前694年至公元前675年，蔡国在位的君主是蔡哀侯，蔡哀侯娶了息妫的姐姐为妻，因此蔡哀侯是息妫的姐夫。后来，作为妹妹的息妫嫁到息国。有一年，息夫人回陈国探亲，途经蔡国，顺便看望姐姐蔡侯夫人。蔡侯夫人见妹妹远道而来，十分欢喜，摆下丰盛的宴席招待。由于是家宴，蔡侯夫人的丈夫蔡哀侯也出席了。

这是蔡哀侯与息夫人的第一次会面，息夫人礼貌地向姐夫打招呼，蔡哀侯却痴痴地站在原地不能动了，息夫人绝美的容颜令蔡哀侯见之忘俗，深深折服。蔡哀侯忘记自己不仅身为一国之君，更是息夫人的姐夫，宴席上竟然对息夫人出言轻薄。息夫人顾及大家的脸面，一直隐忍着没有发作。可是蔡哀侯不仅没有收敛，喝了几杯酒而微醉的他竟得寸进尺，对息夫人动手动脚。息夫人忍无可忍，拂袖而走，留下了尴尬的蔡哀侯和蔡侯夫人。

作为陈国的公主、息侯的夫人，息夫人被人当众调戏，可谓奇耻大辱，她匆匆赶回息国，向自己的丈夫息侯哭诉蔡哀侯的无耻行径，并请

● **息夫人**

息夫人有绝代容颜，前人有诗云："桃花夫人好颜色，月中飞出云中得。新感恩仍旧感恩，一倾城矣再倾国。"

求夫君为她做主。

妻子被人凌辱，这是任何男人都接受不了的事情，更何况息侯是一国之君，息侯当即勃然大怒，发誓此仇不报非君子。然而，无论息侯怎样报仇心切，都必须正视一个事实，那就是息国国小力微，无法与实力远超自己的蔡国对抗。出兵，息国国力不及蔡国；不出兵，这口恶气咽不下。正当息侯踌躇不定的时候，他想到一个巧妙的以弱胜强的办法。

息侯找到南方强国楚国的国君楚文王，请楚国出兵攻打息国，蔡国是息国的盟国，又有连襟之亲，哪怕出于唇亡齿寒的考虑，蔡国也一定会发兵救援息国，蔡国一旦出兵救援，息、楚两国就联合起来，两面夹击，一举击败蔡军。楚国国力强盛，想要称霸一方，但北方的晋国过于强大，在晋国的面前，楚国称霸的梦想遥不可及。这一次息侯主动联盟，无疑为楚国吞并北方的蔡国提供了天赐良机。楚文王一面暗笑息侯的昏聩，一面满心欢喜地应承下来。

息侯的计划顺利进行。公元前684年，楚国出兵佯伐息国，息侯求援于蔡哀侯，蔡哀侯亲自率军救援。兵临城下之时，楚国和息国的军队从四面包抄过来，蔡哀侯惊觉上当受骗，但为时已晚，走投无路的蔡哀侯率领残部仓皇逃窜，最终未能逃脱兵败被擒的厄运。

蔡哀侯由于荒淫好色而从一国之主沦为阶下之囚，在楚国受尽折辱，蔡哀侯恨透了出卖他的息侯。为了报复，蔡哀侯在同样好色的楚文王面前大加称赞息夫人的美貌。楚文王听后无尽向往，竟然为了一个女人又出兵攻打息国。

楚国是当时实力最强盛的诸侯国之一，可与周王朝分庭抗礼，而息国只是中原的一个小国，两国实力有着天渊之别。战争的结果可想

而知，楚军一举攻陷息国，俘虏了息侯和息夫人，息国从此灭亡。

自此，一场为了女人而展开的东方特洛伊战争落下了帷幕，以蔡国的惨败、息国的亡国告终，而这一切竟是由蔡哀侯的无耻行径、息侯头脑发热时的错误决定所造成。但是，在春秋战国这个多事之秋，这场原本不起眼的战争却闻名千年，只因那个美丽的女子息夫人。

看花满眼泪 不共楚王言

这场男人间的荒唐战争的结果，由于实力的差距而没有任何悬念，楚国灭掉息国，息侯沦为阶下囚，被楚文王贬为看守城门的小吏，受尽侮辱，饱尝人间世态炎凉。楚文王如愿以偿得到了慕名已久的息夫人。楚文王见到息夫人的第一面便被息夫人的美貌深深打动，惊为天人，当即封息夫人为夫人。

楚文王害得息夫人国破家亡，息夫人当然不能轻易屈服就范，本想以死相抗，可有人劝说，如果息夫人自杀，楚文王自然会迁怒于息侯，说不定一怒之下会杀掉息侯泄愤。息夫人深爱着她的丈夫，当然不希望他惨遭杀害，无奈之下只得忍辱含垢，委身下嫁给仇人楚文王。

得到息夫人的楚文王如获至宝，对息夫人宠爱有加。三年之中，息夫人为楚文王生了两个儿子，一时之间，息夫人宠冠后宫。

然而，楚王的宠爱并未能抚平国破家亡带给息夫人的巨大伤痛，在楚宫的三年，息夫人闷闷不乐，甚至始终一言不发，无论楚文王如何逗她开心，她都一直保持缄默。楚文王百思不得其解，为什么集三千宠爱于一身的息夫人三年来一言不发，他一定要问个究竟。再也没有办法回避，息夫人只能痛哭着说："身为女

子当为丈夫守节而死，我在这里苟活，还有什么颜面同别人说笑呢？"听罢，楚文王也唏嘘良久，从此更加敬重息夫人。

　　然而，楚文王的宠爱与尊重并不能挽回息夫人那永远属于息侯的心。一次，楚文王出城打猎，要接连几天不能回宫。息夫人趁这个机会悄悄离开王宫跑到息侯看守的城门，与从前的丈夫相会。一别三年，音容渺茫，回想当年浓情蜜意、举案齐眉的日子，夫妻二人恍若隔世，抱头痛哭。息夫人委身楚王整整三年，为的就是有生之年能够再见夫君一面，如今终于得偿心愿，她再无遗憾。而息侯身为一国之君，却要在这里做守城门的小吏，简直是奇耻大辱，今天见到心爱的妻子，他也对人世再无眷恋。于是息侯与息夫人这对生生被拆散的鸳鸯头撞城墙殉情而死。

　　当楚文王回到国都时，看到的只有两具冰冷的尸体。有感于息侯夫妇相濡以沫、生死相随的情意，楚文王竟然以诸侯之礼将息侯与息夫人合葬在汉阳城外的桃花山上。被这个凄美故事感动的后人在桃花山上建了一座祠庙以作纪念，因此息夫人又被称为桃花夫人。唐代著名诗人王维路过桃花祠时，拜祭了这位为爱情而舍弃性命的美丽女子，并作《息夫人》一诗流传至今："莫以今时宠，能忘旧日恩。看花满眼泪，不共楚王言。"

● 清末著名画家吴友如笔下的息夫人

息夫人

国破君亡身独存　楚王花底列金樽　承恩不觉三年后　总脉情深但不言

吴友如写

从烟花巷到黄金宫

赵姬*之乱*

■ 公元前238年，秦王嬴政在雍城蕲年宫中举行弱冠之礼，长信侯嫪毐突然持嬴政与太后赵姬的玉玺围攻宫殿，发动政变。嫪毐为何许人？他为何企图造反？他又是如何盗得帝后的玉玺？这一切都源于一个女人，一位将身影隐藏在历史谜云中的太后——赵姬。

前尘往事吕不韦

自从有了帝王史，就有了宫闱史。从严格意义上说，赵姬是中国第一个宫廷中的女人，因为她的儿子是中国第一位大一统的帝王——秦王嬴政。然而，赵姬的出身并不高贵，她本是邯郸城中的一名歌伎，最为人所津津乐道的也正是她从烟花歌伎到一国之母的曲折人生经历。

有一种常见的误会，认为歌伎是地位十分低贱的社会人群。其实不然，中国最初的伎馆由春秋时期的名相管仲创立，旨在增加税收，以扩充军备、称霸诸侯，后来果然收效良好。歌伎在当时是有技术含量、有社会意义的普通职业，很多歌伎在年老色衰后嫁给官员或富商。美貌温婉、聪慧灵巧的赵姬也同样在某个适当的时机嫁给了卫国富商吕不韦。

如果说赵姬是这场政治游戏的演员的话，那吕不韦就是幕后导演。当时秦国的王孙嬴异人被软禁在赵国做人质，擅长政治投机的吕不韦从一开始就认定异人"奇货可居"，便极力为郁郁不得志的王子雪中送炭，很快被异人引为心腹知己。

为了捧高自己手中的"货物"，吕不韦决定先将异人捧为太子。异人的父亲安国君是王储，但他的姬妾很多，儿子也不少，异人的母亲不得宠，家族地位相当不利。吕不韦审时度势，决定先买通安国君宠姬华阳夫人的姐姐，让她劝说无嗣的华阳夫人认养异人为义子。此举果然奏效，异人不久就被封为太子。

邯郸献宠 一步登高

在欢庆胜利的一场声色繁华的宴会上，赵姬隆重出场，歌舞曼妙，恍若天人。嬴异人对赵姬顿起觊觎之心，于是借着酒意，表达了想要将赵姬据为己有的心愿，试探吕不韦的意思。据史料记载，吕不韦顿时大怒，然后说："王子啊，我为了你已然是倾家荡产，难道连一个女人都不愿让出吗？"这话说得好不情真意切，异人感激涕零。

持历史阴谋论的人倾向于认为吕不韦是将当时已经怀有身孕的赵姬献给嬴异人，不少正史均支持这种说法。司马光在《资治通鉴》中言："吕不韦娶邯郸姬绝美者与居，知其有娠……既而献之，孕期年而生子政……"班固在《汉书》中甚至直呼秦王嬴政为"吕政"，寓意吕不韦才是秦始皇的生身父亲。

史书固然言之凿凿，但细究这些历史，无不出自汉朝的史官之手，他们会诋毁秦始皇的出身也不足为奇。有人可能会发问，难不成连太史公司马迁也会故意说谎，诋毁他人？非也。司马迁写史惯用的是春秋笔法，所谓春秋笔法，就是说对人对事既不全然赞扬，也不全然批判，实录其事而已。然而，别人的床笫之事他又如何能"实录其事"呢？所以，他记录的只是当时社会对这一事件的一般看法而已。

公元前259年，赵姬产下一子，为嬴政。在其后的数年之内，安国君（秦孝文王）与嬴异人（秦庄襄王）相继即位，又相继病逝。有传闻说，嬴异人之死是因为赵姬夜夜献宠，极尽妍媚之能事，致异人虚耗身亡。作为当事人的嬴异人至死也没能验证嬴政是否是自己的亲生儿子，也许他只是满足于能得到赵姬的欢心与爱情，而赵姬也只是想得到嬴异人能给予她的地位与尊荣。公元前247年，嬴政即位，年

● **吕不韦（？ ～前235）**

卫国濮阳（今属河南）人，战国末年为秦相国，嬴政即位后尊其为相邦，专断朝政。后因嫪毐叛乱事件被免相职，返回河南封地。不久，嬴政又命其举家迁蜀，吕不韦恐诛，饮鸩而死。

仅13岁，吕不韦以相国身份摄政，由此登上了他一生权力的巅峰。

太后宣淫　金蝉脱壳

　　人性的诡谲之处在于，对一个流落烟花的年轻女子而言，荣华富贵是不可抗拒的，然而一朝贵于万众之上，又渴望爱情。赵姬与吕不韦本有前缘，她现今年轻寡居，难免深闺寂寞，于是时常留宿吕不韦。这件事史称"太后宣淫"，意为太后宣旨召见吕不韦，并留宿他。

　　对于与赵姬的关系，吕不韦怀有一种矛盾的心情：一方面，他难以拒绝赵姬的真情，也割舍不掉对赵姬多情妖媚的眷恋；另一方面，他又深恐他人知道这件事后对自己不利。尽管吕不韦行事隐秘，但世上没有不透风的墙，宫中的使女、太监大多对此事心照不宣，唯一被蒙在鼓里的只有年幼的嬴政。嬴政一天天长大，吕不韦看出他虽年纪幼小，却有着万丈野心和志向，真是忧喜参半，于是醒悟，如果自己不彻底斩断与赵姬的关系，必将铸成大错。为了金蝉脱壳，撇清关系，他搜罗到了一个精通房中之术的名叫嫪毐的年轻男子献给赵姬。

　　该名男子被拔去胡子，假扮宦官，送入宫中，并很快讨得太后的欢心，两人竟整日形影不离，难分难舍，太后很快怀有身孕。为掩饰丑事，太后请风水师为她占卜，谎称其所住的殿宇风水不好，太后遂与嫪毐一同移往秦故都雍城居住。此后两人更是如鱼得水，太后连生两子。

　　嫪毐本是市井小人，凭着太后男宠的身份，一朝身价万千，备受权贵的追捧，便得

● 嫪毐得宠幸于太后

嫪毐因色相得权势，被封长信侯，门下食客千余人，成为仅次于吕不韦的另一股政治势力。

意扬扬起来。嬴政对这些虽然也有风闻，但因吞并六国的大业在即，无暇顾及这些事情。一夜，嫪毐酒后与一大臣争执，道："我是秦王的假父，你竟敢惹我。"该大臣十分气愤，便告知嬴政。嬴政命探子将整件事调查清楚，得知太后与嫪毐生有两子，而且嫪毐已经在筹划谋反。嬴政不动声色，静待其变。

后宫哗变 浮华踏空

公元前238年，嬴政年满20岁，赴太后所居的雍宫行弱冠之礼。嫪毐盗得秦王玉玺并太后宝玺发动政变，围攻嬴政的行宫——蕲年宫。嬴政不慌不忙迎战，并对周边侍从说："凡为我而战者皆可封爵。"玉玺是假，功名是真，嬴政身边的兵将无不踊跃迎战，很快大败叛军。嫪毐遭车裂，并被诛杀三族，嫪毐余党重者遭枭首，轻者刑罚，连嬴政的两个同母异父的弟弟也被摔死，太后被囚椷阳宫。嬴政当时只有20岁的年纪，真可谓当机立断、心狠手辣，四月的雍城顿时血雨腥风。

这样一番纷乱不可能不累及相国吕不韦，当然，一半也是为了扫除政敌，嬴政顺势将吕不韦贬往河南封地。在吕不韦居于河南封地期间，嬴政写过一封手书给他，这封信一半是斥责，一半是疑问，看是怒，实则是泪，他在信中说："你对秦国有什么功劳，就能封侯拜相？你跟我到底是什么关系，就敢称我的仲父？"

吕不韦看到这封信，不由得肝肠寸断，因为事实的真相将是年轻高傲的秦王所不能接受的，左思右想都难有生路，遂带着秘密，饮毒酒身亡。赵姬见吕不韦被逼死，回思与他多年的风雨，竟累及于他，自己浮华尽头，一步踏空。三四年后，她郁郁而亡，死后与庄襄王合葬在芷阳。

这场后宫的风雨以一个男人的谋略而始，以一个女子的歌舞唱响，以一位历史强人的挥剑斩断而落下帷幕。

弱冠之礼

古时候，不论男女都要蓄留长发，等他们长到一定的年龄，要为他们举行一次成人礼的仪式。《仪礼·士冠礼》上记载，贵族男子到了20岁，由父亲或兄长在宗庙里主持冠礼。冠礼进行时，由来宾依次加冠三次，即依次戴上三顶帽子，首先加用黑麻布材质做的缁布冠，表示从此有参政的资格；接着再加用白鹿皮做的皮弁，就是军帽，表示从此要服兵役以保卫社稷疆土；最后加上红中带黑的素冠，这是古代通行的礼帽，表示从此可以参加祭祀大典。三次加冠完成后，主人必须设酒宴招待宾赞等人（赞是宾的助手），叫"礼宾"。礼宾后，受冠者入内拜见母亲。这就是嫪毐为什么算准嬴政一定会来雍城拜见母亲，遂伺机发动政变。

演绎汉初风云的女人们

吕后、戚夫人、薄姬 浴血争宠

■ 汉初那一幅瑰丽的历史画卷，它所呈现给后人的不仅仅是风起云涌的宏大战争与沧桑凄厉的朝代更迭，更有波诡云谲的政治暗流和凄厉惨绝的后宫之争。在这场没有硝烟的后宫之争中，三个美丽聪颖的女人左右着汉初的历史，她们就是汉高祖刘邦的后妃——吕后、戚夫人和薄姬。

中国历史上第一位女主

在中国古代这个男权社会中，无论是帝王将相的政治还是平民百姓的生活，女人都处在从属地位。然而，即使在这样的时代背景下，我们也总是能说出许多耳熟能详、妇孺皆知的巾帼英雄，她们身为女人，却牵引着时代前进的车轮。而吕后就是这些改写历史的女性中的先驱者。

吕后，姓吕名雉，山阳单父（今山东单县）人，年幼时家中殷实，其父被人称作吕公。吕公是一个改变吕后，甚至整个大汉王朝历史的人。吕公擅长相面。当初刘邦不过是个小小亭长，为人又极其无赖。吕公宴请宾客，刘邦不带贺礼便前来蹭饭，还大言不惭地说要送贺礼一万钱。没想到这样一个无赖却得到了吕公的赏识，原因就是吕公认为刘邦面相大贵，他一生所阅之人无出其右。于是吕公做出了一个影响吕氏一族命运的决定，将女儿吕雉嫁给比她大15岁的游手好闲的刘邦。

可以想象，这样的命运对于年轻的吕雉而言并不公平，但是在今天的史书中，我们找不到任何关于吕雉对这桩婚事的看法，当时的吕雉作何感想，我们不得而知。我们知道的只是吕雉最初的婚后生活并不幸福。婚后，吕雉为刘邦生了一双儿女，儿子便是后来的汉惠帝，女儿后来被封为鲁元公主。刘邦生性豁达，无所牵挂，成日在外浪荡，从来不管家事。当秦朝末年农民起义的战火燃起时，这位立志要成为大丈夫的无赖又义无反顾地投入到

● 吕后执政玉玺
玉料呈白色，为新疆和田玉，印文为阴刻篆书"皇后之玺"四字，1968年陕西咸阳韩家湾公社狼家沟汉高祖长陵附近出土，是迄今所知仅有的一件汉代帝后玉玺出土遗物。

推翻秦王朝、裂土封侯的时代巨浪之中，完全不顾及家中还有年轻的妻子和年幼的儿女。就这样，吕雉一肩挑起了家庭的重担，不仅要照顾年迈的公婆和年幼的孩子，甚至还因刘邦的缘故一度被捕入狱。而在楚汉争霸之时，刘邦被项羽打得落花流水，仓皇逃窜，吕雉和刘邦的父亲被项羽俘获，过了整整三年提心吊胆的人质生涯才回到刘邦身边。也许正是这种艰苦环境中的磨难历练了吕雉坚强果决的性格，使她在日后惊心动魄的政治斗争中步步为营，并最终攀上权力的顶峰。

汉五年（前202），汉高祖刘邦任用韩信，在垓下（今安徽灵璧东南）一举击败西楚霸王项羽，逼得项羽乌江自刎。刘邦，这个起于市井的草莽之徒，在秦末这个锻造英雄的时代，于短短数年之间成为一统天下的帝王，而吕雉的命运也因她父亲慧眼识人而改变，成为母仪天下的皇后，人称吕后。

吕后第一次在政治上崭露头角，便是斩杀淮阴侯韩信。韩信是汉初最杰出的军事家，在刘邦困于汉中之时，韩信的军事才华宛如一盏明灯，照亮了刘邦称雄的道路，并辅佐刘邦离开汉中，驰骋中原，最终打败西楚霸王项羽。然而，对于韩信等开国功臣，刘邦却是鸟尽弓藏，大开杀戒，屠杀功臣的屠刀最终悬在了韩信的头上。汉六年（前201），有人上书告发韩信谋反，刘邦趁机逮捕韩信，降其为淮阴侯。此后，韩信心生怨怼，称病不朝，并鼓动陈豨反叛。陈豨在北方造反，刘邦御驾亲征平叛。这个时候，有人向吕后告发韩信谋反之事。这个时候的吕后表现出了常人难及的冷静和果决。她派人假装使者报告刘邦征讨陈豨旗开得胜。喜讯传来，大臣们纷纷到宫中祝贺。当道贺的韩信跨入宫门之时，早已按吕后指示埋伏的武士一拥而出，将韩信抓获。吕后当机立断，将韩信就地斩首，并迅速灭其三族。当刘邦真正打败陈豨班师回朝时，惊讶地发现，多年来他欲除之而后快的淮阴侯韩信竟然就这样轻易地死在了自己妻子手上。韩信号称无双国士，当为一时之雄，却糊里糊涂地死于一个妇人之手，后人为之唏嘘之际，也不免赞叹吕后高明的政治手腕和果敢的作风。

汉十三年（前194），汉高祖刘邦去世，

枯井中的缘分

戚夫人擅长歌舞鼓瑟，经常和刘邦一起以音乐唱和，尤其擅跳翘袖折腰舞，现代出土的汉代石画像上有戚夫人此种优美舞姿。戚夫人与刘邦相遇，多少带有几分姻缘天定的宿命色彩。公元前205年，正值楚汉相争的紧要时刻，刘邦率大军驻守彭城，项羽带精锐骑兵三万突袭。刘邦大败而逃，丢盔卸甲，一路跑到定陶，他疲惫不堪，看到路边有一口枯井，于是急中生智，跳下去避难。待追兵过后，住在附近的戚氏父女路过枯井，听到求救声，把刘邦救出并带回家吃饭歇息。戚父得知刘邦的真实身份后，便将女儿许配给他。刘邦称帝后，封戚氏为戚夫人，恩宠多年，不料引起吕后憎恨并为其招来杀身之祸。

汉惠帝庸碌无能，吕后把持朝政。孝惠八年（前187），汉惠帝病逝，吕后索性称制，名正言顺地成为大汉王朝的主宰者。

惨绝人寰的人彘事件

吕后在政治方面野心勃勃，左右着汉初的历史风云，最终成为中国古代第一位称制的女主。但作为一个女人，她也有感情的困扰。这样一位个性刚强、权力欲旺盛的女性一旦陷入感情的旋涡，所表现出的则是令人发指的残忍。吕后妒忌刘邦的所有姬妾，而在这些女人中，她最痛恨的当属刘邦最宠幸的戚夫人。

戚夫人是刘邦在汉中时纳的一位定陶美女，刘邦对她宠爱备至，两人如胶似漆。吕后看在眼里，心中当然不是滋味。对于吕后这样善于隐忍的女人来说，丈夫的移情别恋尚可忍受，最令她无法接受的是刘邦因宠爱戚夫人，爱屋及乌，竟然一度想废掉太子，改立戚夫人的儿子赵王如意。刘邦的理由是太子生性懦

弱，而赵王如意聪明，性格很像自己。一旦太子被废，早已与刘邦疏远的吕后的地位也岌岌可危。为了保住儿子的太子之位，吕后请大臣张良、叔孙通为之斡旋，并请出当时的名士商山四皓做太子的师傅。刘邦见商山四皓这样的世外高人都肯为了太子出山，认为太子是民心所向，加之大臣们力阻废储，刘邦这才打消了念头。

在这次废立风波中，戚夫人能做的只是在刘邦面前啼哭恳求，而吕后则表现得极其成熟老辣，动用了一切力量，最终保住了儿子的太子之位。

经历了这件事后，吕后恨极了戚夫人，暗自发誓一定要加倍报复。汉十三年（前194），汉高祖刘邦刚刚去世，吕后便迫不及待地将失去靠山的戚夫人囚禁在永巷，让她穿上囚犯的衣服，干繁重的体力活。戚夫人叫天天不应，只得放声悲歌。吕后听到后大怒，一面大骂戚夫人，一面派人将戚夫人的儿子赵王

●吕后囚戚妃于永巷

此图见于明刻本《新刻按鉴编集二十四帝通俗演义全汉志传》。据史载，汉高祖刘邦死后，吕后掌权，将刘邦宠妃戚夫人囚禁于永巷做苦役。

如意召到京城，趁仁慈的汉惠帝不留神时毒杀了赵王如意。

赵王一死，吕后再也没有顾忌。回想起当年刘邦宠幸戚夫人而疏远自己，以及儿子太子之位差点被废的仇恨，吕后竟然残忍地命人剁去戚夫人的手足，剜掉双目，最后扔到厕所里。做了这种惨绝人寰的事，吕后还自鸣得意，邀请儿子汉惠帝观看人彘。汉惠帝颇感好奇，不知道这个像人又像猪的东西究竟是什么。当得知在厕所里蠕动的血肉模糊不成人形的人彘竟然就是当初那个如花似玉的戚夫人时，汉惠帝惊骇不已，就此一病不起。

吕后这种极端的报复手段可谓空前绝后，令人发指，为这位铁腕皇后留下了千古话柄。

被命运垂怜的女人

纵然执掌权柄，不可一世，吕后仍是一个善妒的女人。刘邦去世后，吕后大肆迫害刘邦生前宠爱的姬妾，戚夫人就是在极端的痛苦中香消玉殒的。但汉宫中却有这样一个女人，不仅逃脱了吕后残忍的迫害，还最终母以子贵，成为高高在上的皇太后，她就是薄姬。

薄姬的命运是否极泰来、祸兮福之所倚的最好注解，她晚年的幸运恰恰来自她早年的不幸。薄姬是秦末魏王豹的姬妾，魏王败亡后，薄姬作为亡国之君的侍妾被刘邦纳入后宫。但是来到汉宫的薄姬并没有得到命运的垂怜，也许她不够美丽，也许她不会讨好刘邦，总之，她入宫后很久也没有得到刘邦的宠幸。

薄姬年幼时的两个好朋友也是刘邦的妃子，并先后得宠。一次，她们嘲笑薄姬，恰巧被刘邦听到，刘邦深深地怜悯这个弱质纤纤的女人，当夜便召幸了她。但那一夜之后，刘邦便将可怜的薄姬忘得一干二净。就是这唯一的一夜，薄姬怀孕了，十月怀胎后生下了一个男孩，这就是后来赫赫有名的汉文帝。

刘邦去世后，吕后害死了很多刘邦生前宠爱的姬妾。而薄姬虽然生了儿子，却始终得不到刘邦的垂爱，因此吕后不仅没有加以迫害，还对她关爱有加。吕后去世后，诸吕败亡，在暗流汹涌的政治斗争中，薄姬的儿子最终浮出政治的旋涡，成为大汉王朝的主人，薄姬便由一个默默无闻、命运多舛的失宠宫人变成了当朝皇太后。

同样的历史时期，三个女人演绎了三种不同的命运。也正因为有了她们，汉代的历史才更加丰富多彩、风云起伏。

● 玉舞人

这件西汉时期的玉舞人所表现的舞蹈是汉时盛行的翘袖折腰舞，相传为戚夫人所创。

外甥女嫁舅舅

处女皇后**张嫣**的凄凉一生

■ 她的名字在《汉书》《史记》中都没有记载，她在未央宫中默默辞世时年仅36岁。虽然她是汉惠帝的皇后，且有子嗣，但到死还是处子之身。她没有葬礼，没有墓志，没有谥号，就连坟墓也是简陋粗鄙的，但却被后人奉为蚕神、花神，建庙祭拜。

十岁的皇后

孝惠皇后张氏的父亲是西汉开国功臣赵王张耳的儿子张敖，母亲则是汉高祖刘邦的女儿鲁元公主，显赫的家世并没有给她带来多少幸福，在皇族、外戚、宦官、权臣们钩心斗角的时代，她仿佛是一枝开放在角落的花朵，静静地绽放，又静静地凋落。惯于记载惊天动地大事的史官们将她抛在脑后，连她的名字都忘记写进正史。到了魏晋年间，皇甫谧不知从哪里考证出她名叫张嫣，字孟媖，小字淑君，并怀着惋惜之情，为她短暂的一生作了一篇外传。

张嫣薄命的根源来自于她的外祖母，即汉高祖刘邦的皇后吕雉。

汉惠帝刘盈19岁登基，登基后不久，他做太子时娶的妃子就去世了。为父亲刘邦守孝三年期满，惠帝准备册立皇后。让人吃惊的是，他的母亲吕雉竟然选中了自己的外孙女，也就是鲁元公主的女儿张嫣。

张嫣相貌娟秀，举止端庄，从容貌、品德和家世上来说，的确是做皇后的上上之选。但是舅舅娶外甥女为妻，实在是让人莫名其妙。据史书记载，吕后是因为考虑到鲁元公主的驸马张敖被免爵位，才想了这么一个亲上加亲的主意。惠帝无法接受这种外甥女突然变成妻子的安排，况且当时的张嫣只有10岁。惠帝对吕后说："这样不是违背了伦常吗？再说她的年纪太小了。"谁知吕后却有自己的道理，她认为年纪小没关系，总会长大的，不妨先娶回来再说；至于伦常，吕后用晋文公娶自己的甥女文嬴为例，说舅舅娶甥女不在五伦之内，不属于乱伦。严格来说，古人所说的乱伦一般指的是同姓之间的婚娶，所以大臣们也并没有反对。惠帝虽然不情愿，但在母亲的压力下也只得同意。吕后也怕旁人说张嫣年纪太小，好在张嫣身材修长，10岁时身高已和十二三岁的女孩子差不多，于是便让她自称12岁。

孝惠四年（前191），吕后用"马十二匹，黄金二万斤"作为聘礼迎娶张嫣。如此重礼，在历史上是第一次，也成了日后汉朝皇帝大婚的标准聘礼。据说张嫣的小弟弟张偃看到堂中堆满了财物，兴奋地跑进内室对张嫣说："嫣姊，皇帝买汝去矣。"又拉着姐姐的手，让她出去看。张嫣哄走了弟弟，快步走进自己的屋里，关上房门，很久都没有出来。

● 九龙汉柏

位于四川西昌泸山光福寺内，相传为西汉惠帝所植。

同年十月壬寅日，张嫣身着皇后礼服，到张家祖庙辞别祖宗后，由父亲张敖亲自抱上辇车，嫁入未央宫中，从此开始了她26年的深宫生活。

用自己的方式面对生活

洞房之中，10岁的小新娘向自己的丈夫敬酒说："女甥阿嫣贺舅皇陛下万年。"她仍然把面前的这个男子当作自己的舅舅看待。惠帝笑着对张嫣说："你还像以前那样称呼我吗？"虽然这么说，但是洞房花烛之夜，惠帝并没有与张嫣同宿，在他的心里，恐怕也同样无法适应这种关系的转变。而在宫外，参加完皇帝婚礼的大臣们正在为皇帝不娶功臣之女却娶了自己的外甥女而愤愤不平。没有一个人想过，这个柔弱娇小的女孩子在陌生的宫殿内度过第一个夜晚时的心情。

无论张嫣心中怎么想，命运是她无力改变的，她只有默默承受，努力演好自己的新角色。每隔五天朝拜一次太后，向太后行奉食礼的时候，张嫣总是一副愉快而庄严的样子，神态动作一丝不苟，使得吕后非常高兴。当母亲鲁元公主进宫看望她后将要离去的时候，这个懂事的孩子方才流露出恋恋不舍的神情。鲁元公主忍不住将她搂在怀中，抚慰良久。之后，鲁元公主来到自己的弟弟惠帝面前，指着女儿问道："阿嫣颇如意否？"惠帝说："阿嫣不像大姐，却酷似她的父亲宣平侯，我后宫的粉黛为之失色，而她端庄贤惠的性格则和大姐一模一样。"然后又转头抱起旁边的张偃说："这个孩子体态和他姐姐很像，要是一个女孩子，也是一个美女啊！"千年之后的人们已经无法还原这段对话的真实语气，但从惠帝顾左右而言他的含糊回答中，依稀能够感觉到鲁元公主的不平和痛惜。

惠帝在张嫣入宫之前已经有了五个孩子。张嫣入宫时年纪幼小，加之与惠帝的关系多少有些尴尬，二人一直分别居住。因此惠帝依然纵情声色，后妃们也仗着皇帝的宠爱，不把张嫣当回事。

一个姓何的美人为了争宠，每天晚上不待皇帝召唤就自作主张到皇帝寝宫留宿，并安排自己的亲信守在门口阻拦其他妃子，对她们说："皇后在里面，她的声音在屋外都能听见。"这事传出宫去，大臣们都私下议论说："张皇后才14岁就这么不自重，如此淫荡，日后如何能够继承宗庙呢？"这时，张嫣已经不再是一个小女孩了。当时惠帝由于纵欲过度，日渐多病，张嫣劝说他禁欲静养一年，并说等皇帝身体复原后，才敢和他同房。惠帝被张嫣的真情感动，果真断绝情色，安心静养，两人仍然像以前一样分房而睡。吕后对此事一无所知，还到处求医问卜，希望皇后早生贵子。而大臣们更是说什么的都有，有的说皇后专宠，有的说美艳的女子必然淫荡……这些话传入张嫣耳中，她却毫不在乎，说："如果皇帝的病痊愈了，即使大臣们斥责我淫荡善妒，我也没什么可遗憾的。"

这个美丽的女孩子不仅善良贤惠，而且颇有勇气。孝惠七年（前188）正月，惠帝到上苑行猎，皇后和后妃们都打扮成男子的样子骑马随行。中午时分，皇后卸妆小解时，一头野猪突然闯了进去，她的下衣被野猪撕裂，背部也被擦伤了。惠帝和众妃子在旁边吓得惊慌失措，不知道如何是好，而张嫣却勇敢地抽出剑将野猪杀死，令惠帝和妃子们刮目相看。

被尊为花神的女孩

由于张嫣一直没有怀孕，而后宫其他女子却多有生育，吕后非常不满，要将后宫中所有的妃子都赶出去。惠帝没有办法，只得恳求张嫣帮忙劝说太后。张嫣哭着对太后说："诸位美人无罪，是我自己没有福分，无法生育。"吕后这才打消了念头。谁知不久后宫又有一个妃子怀孕了，吕后想要杀了这个妃子，张嫣又极力为她求情。这时吕后忽然想到一个计策，她命令张嫣装作怀孕的样子，如果那个妃子产下男婴，就说是张嫣所生，日后立为太子。张嫣为了保住这个妃子的命，只得答应下来。

妃子果然生下了一个男孩，吕后立即让人用褓褓把婴儿裹起来送

● **未央宫遗址**

位于今陕西西安未央区，为汉高祖刘邦称帝后兴建，汉惠帝即位后开始成为主要宫殿，是君臣朝会的地方。

到皇后宫中，然后杀了妃子。三天之后，张嫣才知道孩子的母亲已经死了，她痛哭流涕道："我之所以忍受这些事，就是为了保全这个人的性命，可是她还是被杀死了，这真是命中注定啊！"加上这个孩子，惠帝已经有六个儿子了，张嫣对待他们都犹如亲生的一般，并且时时想方设法维护他们的母亲。

在这之后不久，年仅23岁的惠帝去世了，吕后立张嫣的养子为帝，自己临朝称制。这时的张嫣还只有14岁。惠帝死后一年，鲁元公主也去世了。最亲近的人都离开了张嫣，只有她一个人在深宫中静静地生活。

惠帝去世八年后（前180），吕后去世，周勃等人诛杀了吕后所有的亲属，拥立汉文帝登基。天下之人都知道张嫣与诸吕乱政无关，在政变中没有伤害她。但是皇帝换了，皇太后自然也不再是她，她被迁往未央宫后部荒僻的北宫中居住，成为中国历史上第一位在世时被废黜的皇太后。张嫣在被人们遗忘的角落中默默地生活了17年，文帝后元元年（前163），年仅36岁的她无声无息地去世了，死时没有一个亲人在她身边陪伴。宫女们替她净身入殓时才发现，她依然是个处女。

这个可怜的女子死后，没有人提出为她加上封号，没有人为她举行葬礼，没有人为她撰写墓志，她的遗体被草草埋葬在一个简单的坟墓中，在斜阳衰草中被人们遗忘。《汉书·孝惠张皇后传》中，有关她的事只有寥寥几句，而大部分篇幅却被用来记载吕后的事情。

故事到此并没有结束，不知从什么时候起，人们竟然又记起了这个美丽的女子，魏晋时期人们将她奉为蚕神、花神，为她建立庙宇。东晋时，皇甫谧从盗墓者手中偶获惠帝、文帝等朝的起居注，又搜罗野史，为她作了一篇外传，在正史之外，给这个女孩子留下了淡淡的一笔。

后宫争宠弱者胜

栗姬与王娡之争

栗姬和王娡都是西汉景帝刘启的妃子，栗姬位高，王娡位低。栗姬貌美，深受景帝宠爱，儿子刘荣被立为太子，而王娡的儿子刘彘为胶东王。王娡在与栗姬的较量中，一开始就处在下风，这位外表谦恭的女人又是怎样当上皇后并让儿子取代太子最终成为皇帝的呢？

离婚入宫的王美人

　　要想了解栗姬和王娡在后宫的博弈，先要弄清楚两人的身世和当时后宫的情形。

　　景帝刘启的正宫娘娘为薄皇后，这位皇后是景帝的祖母薄太后从娘家挑选出来的女子，在刘启还是太子的时候就嫁给他为太子妃。景帝当上皇帝后，薄妃理所当然被册立为皇后。薄太后这样做的目的是为了巩固薄氏一族在朝廷中的地位。可是景帝从来就没有重视过这门带有政治目的的婚姻，在他当上皇帝的第六个年头，薄太后崩，景帝随后就把没有生育的薄皇后废掉了。没有生育只是废后的原因之一，更为重要的是景帝不爱这位皇后，当时景帝最宠爱的妃子是栗姬。

　　栗姬是齐国人，容貌姣好，可是心胸狭窄。女儿家有点小性子无可厚非，可是生活在复杂的后宫中，心胸不够开阔难免遭人嫉恨。性格决定命运，栗姬的小心眼儿让她与尊贵的皇后之位擦肩而过。

　　王美人，单名娡，出身有些来历，父亲是普通人，但是母亲臧儿是前燕王臧荼的孙女。臧荼在刘邦登基的第二年因谋反叛乱被诛杀，其后代流落民间，臧儿嫁给槐里人王仲，生王信、王娡、儿姁兄妹三人。王仲死后臧儿再嫁田氏，生田蚡和田胜，这些人后来都因为王皇后的显贵而发达。王娡是臧氏的大女儿，在入宫前曾嫁给贫民金王孙，生女儿金俗。臧儿身为贵族的后代，不满贫贱生活，闲来无事，找算命先生算命。那先生果真是好眼力，算出臧儿的两个女儿是大贵之人。臧儿于是立即向金家提出离婚，要王娡重新嫁给好人家。金家听闻臧儿的无理要求之后非常生气，一怒之下，把王娡送进了太子府。生育显然没有改变王娡的容貌，反而增加了她娇艳柔美的女人味，因而得到太子的宠爱。

王娡在入太子宫得宠后，经常有意无意地在刘启面前夸赞胞妹儿姁的美艳。不久，儿姁也进入了太子府，并很争气地为刘启一连生下四个儿子，后来都被封为王。可是儿姁富贵命不长，早逝而去。王娡却是生就长久的富贵之身，得宠后生三女一子，在怀儿子的时候，曾"梦日入其怀"，这可是个万分吉利的好兆头。王娡喜气洋洋地把这吉兆告诉刘启，刘启也跟着高兴，古来梦龙或日入怀而生育的孩子，多大富大贵，刘启喜欢这个富贵的梦，由此更加喜爱王娡。这天命所归的孩子尚未出世，文帝便去世了。之后，刘启即皇位，王娡被封为王美人，生下这孩子，取名刘彻。

刘彻4岁的时候，栗姬的大儿子也是年龄最大的皇子刘荣被立为太子，刘彻被封为胶东王。从出生就过着贫贱生活的王美人在刘启的太子宫内得宠，过上穿金戴银、不愁温饱的生活，原本已经满足，但是随着刘启当上皇帝，看着更加豪华的宫殿，对着后宫争相献宠的佳丽，她满足的心底竟也慢慢生出一丝盼望。这盼望是夏日里一颗疯长的种子，迅速从小小的幼苗长成参天大树。

明争暗斗 弱者为王

王美人自从生了小刘彻之后，更加谦恭温厚，表现得很低调，从来不把得意写在脸上，上至太后、皇帝，下至宫女、太监，都以温婉谨慎的言行对待。而栗姬却正好相反，她在儿子刘荣被立为太子后得意嚣张，不仅不把低等的妃嫔放在眼里，所有受皇帝宠爱的妃子她都心怀嫉恨，尤其在薄皇后被废以后，更是认为皇后之位非己莫属，

● 汉景帝（前188～前141）

西汉第四位皇帝，在位17年，与其父汉文帝共同开创了"文景之治"，并为儿子汉武帝刘彻时代的"汉武盛世"奠定了基础。

汉阳陵位于今陕西省咸阳市，是汉景帝刘启及其皇后王娡同茔异穴的合葬陵。西汉时期的高等级陵墓均实行夫妻并穴合葬的形式，就是丈夫与妻子分别葬在两座相邻的规格基本相同的大墓中。

只是时间早晚问题。可是，栗姬没有想到，太子之位能立也能废，儿子刘荣是个好儿子，憨厚仁义，只是生在帝王家，没有心机枉有憨厚往往会被推上末路，刘荣在太子位置上仅三年就被废为临江王。

皇族子女自幼生长在宫廷内，耳濡目染都明白权力的重要。馆陶长公主刘嫖是景帝的亲姐姐，仗着母亲窦太后无比的宠爱而享有无上的权力和荣华，窦太后临终前留下遗嘱把自己所居东宫内的值钱用品全部赐给长公主，可见此女在老太后心目中的地位。长公主嫁给堂邑侯陈午，陈午的爷爷陈婴曾经和项羽一同起兵反抗秦朝的暴政，后来陈婴归顺刘邦，被封为堂邑侯，陈午继承了爷爷的侯王之位并娶了馆陶长公主为妻，生下女儿阿娇。长公主将阿娇看作是她保持特权的希望，一心琢磨着让阿娇当未来的皇后，而这位长公主要做的事情，很少有做不到的。

先让女儿当上太子妃，皇后的位子自然垂手可得，于是长公主派人向刘荣的母亲栗姬提亲。可是这时栗姬的小心眼儿毛病发作了。窦太后宠爱长公主早就让栗姬嫉妒得眼红，长公主不断收罗民间美女在府中调教再献给景帝，更让她恨得牙根痒痒，栗姬一口回绝了这门亲事。栗姬不知道，自己这一回绝非但令儿子刘荣失去了可能得到的皇帝之位，连儿子的性命都搭上了。长公主很少碰壁，这次栗姬带给她的不仅仅是女儿皇后梦的破灭，还有被拒绝的耻辱，她咬牙切齿地发誓，一定要让栗姬的儿子当不上皇帝，一定要让阿娇当上皇后。

一边是栗姬高高在上的刻薄，一边是王美人善良温厚的谦恭。长公主开始接近以往不被她注意的王美人，二人交情日渐深厚。长公主试探王美人的心思。王美人外表温厚，内里也是冰雪聪明，欣然接受了长公主的提亲。

这个时候，薄皇后被废，后宫内有资格当皇后的人不多，栗姬原本最有希望，但是长公主经常在与窦太后和景帝闲聊时，有意无意地把栗姬的刻薄小性添油加醋地讲出来。慢慢地，景帝对栗姬就不像以前那样宠爱了。有一次，长公主和景帝说，栗姬这个女人太过分了，经常让宫女们在背后用巫术诅咒唾骂皇帝喜爱的妃子，再这样下去，恐怕后宫内不久后会失去安宁，一旦她成为皇后，说不定又是第二个吕雉。吕雉是汉高祖刘邦的结发妻子，汉高祖死后，曾经专权十几年，杀掉所有反对派，对待朝臣和后宫内的妃子们手段极其残忍。景帝听后，对栗姬生出厌恶之心，但是因为以往和栗姬感情深厚，仍旧存有善念。后来，景帝生病时曾试探栗姬，说："我百岁之后，你要善待其他的妃子和她们的儿子啊。"栗姬当时怀有愤恨之心，不但没有答应景帝，反而口出恶言。景帝对栗姬彻底失望，但是隐忍没有发作。

在鄙薄栗姬的同时，长公主经常故作无意地夸赞王美人的好处，王美人日常的谦恭也让景帝喜爱。王美人其实并不是外表看上去那么简单，简单的女人在后宫这弱肉强食的地方是没有出头之日的。王美人知道景帝已经开始厌恶栗姬，但要废掉太子，还需要加一把火，这把火必须时机合适、火候得当才能达到最好效果。于是王美人暗地里派人怂恿大臣上书立栗姬为皇后，理由是后宫不可无主，母以子贵，太子的母亲应该当皇后。景帝错误地以为这位大臣受栗姬指派而上书，暗想："我还没死，就开始拉拢朝臣，一旦我死了，这朝廷后宫岂有不乱之理。"气愤的景帝下令将上书的大臣斩首，又废掉太子，把栗姬打入冷宫。不久，太子被陷害而亡，栗姬郁闷至死。

太子被废三个月后，刘彘被立为太子，赐名彻，王美人被封为皇后。刘彻便是历史上大名鼎鼎的汉武帝，即位后尊称外祖母臧儿为平原君，不久封舅舅王信、田蚡、田胜侯位。后来，汉武帝还找到母亲入宫前在民间生的女儿金俗，亲自接入长乐宫内拜见母亲，赐给宅邸仆妇，尊称姐姐为修成君。这场双方实力悬殊的后宫争斗以强者栗姬母子的死亡、弱者王美人母子的胜出而终结。

● 馆陶家连鼎

鼎腹部刻铭文二十字，表明此器为汉景帝之姊馆陶公主家所有。今藏于咸阳市博物馆。

从金屋藏娇到幽禁冷宫

长门怨女 陈阿娇

■ 汉武帝年幼时曾言："若得阿娇，当以金屋贮之。"正是这句童稚之语，成就了一段金屋藏娇的传奇婚姻。身世显赫的阿娇成了武帝的第一位皇后，却不是唯一的一位。在变幻莫测的后宫斗争中，娇骄率真的阿娇因无生育、色衰爱弛，逐渐遭到了武帝的冷落。加之多年之后的一起真相莫测的巫蛊案，阿娇皇后之位被废，最终被幽禁于冷清的长门宫内，直至老死。正是"君不见咫尺长门锁阿娇，不如意兮奈若何"！

阿娇成就的汉武大帝

汉武帝能当上皇帝，全靠阿娇母亲馆陶公主的策划，因而阿娇是一位比较任性和霸道的皇后。武帝年幼时单名彘，是景帝刘启的第九个儿子，生母王娡在入宫前已经嫁人并生有一女，凭借娇艳容颜和满腹心计在入宫后得宠，但也仅为美人而已，在后宫地位低下，在朝廷无权无势。刘彘出生时上面已有好几位哥哥，按道理皇帝的位置无论如何都轮不到他来坐，可是这刘彘却偏偏风风光光地当了54年的汉武大帝，在位期间文治武功政绩无数。虽然后人对其褒贬不一，但是他在位期间国富民强是不争的史实，透过刘彘坐上皇帝宝座这份偶然，我们能看穿宫廷内权力斗争的必然。

册立太子就是确定未来的皇帝，这可是一件大事，搞不好皇帝家会闹出大乱子，所以必须遵照立嫡立长的礼法。所谓立嫡立长，就是先立正宫皇后生的儿子，如果皇后没生儿子，就只能立最大的皇子。这规矩原是不错，但是真的执行起来，却常常不是这样。景帝的正宫娘娘薄皇后没有孩子，当时最受景帝宠爱的栗妃却生了三个儿子，老大刘荣敦厚仁义，景帝四年（前153）按照立长的原则被立为太子。当时小刘彘才4岁，因为聪慧得到景帝喜爱，被封为胶东王。如果历史果真顺其自然发展下去，历史上就不会有汉武大帝这个满身故事的皇帝。自从太子确立以后，后宫内就暗藏着一场风暴，这风暴源自一个女人的骄纵与虚荣，这个女人在宫中要风得风，要雨得雨，因为她是窦太后的掌上明珠——馆陶长公主。

窦太后是何许人也？她是景帝的生身母亲。窦太后共生子女三人，女儿馆陶长公主刘嫖，长子景帝刘启，次子梁王刘武。窦太后也是一位命相奇好的女人，为了吃饱饭入宫当宫女，不想被吕后赏赐给当时的代王，即后来的汉文帝刘恒，生了子女，当上了皇后。刘恒死后，窦太后的长子刘启继位。老太后虽然有

享不尽的富贵，但是后宫生活难免单调，能够说说知心话的只有女儿馆陶长公主，因而长公主的地位非常特殊。长公主自由往来于宫中，看透了宫廷里的潜规则，为保证自己在皇族中的地位，只好打女儿阿娇的主意，女儿当上皇后，自己何愁在母亲百年之后的富贵，于是派人向太子刘荣求婚。刘荣的母亲栗妃是个小心眼儿的女人，她对长公主经常用美女讨好景帝的行为早就忍无可忍了，想都不想就一口回绝了这门亲事。

长公主恨意顿萌，担心刘荣当上皇帝后自家的好日子就结束了，暗起废掉刘荣之心。在废掉刘荣之前，必须找一个能够接替皇位并且同意女儿阿娇当皇后的人。经过观察，长公主将目光锁定了王美人。此人在入宫后守礼本分，其子刘彻虽然幼小，却因聪慧深得景帝喜爱。决心已定，长公主开始行动。

王美人也向往成为权倾后宫的太后。长公主和王美人就这样各怀心事，走到了一条路上。一日，长公主带着阿娇，王美人带着刘彻，与景帝坐在猗兰殿上闲话家常。大家拿孩子们开心，长公主问刘彻："儿欲得妇否？"

刘彻答："欲得妇。"长公主逐一指着环绕四周的侍女，刘彻都说不要，最后指到阿娇，刘彻大大方方地说："好，若得阿娇做妇，当作金屋储之也。"就此传下金屋藏娇的佳话，刘彻也因此语迈

●金屋藏娇婚约是西汉政治的一个转折点。

出登上皇帝宝座的第一步。景帝闻得稚子之语，天真可爱，认为是天意，殊不知这是一场早就预谋好了的大戏的前奏。

此后，长公主和王美人结成联盟，用尽手段，终于如愿以偿。景帝七年（前150）正月，太子刘荣被废，栗妃被打入冷宫。四月，王美人成为皇后，7岁的刘彘成为太子，赐名彻。景帝后元三年（前141），刘彻年满16岁，举行隆重的加冠礼。冠礼后不久，景帝卒于未央宫。刘彻在父亲灵柩前即位，称汉武帝，阿娇入主中宫，贵为一国皇后。

金枝玉叶敌不过歌女

武帝初即帝位时很年轻，尽管国家局势趋于稳定，之前的"文景之治"使国家和百姓都空前富足，但是各路诸侯王觊觎帝位的野心一点都不少，匈奴的频繁入侵也是比较大的忧患，朝廷上掌权人物的党派竞争也很激烈，一不小心，皇帝的位置说不定被谁夺去。为保证国家不出意外，重大事件都由武帝的祖母窦太后决断。窦太后崇信黄老之术，武帝喜欢儒家思想，二者对立的地方不少，窦太后对年轻气盛的武帝不太满意，武帝在推行新政的过程中还得罪了不少当权派。在这种情况下，能保住皇位，皇后阿娇全家的功劳可想而知。武帝一方面对阿娇极尽体贴温柔，一方面故意装出贪图享乐的假象，暗自培养心腹和兵力，等待风烛残年的窦太后去世，等待自己羽翼丰满。

阿娇皇后在这段岁月中度过了她人生中最美好的时光。建元六年（前135），窦太后崩，武帝终于脱离管束，随心治理国家。当然，武帝的生母王娡也怀有参与朝政的野心，可是才能有限，命运不济，这时的武帝翅膀已经变硬，兵权在握，心狠手辣。他游刃有余地玩着利用女人巩固自己地位的游戏，却不再受任何女人的牵制，皇后的价值大不如前，阿娇处于尴尬之境。

多年来阿娇没有生下一男半女，武帝的子嗣成了大问题。阿娇自幼贵为长公主之女，要什么有什么，说一不二，脾气火暴，武帝在真正拥有权力以后，需要女人完全服从自己，阿娇却做不到。时光也无情，皇

●陈阿娇像

陈皇后出身显贵，成了汉武帝的第一位皇后，却不是唯一的一位，从金屋藏娇到幽闭长门不过数年，正是"君不见咫尺长门闭阿娇，人生失意无南北"。

后如花的容颜在十几年后逐渐凋零。正当美人迟暮之际，武帝在胞姐平阳公主家遇到了婉丽温柔的歌女卫子夫。卫子夫歌喉婉转，舞姿柔曼，性情柔弱，武帝在欣赏歌舞的时候被佳人迷住。公主看出弟弟眼神中的爱慕，趁武帝休息，令卫子夫到尚衣轩中服侍，当即承皇恩于尚衣轩中。几天后，卫子夫被平阳公主送进宫中，一年后竟专宠后宫。阿娇为了这件事又哭又闹甚至以自杀来威胁，企图夺回武帝的宠爱，怎奈色衰而爱弛，在青春美色面前，阿娇输得很惨。

不能把皇帝怎么样，阿娇打起了卫子夫的主意。卫子夫得宠之余谦恭谨慎，又接连生育，阿娇找不到机会，醋意大发也顾不了太多，找来巫女楚服，想用巫术除掉卫子夫，这位金枝玉叶的皇后因此卷入史上著名的巫蛊案。巫蛊案的根源其实在于武帝迷信术士炼制长生不老丹药，武帝在政事上英明果断，但是在长生不老问题上却糊涂。由于皇帝相信巫术，宫廷上下都受影响。巫蛊之术是报复敌人的一种手段，找来巫师在象征仇人的木偶上刻上要诅咒之人的名字，然后深埋在地下，同时请巫师施展法术来危害仇人的性命。现在听起来滑稽的行为，在西汉时风行一时，巫蛊不仅成为诅咒他人的工具，更是陷害他人的利器，这些巫术搞得西汉江山乌烟瘴气。

恩情中道绝

阿娇招巫女作法诅咒卫子夫的事情被武帝知道后，武帝大怒。他对阿娇的忍耐早就到了极限，碍于当年阿娇一家尽心帮助他稳固帝位的情面，一忍再忍，这次他很绝情地下了废除皇后的诏书："皇后失序，惑于巫祝，不可以

椒房殿

椒房因为汉武帝与皇后陈阿娇而知名，随金屋藏娇之佳话而成为后宫名殿。西汉长乐宫和未央宫都有椒房殿，均为皇后居所，因此椒房成了女人至尊身份的象征。其实，看似尊贵的椒房在汉朝并不特殊。最迟自汉朝开始，贵族们已经用花椒研成的粉和泥涂墙，其主要目的在于防潮保暖。秦汉时期建筑以高大牢固为美，为保证夯土垒砌的墙壁光滑防潮，通常用白垩涂抹墙壁。有钱的皇室贵族用椒粉或者贝壳烧成的灰、胡粉等来涂墙，既能防潮又能芳香保暖。另外，古人认为椒实而多子，能让人多子多福，以椒粉涂墙取其吉利。因此，椒粉不过是当时上流社会常见的房屋而已，而皇后的特殊地位和流传的佳话成就了其特殊意味。

承天命。其上玺绶，罢退居长门宫。"并斩首楚服等三百人。

自幼被恩宠包围的阿娇从此幽居长门宫，终日以泪洗面，形容枯槁不得圣颜。为了重新获得丈夫的眷顾，阿娇不惜花费千金请大文士司马相如作《长门赋》。《长门赋》全篇文辞优美，读之令人伤心欲绝，却终究未能挽回帝心。

武帝晚年残暴多疑，为防止自己死后宫内出现像吕后那样残酷专权的后妃，借故杀掉所有为他生过孩子的妃子，包括他晚年最喜爱的昭帝的母亲钩弋夫人。而在长门宫内远离是非恩怨的阿娇一应用度仍旧按照皇后级别，安然终老。与无数惨死的后妃相比，被废皇后的悲剧命运反而不显得太过悲哀。

歌伎皇后的传奇

卫子夫霸天下

■ 卫子夫出身微贱，貌美如花，擅长歌舞，本是平阳公主家的歌伎，与汉武帝偶然相遇得到恩幸之后，在短短的几年时间里取代了出身高贵、有强势父母撑腰的正宫娘娘陈阿娇，成为汉武一朝的第二任皇后，使得一时间天下皆歌曰："生男无喜，生女无怒，独不见卫子夫霸天下！"

一见倾心

汉朝的外戚们为讨得皇帝欢心，经常在民间选拔美女，养在府里教授礼仪，以备皇帝驾临时服侍。运气好的被皇帝看上带入后宫，一朝飞黄腾达，贡献美女的外戚自然格外受重用，馆陶长公主当年就用这种方法讨好景帝，从而获得不少特权。武帝的亲姐姐平阳公主看到武帝当上皇帝十几年了却没有一男半女，心里着急，在府里早早准备下十个良家美女，悉心调教，等待时机进献给武帝。一次，武帝到灞上祭祀，回宫路过姐姐家，便入府休息。酒宴进行之际，平阳公主命这十位美女出来相见，遗憾的是竟然没有一个让武帝中意的。武帝仍旧自顾喝酒谈笑，平阳公主有些失望。

为了助兴，平阳公主令歌女舞姬们上来活跃气氛。没想到，武帝的眼睛始终盯着一位歌伎，目光里流露出的爱慕之情显而易见，并且向平阳公主夸赞这位歌伎的声音婉转，舞姿勾魂。平阳公主告诉武帝，这个歌伎名叫卫子夫。几曲舞罢，卫子夫面色粉若桃花，更加姣美可爱。武帝已经无心饮宴，推说要去更衣。平阳公主明白武帝的心思，赶忙让卫子夫前去侍候武帝。武帝得到心仪的卫子夫，心情大好，回到酒宴上，当即赏赐给姐姐平阳公主黄金千两。武帝回宫后，平阳公主奏请卫子夫入宫，得到批准。卫子夫上车入宫时，平阳公主抚摸着卫子夫的后背，说："子夫，你在我平阳公主家这么多年来，我从未亏待过你，一旦在后宫得宠，千万不要忘记我啊！"卫子夫垂着眼泪向公主保证自己的忠心。

从卑贱走向尊贵

卫子夫带着满心憧憬和惊喜入宫，可是宫廷内的生活远没有她想象的那么顺利。当时的皇后阿娇骄纵专宠了十余年，不许武帝宠爱其他妃子。武帝能当皇帝，阿娇的母亲馆陶长公主起了决定性的作用，所以武帝对阿娇一直比较容忍。十几年来，阿娇非但没有一点母仪天下的宽厚，反而因为无子女、容颜凋落而越来越蛮横任性。听说平阳公主将一名姿容脱俗的歌伎送进宫了，阿娇醋意大发，当即下令让卫子夫做最下等的宫女，在远离皇帝的宫里干粗活。武帝纵然有怜香惜玉之心，却不可能召见一个贱婢。

就这样，卫子夫在泪水里度过了一年的惨淡时光，因怀念以往在公主家笙歌艳舞不需要劳作的舞女生涯，申请出宫。在一年一度的宫女出宫核准中，卫子夫又一次和武帝相见。卫子夫见到改变自己命运却又把自己遗忘的武帝注视着自己，一年来的委屈顿时全部化作眼泪涌了上来，哭泣的姿态里流露出无限的哀怨与无奈，并请求武帝准许她离开皇宫。武帝看到卫子夫因挂满泪痕而分外清丽动人的脸，心中升起一股呵护之情。这时的武帝对自己的皇帝之位已经有十足的把握，阿娇的家族势力已经左右不了他的去留，他对阿娇的忍耐也已经达到了极限，对卫子夫美貌的艳羡和柔弱性情的怜爱让他留下了这位歌伎并日渐宠幸。卫子夫很快就有了身孕，这个消息对十余年没有一个子女的武帝来说是无比巨大的惊喜，对卫子夫来说是走向尊贵的开始。

红颜老去 被诬丧命

母以子贵，更何况卫子夫是后宫中第一个怀有龙嗣的妃嫔，在十余年来没有子嗣的皇宫内，这显然是一件大事，连窦太后都对出身微贱的卫子夫生出笑脸。虽然卫子夫第一胎生了个女孩，并非武帝和太后盼望的皇子，但武帝仍旧把这个女儿捧作掌上明珠，封为卫长公主。卫子夫的出身使她在后宫内受到不少歧视，皇帝的宠爱虽然能够暂时让她生命无忧，但是也让那些受武帝冷落的后宫红颜们嫉妒。卫子夫

● **武帝妃丽娟像**

丽娟 14 岁入汉宫，成为武帝宠幸的宫人。据野史记载，这位妃子吹气如兰，身轻如燕，能歌善舞。但她和许多妃子一样，如一朵昙花，只在武帝身边开放了很短暂的时间。

51

天性柔弱善良，在得到武帝宠爱之后仍始终保持着卑微的本色，这也是武帝喜爱她的地方。但是后宫里的权力争斗不会因为谦卑而减少，而卫子夫不但能够化险为夷，还能够借此得到更高的地位，这不能不说是一个奇迹。

阿娇在最初知道卫子夫怀有龙种时非常气愤，于是找来母亲馆陶长公主想办法。但卫子夫怀孕期间备受众人关注，没办法下手。卫子夫的哥哥卫青当时在宫内当侍卫，于是馆陶长公主转而派人把卫青抓走并准备杀掉。还没等长公主下手，卫青在平阳公主家当骑奴时的好友公孙敖等人就把他救了出来。武帝知道这件事情后，对阿娇一家的行为异常恼怒，越发觉得卫子夫需要保护，因而召见卫青，当即封其为建章宫宫监和侍中。卫青的遵从隐忍和尽职尽责为武帝所喜爱，元光六年（前129），在匈奴大军南下进犯的危急时刻，武帝不顾大臣反对，任命卫青为车骑将军抗击匈奴。

卫青在入宫前本是平阳公主家的骑奴，有一身上好的骑射本领。此次出征，他不负武帝厚望，一举击败匈奴。武帝用人不拘一格，将领的封赐根据战功而定，有功则高官职厚赏赐，不管出身卑贱与否。卫青获胜后被武帝封侯，之后战功不断，屡次抗击匈奴均能获胜而归，深得武帝赏识，姐弟两个一个后宫得宠，一个战功显赫。卫青因为姐姐得宠

●汉武帝（前157～前87）

汉景帝子，幼名彘，4岁时被册立为胶东王，7岁时被册立为皇太子，16岁登基为帝，在位54年，创立了西汉王朝最辉煌的时代。

而有机会立下战功，卫子夫因为弟弟的战功而更加得宠。这层微妙的关系在卫子夫生下皇子刘据后达到巅峰。卫子夫连续生了三个女儿，武帝一直很喜爱她，并没有因为未生下皇子而有所嫌弃。在这段时间里，阿娇因为施用巫术诅咒卫子夫而被废黜皇后之位。终于，卫子夫的第四个孩子是儿子，武帝等这一天等得太久，在自己年近30岁的年龄终于盼来第一个儿子，心情可想而知。母以子贵，卫子夫被立为皇后。7年后，卫子夫所生的皇子刘据被立为太子。

天下的好事总是有变，卫皇后如花的容颜渐渐老去，皇帝后宫内佳人不断，能歌善舞正值妙龄的女子们让武帝对卫皇后逐渐失去了兴趣，但太子刘据和卫皇后本身的宽容谦恭使得他们仍旧得到武帝的礼遇和厚待，后宫诸事均为卫子夫主持。同时，卫家在武帝平定匈奴的霸业中仍旧占据着重要地位，除了卫青，卫子夫二姐卫少儿的儿子霍去病也是武帝喜爱的一员战将。霍去病自幼生长在富贵之中，喜欢骑射的天性被悉心培养，看到舅舅卫青屡立战功，小小年纪便胸怀抗击匈奴纵马驰骋的愿望。元朔六年（前123），不到18岁的霍去病知道舅舅又要出征，向武帝请求上战场杀匈奴。武帝素日就很喜欢充满灵气、性格不羁的霍去病，于是封他为骠姚校尉，拨出八百能征善战的骑兵让他随意调遣。牛刀小

试，霍去病以少胜多，首战告捷，之后立下的战功更多于舅舅卫青。他带军灵活机动，所向无敌，成为抗击匈奴的常胜将军，可惜英年早逝，24岁时中箭伤重不愈而亡。霍去病在21岁时把同父异母的弟弟霍光接到京城，十几岁的霍光在霍去病死后被武帝重用，培养成朝廷重臣，在武帝身边近30年。临终前武帝把8岁少帝刘弗陵托付给以霍光为首的四位老臣，霍光主持西汉朝政二十余年，这些都是卫子夫受到皇帝宠爱而带给家族的机会。

卫子夫当皇后到第三十八个年头的时候，权臣江充陷害皇后母子。当时武帝年事已高，身体不好，江充与太子刘据有前嫌，看武帝身体一天不如一天，担心武帝死后刘据对其不利，所以提前下手，想除掉太子。江充对武帝说病总不好的原因是有巫蛊诅咒，武帝信以为真，令江充严查。江充严刑拷打逼迫牵连近万人入狱，最后陷害太子刘据和皇后埋桐木人诅咒武帝。武帝在甘泉宫内养病，太子在东宫内没有办法解释，为求自保只好先假借武帝之名杀死江充。武帝不明真相，听到有人告太子谋反，于是派兵镇压，长安城内因此而死者数万。太子兵败无路，最终自杀身亡。卫皇后被废，随后自杀。当年令武帝一见钟情的香魂就这样不明不白地烟消云散了。

● **茂陵陪葬墓**

为表彰卫青、霍去病二人的功勋，武帝允许二人陪葬于茂陵。图中左为卫青墓，右为霍去病墓。

武帝魂牵梦萦的妃子

李夫人的心机

■ 汉武帝在位长达54年，其宠爱过的女人不止一两位，妙丽善舞的李夫人生命虽然短暂，却把最优美动人的一面留给武帝。李夫人为保持自己在武帝心中的形象，病中拒绝武帝见面的请求，令既多情又绝情的武帝很长时间魂牵梦萦，不能忘怀。

歌词里走出的美女

汉武帝虽然有其残酷的一面，但不失为一位多情的君主。他好游历狩猎，喜爱歌舞辞赋，自己挑选并宠爱的妃子大多能歌善舞，皇后卫子夫是他在平阳公主家欣赏歌舞时意外看中的，而李夫人却是被一首动听的歌曲推到他面前的。

李延年是武帝比较喜爱的乐师。他出身倡家，全家人皆精通音律，擅长歌舞。李延年因触犯法律被处以宫刑，投入宫中当养狗太监。擅长弹唱的李延年每每谱写新曲子唱歌给自己排解忧闷，宫内很多人都曾被他的歌声感动。武帝知道后把他召到面前，令他歌舞。歌舞之后，武帝深受感动，让他成了一名宫廷乐师。

李延年在得到武帝欣赏之后，就筹划着将妹妹带进皇宫。只是这宫廷深深，如何才能让妹妹得宠呢？李延年费尽心机。当时皇后卫子夫红颜衰老，青春流逝，后宫内年轻女子虽多，但是能让武帝一见倾心而专宠的很少。李延年精心谱写一曲新歌，只等武帝上钩。一日，平阳公主来看望武帝，姐弟二人谈笑甚欢，心情极好的武帝召李延年歌舞助兴。李延年悠悠唱道："北方有佳人，绝世而独立。一顾倾人城，再顾倾人国。宁不知倾城与倾国，佳人难再得！"武帝沉浸在这歌声中，良久才叹息道："好歌！只是世上真的有这样倾城倾国的佳人吗？" 坐在一旁的平阳公主笑着说道："李延年的妹妹就是这样的佳人啊！"武帝于是下令召见李延年的妹妹，一见果然妙丽善舞，当即纳入后宫，把一腔宠爱都给了这位新来的妃子。

拒绝皇帝看最后一眼

李延年之妹得宠并生下第五皇子昌邑王以后，被封为夫人。这位李夫人好命不长，几年后身染重病，太医们用尽手段都难以治愈，眼见着病越来越重，李夫人的形容也愈加憔悴。当时武帝对李夫人的宠爱还没有减退，不时到宫中探望，但是每次来，李夫人都用被子把头蒙住，不让武帝看到她的脸。

一次，武帝又来探视，李夫人蒙着被子恳求武帝照顾她的儿子和兄弟们。武帝说："夫人就让我见一面，当面和我说不是更好吗？"李夫人回答道："女人在没有打扮好、穿戴整齐的时候，是不能见君主的，我不敢让您看到我的糟糕样子。"李夫人越是不让见，武帝越是想见，于是对李夫人说："夫人让我看一眼，我就赐给你千金，并让你的兄弟们做高官。"李夫人果断地回答："给不给我兄弟高官在于陛下，不在于见不见臣妾。"武帝仍坚持要见李夫人，李夫人索性不再说什么，转向里面难过地抽泣。武帝实在没有办法，恼怒地起身离去。

在一旁侍候的姐妹纷纷责问李夫人："夫人为什么不当面向陛下托付兄弟呢？"李夫人这时才幽幽怨怨地道出自己的真实想法："我坚持不让陛下看到我的样子，正是为了让陛下能够真心地照看我的兄弟们。陛下素日宠爱我，无非是因为我的容貌姣好。凭着美色而得到的宠爱，一旦失去美色，宠爱也会消失。陛下之所以还在眷念着我，无非是记着以前美好的容颜。如果看到我现在容貌憔悴不堪，陛下一定会对我生出厌恶之心，又怎么可能去照顾我的兄弟们呢？"李夫人死后，武帝伤心不已，下令以皇后的规格厚葬。

留给兄弟们的机会

李夫人果然是一位冰雪聪明的女子，她去世后武帝心中留下的都是她娇美的身姿，这种记忆很折磨人，既没有办法忘记，也没有办法重新拾回。武帝令人画出李夫人生前的美态，并把画像悬挂在甘泉宫内供自己怀念。一日，有人向武帝推荐了方士李少翁，说这位李少翁能够招来李夫人的魂

●李延年

李夫人的兄长，曾大量搜集民间乐歌并整理，编配新曲，使之广泛流传。在《史记》中，他却被写入遭鄙视的佞幸行列，大概源于当时人对倡者的态度。

魄。武帝思念佳人心切，便让李少翁速速作法。李少翁告诉武帝只能远远地观看而不能走近，武帝答应了。

这个夜晚来得格外迟，武帝好不容易挨到夜色浓重，便催促李少翁快点作法。李少翁煞有介事地设好帷帐香案，请武帝在另外一处帷帐内远观。不一会儿，武帝果然看到帷帐内有李夫人的影子，只见李夫人缓缓地走动然后坐下，姿态优雅。武帝恨不得立刻奔过去把李夫人留住，又怕吓跑了佳人永远不得相见，思念之心更重，自言自语道："是邪，非邪？立而望之，偏何姗姗其来迟！"随后，武帝又作了一首伤感的赋："……何灵魂之纷纷兮，哀裴回以踌躇。势路日以远兮，遂荒忽而辞去。超兮西征，屑兮不见。浸淫敞怳，寂兮无音，思若流波，怛兮在心……"

想念而不得见，佳人不复再生，武帝开始将思念之情慢慢转移到对李夫人兄弟们的照顾上。李延年在妹妹死后被特封为协律都尉，在乐府里供职。乐府主要掌管皇家宴会、游行、祭祀等音乐的创作，同时也负责收集整理民间诗歌乐曲。李延年在乐府任职，每年的俸禄是两千石，这在当时是高薪。他在音乐方面的才情也充分展现出来，当时在乐府中任职的司马相如等人所作的华辞丽赋，有些被李延年谱上曲子在宫廷内外传唱，而很多民间乐曲被他重新整理配以新曲子后也广为流传。

因此，武帝对他的喜爱也越来越深，甚至有时同起同卧。曾经有过同等待遇的只有武帝幼年时候的玩伴兼同窗韩嫣，可是韩嫣出身侯门，其太爷爷是韩王信。李延年仅仅凭借妹妹的嘱托而得宠，可见武帝对李夫人的追念之深。

李夫人的另一位哥哥李广利没有功绩不能封侯，武帝想着李夫人生前的托付，不给李广利一官半职总觉得愧对佳人，于是就像当年对待卫子夫的家人卫青和霍去病那样，寻找机会派李广利出征，之后再封赐高官。可是李广利不是卫青、霍去病，武帝擅长根据不同人的才能分派任务，这一次他看走了眼，可能是为了让李氏立战功心切，于是派没有作战才能的李广利去讨伐遥远的大宛国。

大宛是一个小国，人口不多，远在西域，有沙漠阻隔，因而并不像周边其他小国那样对汉朝毕恭毕敬。一次，武帝听从大宛国回来的使臣说那里有稀世的汗血宝马，便派人去以财宝交换宝马。武帝在位期间，国家昌盛，连以往不断进犯的匈奴都惧怕大汉三分，何况小国。通常这些国家为了自保，每年都把本国特产的珍宝进献给汉朝。大宛国既有汗血宝马，不献给武帝也就罢了，还暗中派人将汉朝去交换宝马的使臣杀掉，把用以交换宝马的财宝抢走。武帝一怒之下派出大军攻打大宛国贰师城以抢夺宝马，封李广利为贰师将军率军出征。路途遥远，李广利带兵能力差，好不容易走到贰师城，人马饿死无数，攻城数日没有进展。之后，李广利又带兵回国，走到敦煌时派使臣上书给武帝，说因为缺少食物而很难攻下大宛，现在退兵回朝。武帝知道后大怒，派使臣在玉门关前阻拦李广利等人，说这一行人谁要踏入玉门关就杀了谁。李广利只好驻守在敦煌不敢进关。

几个月后，武帝加派将士六万，牛十万，马匹三万，驴、骆驼近万，粮食、兵器等无数，令李广利再次攻打大宛，同时派使臣让大宛周边的小国出兵帮助。这一次，李广利终于大胜而归，但是随他生还入关的士兵仅万余人、马千余匹。面对这代价惨重的胜利，武帝不但没有怪罪李广利，反而封其为海西侯。一代明主，为了心爱妃子的临终托付，深情如此，即便行为有悖常理，也足以令世人动容。

李夫人的影子

难道方士李少翁真的会招魂术？当然不是。据史书记载，深海中有一种奇异的石头叫潜英石，这种石头"其色青，轻如毛羽。寒盛则石温，夏盛则石冷"。用潜英石雕刻成的人像栩栩如生，甚至能够说话。李少翁招李夫人之魂时，就是用潜英石事先雕刻好李夫人之像，然后置入帐中，通过烛火光影把石像投影到帷帐上。让武帝只可远观不能近看的原因有二：一是潜英石有剧毒，近看怕伤皇帝之身；二是远观不会让神秘的招魂之法露出破绽，术士们神奇的法术背后都有不愿告人的机巧，古往今来大体相同。

子贵母死

钩弋夫人的**无奈**

■■ 钩弋夫人是汉武帝晚年时最宠爱的一位妃子，生下儿子刘弗陵后，却因为一点小事被武帝关入冷宫，后忧愤致死。在太子刘据被误解无路可走而自杀之后，武帝却单单立了她生的儿子刘弗陵为太子，难道这二者之间有着不合常理的因果关系？

奇女子钩弋夫人

　　武帝生性豪放不羁，晚年年老体衰时，仍旧喜爱四处游猎。有一天，武帝带着亲随巡游狩猎路过河间，途中在一处山水秀美的村庄附近休息。身边有一个善观天象的官员看到距休息之地不远处的天空祥云升腾，瑞气萦绕久久不散，再看周围山灵水秀，不禁感叹："此处祥瑞之气冲天，草木端秀，附近必有奇女子。"武帝半信半疑，但是天性好美色奇事，于是派使臣探查究竟。使臣按照善观天象之人的指点，边走边问村庄里的村民，果然找到一位清新美艳的赵姓奇异女子。村子里的人说此女自从出生后，双手就握成拳状，不能像常人那样伸展开来，虽已到了婚配的年龄，但是据传只能嫁给能将她双手打开之人，又因至今没有遇到而迟迟未嫁。

　　武帝饶有兴味地看着被使臣带回的女子，盈满羞涩的秀脸上一剪秀眉微微低垂，一双秋水脉脉含情，那半羞半惊的样子既可爱又可怜。武帝一生见过女人无数，但是后宫中的粉黛们大多缺少生机和灵气，面前的女子如一株含苞的花儿鼓动着武帝衰老的身心。最后，武帝的眼睛落在女子紧握的一双玉拳上，他命令身边的宫女们逐一试着打开这双粉拳，都没有成功，武帝又命令身边官职较高的随从去试，也没有成功。这时候，武帝好奇心大发，他捧起女子那双玉拳抚摸把玩，轻轻一试，竟然打开了双拳。武帝惊喜异常，将女子带回宫中并宠幸非常。因为这件奇事，大家都称这位赵姓女子为拳夫人。拳夫人年轻貌美又聪慧，不久武帝就把以往宠爱的妃子们冷落在一旁，专心宠幸拳夫人。因为年龄悬殊，武帝对待拳夫人从来都是和颜悦色，哪怕她有些失礼的地方也毫不在意。不久，拳夫人被晋封为婕妤。

在武帝时期，婕妤的位份仅低于皇后，武帝晚年得此尤物，日渐衰老的身心变得充满朝气，他相信这个女子是上天给他的恩赐，因而越来越宠爱她，还特地为她修建了一座富丽堂皇的钩弋宫，因而赵婕妤又被称为钩弋夫人。

钩弋夫人也很争气，太始三年（前94），在武帝64岁的时候，给武帝生下最后一位皇子刘弗陵。《史记·外戚传》对钩弋夫人一生记载仅有442字，其握拳之奇异仅寥寥数语。至于握拳的神奇是天生还是经高人策划而成已无从考证，但是钩弋夫人在怀孕生子一事上的神奇倒是令人惊奇。"十月怀胎，一朝分娩"是妇人的生理自然，而钩弋夫人怀孕14个月才生下刘弗陵。武帝看着这个小儿子，很欣赏地对周围的人说："听说上古先帝尧就是在母亲怀孕14个月后才降生的，钩弋子这点和尧帝一样。"刘弗陵因母亲名钩弋夫人，所以被称为钩弋子。武帝的言外之意大家心知肚明，都微笑着点头附和。因为14个月生子一事，武帝对钩弋夫人更加厚待，把钩弋夫人所居宫室的门称为尧母门。但随着钩弋子的成长，武帝内心越来越矛盾。

立子杀母的用心

钩弋子出生的时候，戾太子刘据被酷吏江充诬陷自杀已经三载，太子的位置一直空着。大臣们刚开始的时候以为武帝念念不忘李夫人，会把李夫人生的儿子昌邑王立为太子。但是李夫人不争气的哥哥李广利和弟弟李季在得到武帝格外关照之后，不仅不知道独善其身，反而都犯下不容姑息的错误。李季之前因为和宫女之间不检点而触怒太后被处死。李广利首次出征大宛获取宝马失利，后在武帝重新派兵帮助下才勉强得胜，被封海西侯。11年后，即征和三年（前90），武帝派李广利率领七万人马出击匈奴，大败。当时长安城内正弥漫着不安的气氛，因为巫蛊之祸，太子刘据与母亲卫皇后被诬告送命，李家也被牵连进灾祸，有大臣密告李家与人联合要拥立昌邑王做太子，李

●钩弋夫人

钩弋夫人姓赵，西汉河间人，得武帝宠，生子弗陵（汉昭帝），征和四年（前89）被武帝投入掖庭狱，后死于云阳宫。

广利全家因此都被关进大牢。兵败和无法解释的密告让李广利做出错误的选择，投降匈奴，但他在匈奴没过几天好日子就被杀掉了。这次李氏家族遭受的是灭门之灾，连武帝宠爱的李延年也被处死。此事之后，昌邑王当上太子的可能性微乎其微。

武帝年事已高，身体一日不如一日，选立太子成为紧迫的事情。武帝一直对太子刘据悉心培养调教，为防止争夺皇位，其余几个儿子早早被派到各自的封地去，有帝王才干的人不多。燕王刘旦博学而通大略，精于骑射并且擅

长星历数术，但是喜欢流连于声色场所。太子刘据死后，燕王曾请求进京护驾，其实就是变相请武帝封他为太子。武帝觉得燕王有谋反之心，不但没同意燕王的请求，反而给予处罚以示警告。

钩弋子在如此紧要的关头出生，而且出生即带有异兆，武帝立他为太子的心意大家心照不宣。钩弋子长到五六岁的时候，身体比同龄孩子强健高大，并且聪慧机智，多知多懂。武帝看着小钩弋子满心欢喜，经常对近臣和侍者说这个小儿子最像他，只是这孩子太小，其母

● 汉云陵封土堆

汉云陵为钩弋夫人之陵，位于今咸阳淳化县铁王镇大圪垯村西。据史料记载，刘弗陵即位后，追尊生母钩弋夫人为皇太后，并修云陵重葬，迁三千户居民护陵。

●**西汉彩绘三鱼耳杯**

湖北荆州凤凰山 168 号西汉墓出土。古人以"钟鸣鼎食"来形容富贵人家生活的奢华，从这件陪葬的食具可以想见西汉时期诸侯王生活的精细奢华。

钩弋夫人正当青春好年华，恐怕自己死后钩弋夫人效仿汉高祖皇后吕雉，以儿子之名专权而祸乱国家。

这吕后乱国到了什么程度，导致汉朝皇帝们一提到吕后都忧心忡忡？吕后是汉高祖刘邦的发妻，汉惠帝刘盈之母。高祖死后，16岁的刘盈即位称帝，吕后被封为皇太后。权倾后宫的吕后恨戚夫人，以往有高祖在奈何她不得，现在自己的儿子当上皇帝，终能扬眉吐气。惠帝软弱善良，不敢把母亲怎样。吕后残害戚夫人母子的行为残酷得令人不敢相信。先令人剃掉戚夫人的头发，又给她戴上枷锁、穿上囚衣，让她舂米。为彻底去除隐患，吕后召戚夫人之子赵王入宫。惠帝知道母亲不怀好意，数月内与赵王同寝同食，让吕后无可奈何。一日，惠帝早起射猎，赵王没起床，吕后趁机派人毒死赵王，之后便肆无忌惮地折磨戚夫人，令人将其剁掉四肢，挖去双眼，用药熏聋毒哑再关入厕所。过数月，吕后带惠帝观看人彘。当惠帝知道这个怪物就是美艳善舞的戚夫人时吓得大哭，大病一年，病愈后沉迷酒色，所有政事都由吕后处理。7年后，惠帝死，吕后立少帝刘恭，自己"临朝称制"，还残害朝臣无数，令国家混乱一时，专权8年后病死。吕氏族人被大臣诛灭，大臣迎回刘邦的第四个儿子代王刘恒为帝，即汉文帝，西汉才正常发展。

这段历史令西汉所有皇帝心惊肉跳，武帝对子少母壮祸乱国家的担心不是没有缘由。为防止自己死后钩弋夫人乱国，在立刘弗陵为太子的决心已定后，武帝寻着钩弋夫人一点小错，把她贬到冷宫。后元元年（前88），钩弋夫人在冷宫抑郁而亡，钩弋子年方7岁。武帝虽然心痛，但为让小儿子帝位稳固，只能忍痛割爱。第二年，武帝病重，立刘弗陵为太子，把少帝托付给霍光等几位大臣。不久，武帝死，8岁的刘弗陵即位为汉昭帝，追封母亲钩弋夫人为皇太后。可怜钩弋这位奇女子在儿子贵为皇帝的命运面前断送了自己的性命，这实在是一种奢侈的无奈。

帝后之死

霍氏阴云下的大汉后宫

■ 汉武帝死后，年仅8岁的汉昭帝即位，大臣霍光受命辅政。在此后的20年里，霍光取得了唯我独尊的地位，霍氏子弟布满朝堂。霍光把持皇位废立大事，立两帝，废一帝，甚至限制皇帝在深宫中的活动。霍光死后才三年，汉宣帝便以从前毒杀许皇后、起兵谋反为由尽诛霍氏一族，又以毒杀太子为由废掉霍成君的皇后之位。

汉昭帝的无奈

后元二年（前87），一代政治强人汉武帝在未央宫中死去，皇位传给他最小的儿子刘弗陵，是为汉昭帝。病逝前，武帝在病榻上指定霍光、金日磾和上官桀等为辅政大臣，其中霍光是首辅大臣。在此后的7年时间里，霍光先后击倒了同他争权的另外几个辅政大臣，霍光的儿子、女婿同掌禁军兵权，亲戚子弟布满朝堂，权势之盛，一时无二。

昭帝继承皇位时年仅8岁。光阴荏苒，昭帝成年后，把持朝政的霍光却并没有要把朝政交还给昭帝的意思，昭帝最后只活到21岁。昭帝生命中的最后几年大约过得很不舒坦。霍光一心想要自己的外孙女上官皇后专宠后宫并生下太子继承皇位。为了达到这一目的，一次，霍光当着昭帝的面问众位御医昭帝身体不健康的原因，御医们当然都知道霍光的用意，赶紧说昭帝体弱，最好少接触后宫妃子。从此以后，霍光便不让昭帝接近其他嫔妃，甚至让她们都穿穷裤（缝裆裤），多系裤带，以免她们和昭帝幽会。上官皇后并无所出，因此昭帝死时并没有留下子嗣。

昭帝没有留下子嗣，立谁为帝让霍光费尽心思。霍光先立昌邑王刘贺，27天后又废掉刘贺，给出的理由是刘贺荒淫无道，并列举出了刘贺在即位后的这些天内干的一千多件荒唐事。其实事情的真相恐怕是刘贺不肯授权给霍光。之后，霍光迎立武帝曾孙，当时流落民间的刘询，是为汉宣帝。

"故剑情深"的汉宣帝

刘询是戾太子刘据的孙子。当年刘据被诬陷自杀后，他的三个
儿子和一个女儿以及他们各自的子孙们都受到牵连送了性命。当时刘
询刚生下来几个月，因而捡了一条命，但是仍然被关入监牢。廷尉监
邴吉怜悯这个年幼的孩子全家遭受的不白之冤，尽自己所能照顾这可
怜的皇家子。四年后，武帝生了一场大病，久久不愈，宫内善观气
象的官员说长安城内的监狱中有天子之气冲撞了武帝。武帝便
命人到狱中杀掉所有的罪犯，等杀到刘询时，邴吉拒绝开
门放使者入内，刘询因此大难不死，逃过一劫，谁知后
来竟然当上了皇帝，人的命运也真是难以预料。

后来武帝大赦天下，邴吉把刘询送到他祖母史良
娣的娘家抚养。等戾太子刘据被诬一案查清平反后，
刘询被召回后宫掖庭抚养，认祖归宗，并记录在皇家
族谱上。

掖庭是后宫中等级比较低的妃子和宫女们居住的地方，最早叫永
巷，武帝时期改称掖庭。当时管理掖庭的掖庭令张贺曾经做过戾太子刘
据的家吏，受牵连被贬至掖庭。张贺念及当年太子的仁厚，对落魄的刘
询格外关照，用自己的钱请老师教刘询读书写字。刘询成年后，张贺又
开始为他张罗婚事。

掖庭下设幽禁皇后、妃子的官署，称作暴室。暴室主管叫许广汉，
他以前是昌邑王的随从，因触犯律法被处以宫刑，之后便到掖庭令张贺
手下当一名小宦官。许广汉有个女儿叫许平君，长到十四五岁，本来已
经许配了人家就要成婚了，可那没见面的丈夫居然死了。遇到这样的事
情，许家感到十分丧气，于是许母找算命先生给女儿算命。算命先生说
此女将来必有大富贵，许母这才由难过转为宽心，等着女儿好运的降临。

张贺知道了许广汉女儿的事情，也知道此女是个温良敦厚的好女
子，于是便想给刘询聘来为妻。张贺请许广汉喝酒聊天，二人酒至半酣
之际，张贺直奔正题，向许广汉夸赞刘询的好处，之后为许平君和刘
询作媒。许广汉也知道刘询当时落魄的身份，但是考虑到女儿未嫁而丧
夫，而刘询体貌端正，彬彬有礼，于是便答应了张贺。

元凤六年（前75），许平君嫁刘询，并于次年生下儿子刘奭，一家

● 汉宣帝（前91～前
49）

戾太子刘据孙，出生数
月便逢巫蛊事件，幼时
寄养于民间，后被霍光
等大臣迎立为帝。

三口过得和和美美。就在刘询依附于史家和许家享受着普通人读书、交友、游乐的生活时，昭帝病死，刘贺立而复废，刘询被霍光推上了帝位，即汉宣帝。许平君随丈夫入宫，被封为婕妤。

宣帝和许平君乃是贫贱夫妻，两人共历艰辛，感情很深。宣帝有意立许平君为皇后，这时霍光却送小女儿霍成君入宫为妃，群臣趋炎附势，纷纷建议立霍成君为皇后。宣帝不答应，于是想了一个办法，下诏寻找当年在民间时使用过的剑——"上乃诏求微时故剑"。大臣们知道宣帝的决心，又纷纷上书请立许平君为皇后，于是便留下了"故剑情深"的佳话。霍成君入宫没有当上皇后，这让霍家很是生气，霍光甚至用反对依惯例封赐皇后之父为侯来表示自己的不满，理由是许广汉是"刑余之人"，不配享此高位。许皇后也明白此中奥秘，于是处处小心，谦谨待人，在后宫中平安度过了一年，而且再度怀上身孕，谁知在生产后暴毙。这死亡并非偶然，而是来自一场阴谋。

●霍光
霍光跟随汉武帝近30年，后又受诏辅佐昭帝，执掌汉室最高权力近20年，是西汉历史上一位重要的政治人物。

害人不成反害己

霍光的妻子霍显一直为自己的女儿没能当上皇后而耿耿于怀。当时宫中有一位女医官淳于衍曾经给许皇后看过病，与霍显的关系也比较密切。淳于衍的丈夫是掖庭护卫。一天，他让淳于衍去求霍显赏给自己更好的差事。霍显一听正中下怀，认为除掉许皇后的机会来了。霍显屏退身边所有的侍者，留下淳于衍单独密谈。霍显说："你要是肯为我做点事情的话，你丈夫的差事就包在我身上。"淳于衍一口答应。于是，霍显授意淳于衍毒杀许皇后。

皇后的日常饮食和服用的汤药都有专人先尝过，确定无毒后才能送给皇后，要下毒显然有些难度，但这难不倒精通药性的淳于衍。皇后分娩之后，身体虚弱需要调养，于是召淳于衍入宫诊治。淳于衍趁机把附子粉末掺进皇后吃的药丸里。附子这味药有小毒，常人服用不会有生命危险，但是产妇吃了却会丧命。许皇后吃完药后觉得心烦头晕，不久就死了。

许皇后死状的蹊跷引起了官吏的怀疑，淳于衍也因此被捕下狱，遭到严刑拷问。霍显惊慌失措之下，只好向霍光求助。霍光此前还不知道淳于衍投毒是自己的夫人指使，听说之后大惊失色，于是下令执法部门停止追究，强行将这件事压了下来。后宫不可无主，许皇后死后，霍成君的皇后之路再无阻碍。

在霍成君当上皇后三年后，霍光去世了。宣帝表面上仍旧重用霍氏遗族，其实却在慢慢架空霍家，剥夺他们的实权，同时培养自己的亲信。后来，上书告发霍家的密奏日益增多，之前霍家毒杀许皇后的事情也渐渐传入宣帝的耳朵，于是宣帝暗暗下了除掉霍氏的决心。

霍光死后一年，宣帝终于如愿以偿，将许皇后的父亲许广汉封侯，并立自己和许皇后的儿子刘奭为太子。霍显知道后愤怒到了极点，气极之下口吐鲜血，接连几日吃不下饭。霍显决定像当年毒死许皇后一样除掉太子，她自己没办法接近太子，就让身为皇后的女儿霍成君下手。论起玩弄阴谋，霍成君和她的父母差得可不是一星半点。她愚蠢地借口赐太子食物，在食物中下毒，结果被太子的侍从在试菜验毒时发现。侍从不敢隐瞒，急忙禀报宣帝。宣帝勃然大怒。

地节四年（前66）七月，感觉到危机的霍家决定起兵谋反，诛杀宣帝。政变终究未遂，显赫五十余年的霍氏家族被族诛，一夜之间土崩瓦解。八月，宣帝废霍成君皇后之位，贬于上林苑昭台宫。12年后，霍成君于绝望中自杀。

●**西汉深衣女陶俑**

深衣是汉承秦制的服装款式，上衣与下裳相连，通身紧窄，使身体深藏不露，雍容典雅。

人生若只如初见

悲哀愁叹 班婕妤

■ 班婕妤是西汉成帝的妃子，也是历史上为数不多的女文学家之一。自古以来，后宫里被皇帝宠爱的女子多靠美艳留名，而饱读史书的班婕妤却独以美德留芳于后世。可惜她的才华在貌美心毒的赵飞燕、赵合德姐妹面前失去了光彩。

历史的偶然

●班婕妤

此图为清末著名画家吴友如绘。汉成帝初年，班婕妤入后宫，初为少使，后为婕妤，死后葬于延陵。她以辞赋见长，作品很多，但大部分都已佚失，现仅存三篇——《自伤赋》《捣素赋》和《团扇诗》。

汉成帝是汉宣帝刘询的孙子，汉元帝刘奭的儿子。自幼生活在卑贱环境中的宣帝登基后，先在错综复杂的局面中保住皇位，又把朝政打理得井井有条，可谓是西汉的一位明君。可惜好景不长，他的儿子元帝生性柔弱，登基后偏信宦官而导致朝政混乱，当成帝接手元帝留下的烂摊子时，朝廷大权已经旁落。成帝既没有武帝的雄才大略，又没有宣帝的坚忍不拔，只能够用沉迷酒色来麻醉自己。

成帝的出生有点戏剧性。在成帝的父亲刘奭还是太子的时候，刘奭最喜爱的妃子司马良娣身染重病奄奄一息，司马良娣临死前恨恨地对他说："我之所以这么早就不得不离开人世，并不是我的命数到了，而是那些得不到您宠爱的妃子们嫉恨诅咒的结果啊！"刘奭看着爱妃的痛苦模样，悲痛欲绝，对后宫里所有妃子都心生厌恶。在司马良娣死后很长时间，他仍旧拒绝见那些妃子。身为太子监护者的王皇后知道这件事情后很着急，于是想了一个办法希望能让刘奭忘掉悲痛。

既然太子厌恶以前所有的妃子，说不定选些新的妃子能让刘奭比较快地接受。王皇后在宫里挑出五名有几分姿色的低等宫女，让太子刘奭挑选。刘

奭并没有心情看这些花枝招展的女人，但是又不能违抗皇后的命令，于是随意选了一个离自己近的女子，这个女子名叫王政君。王政君得到太子的一夜恩幸之后，竟然怀孕，并生下儿子刘骜。

刘骜是宣帝的长孙，因此宣帝对这个孙子宠爱异常。刘骜出生三年后，宣帝去世，刘奭即位为元帝。母以子贵，王政君被封为皇后。

才学出众得爱慕

刘骜18岁的时候，父亲病死，刘骜继承皇位，是为汉成帝，从此开始了声色犬马的皇帝生涯。成帝好女色，对天生美艳并且知书达理的班婕妤宠爱异常。班婕妤是《汉书》作者班固的姑母，父亲越骑校尉班况是抗击匈奴的名将，立有无数战功。班婕妤很小的时候就开始读书写字，饱读史书，尤其擅长诗词歌赋的写作。她刚入宫的时候是地位不太高的少使，不久就因为年轻美艳和满腹才学打动成帝，被晋升为地位仅次于皇后的婕妤。

后宫里面的女子受宠后通常都用尽心机和手段以求笼络住帝王的心，免得失宠，但是班婕妤却不这样做。成帝因为太喜欢这位无所不知的才女，经常和她说烦心的事情，班婕妤总是用历史故事来为成帝排忧解惑。成帝看到美艳脱俗的班婕妤竟有如此才学，高兴地将她引为自己平生的知己。为了能够时时和班婕妤在一起，成帝特地命人造出一乘可以让两个人一起坐的辇，这样无论去哪里，都可以随时在一起说话。辇是古代皇帝在皇宫里的短途代步工具，只能供一人乘坐，不用马而用人拉，辇的规格有严格的规定，皇帝的辇用两个人拉，皇后妃子们的只能用一个人拉。

班婕妤拒绝了成帝的好意，并告诫皇帝说："我读古书、看古画，但凡被后世称为圣贤的君主，在他们身边时能够见到的都是比较贤德的大臣，而那些亡国之君的身边才经常出现妃子的身影，夏桀身边有妹喜、商纣王有妲己、周幽王有褒姒，我要是和您同辇出游，您的行为岂不是和他们一样了吗？"

成帝的母亲王太后听说这件事情后，对身边的人夸赞班婕妤："古有樊姬，今有班婕

●班姬辞辇
《女史箴图》局部，东晋顾恺之绘，今藏于英国大英博物馆。此图中箴文：班婕有辞，割欢同辇，夫岂不怀，防微虑远。

好。"樊姬是春秋时期楚庄公的夫人，春秋时期盛行游猎之风，楚庄王沉迷其中不理政务，夫人樊姬苦劝不见效果，索性以拒绝吃禽兽的肉这种方式抗议，楚庄王被感动而幡然悔悟，勤于朝政，最终成为春秋五霸之一。被比作樊姬，已是当时对贤德女子的最高评价了。

幽怨寂寞的守陵妇

这样有才学又贤德的女子注定不会是皇帝心中的永远。班婕妤专宠多年，但仅生有一子，且生下数月后就夭折了，年长色衰的班婕妤渐渐不再受到成帝的宠爱。天性好色的成帝久居深宫，对后宫中百依百顺的嫔妃失去了兴趣，经常外出寻找刺激。鸿嘉三年（前18），成帝登基的第十五年，历史上赫赫有名的赵飞燕、赵合德姐妹出现在他的眼前。

在一次微服巡游中，成帝到阳阿公主府游玩，当时大贵族的府邸里面通常会养着大量的歌女舞姬供人取乐，成帝的好运、大汉的霉运就这样悄然降临，西汉的混乱局面在曼妙的歌舞之中不可收拾。

在公主府上，成帝对能歌善舞的赵飞燕一见钟情，当即将她带入宫中。飞燕入宫之后，趁着皇帝专宠，又让成帝把同为歌女的妹妹赵合德也召进后宫。为了使成帝不移情别恋、另寻新欢，这两位出身卑贱的歌女开始残害后宫中的妃子，最先下手的目标是许皇后。只有把皇后除掉，才能控制后宫，从而登上后宫至尊的宝座。

成帝宠爱赵氏姐妹后，对班婕妤更加冷淡，不再听她规劝，而是任性地纵情声色，甚至将定期到皇后宫中问候的礼节都丢到脑后。见识短浅的许皇后怨愤之下听信亲姐姐的建

● **汉延陵**

位于陕西咸阳，是汉成帝的陵墓。有七座陪葬墓在其东翼，其中陵东北500米处为班婕妤墓，俗称娘娘坟。

比班婕妤幸运的樊姬

"**古**有樊姬，今有班婕妤。"樊姬与班婕妤都是才貌兼修的妃子，但因为遇到不同主子而命运悬殊。楚庄王能成为春秋五霸，夫人樊姬花了不少心思。楚庄王即位之初，和当时上流社会的纨绔子弟一样，白天到处游猎，晚上纵情声色。胸怀大志的樊姬看了未免焦急，屡劝楚庄王减少玩乐但没有效果，就用三年不吃肉的行为表明心志。最后，楚庄王怕了樊姬，少游猎，勤政务。樊姬聪明，知道好美色乃男人天性，便亲自甄选品貌双全的良家女一起看管楚庄王，同时以智谋举荐贤臣孙叔敖等人辅政，令楚庄王远离奸佞，换来皆大欢喜的结局——楚庄王称雄中原，樊姬千古流芳。

议，在宫里设坛诅咒赵氏姐妹。正在想方设法陷害皇后而无从下手的赵氏姐妹得知后，当即在成帝面前告了许皇后一状，说皇后设坛诅咒怀孕的王美人。成帝大怒，废掉许皇后，并把皇后的姐姐处死。扳倒了许皇后，赵氏姐妹仍不满足，她们诬告班婕妤也参与了此事，想借此机会将这位虽不再受宠，但仍然很受成帝尊敬礼遇的才女一并除掉。

成帝对这位生性高洁的女子了解很深，所以尽管赵氏姐妹言之凿凿，成帝还是半信半疑。他思来想去不知如何是好，最后干脆亲自去问班婕妤。班婕妤回答得光明磊落："臣妾知道死生有命，富贵在天，天天修身养德还没有得到福分，做那些奸邪的事情就更没有指望了。臣妾不但不敢做这样的事情，也不屑于做这类事情！"成帝见班婕妤说得恳切，很受感动，于是赐班婕妤黄金百斤，来弥补自己心中的羞愧和歉疚。可是猜疑的伤害又怎能是黄金所能弥补的呢？

班婕妤虽然暂时逃过一劫，但后宫已经是赵氏的天下，废掉皇后不久，成帝便立了赵飞燕为后。同时，为了讨赵合德的欢心，他又在皇后位置下增设昭仪之位，封赵合德为昭仪。班婕妤眼见后宫不再安宁，不得不为自己想一个全身之策，以远离后宫的纷争。于是她上书成帝，请求前往长信宫去侍奉王太后。

被赵氏姐妹迷得神魂颠倒的成帝此时哪还顾得上一个韶华已逝的班婕妤，毫不犹豫便同意了她的请求。从此以后，班婕妤就在王太后的宫内过着平淡的生活。

班婕妤晚年时将无法排解的宫怨化作一首首清丽的诗词，一首《怨歌行》（亦称《团扇诗》）流传于后世，成为抒发宫怨的佳作："新裂齐纨素，鲜洁如霜雪。裁为合欢扇，团团似明月。出入君怀袖，动摇微风发。常恐秋节至，凉飙夺炎热。弃捐箧笥中，恩情中道绝。"千载之后，清人纳兰性德为这位才女叹息道："人生若只如初见，何事秋风悲画扇。等闲变却故人心，却道故人心易变。"

成帝死后，班婕妤按规矩被派到成帝的延陵去守陵。延陵的阵阵松风伴她走完了孤独的残生。

淫乱后宫的赵氏姐妹花

汉成帝*溺死*温柔乡

■ 姐妹花赵飞燕、赵合德以歌女出身而权倾后宫，在西汉成帝时期专宠十余年。赵飞燕身轻如燕，擅做掌上舞；赵合德丰满娇艳，是甜蜜的温柔乡。姐妹二人互相唱和，把汉成帝刘骜迷得神魂颠倒。为博美人一笑，成帝不惜杀死亲生子，最后因纵欲过度，死在赵合德的床榻之上。

险些饿死的女婴

赵飞燕、赵合德被皇帝专宠，正应了那句老话——大难不死，必有后福。赵家姐妹是双胞胎，二人是母亲与人私通后生下的。她们的母亲出身名门，是江都王刘建的掌上明珠江都郡主。这位江都郡主嫁给江都中尉赵曼为妻后，却不安于平淡的生活。

江都王府内有一位叫冯万金的协律舍人，此人颇具音乐才华，其整理改编的乐曲音韵优美，深受江都王喜爱。时间一长，江都郡主和冯万金眉目传情，厮混在一起并怀了身孕。趁着丈夫没有发现，郡主谎称有病跑回娘家待产，偷偷生下孩子后让人抱到荒郊野外丢弃。三天后，满腹愧疚的郡主想看看女儿，坐着一乘小轿来到野外，没想到这两个孩子竟然还活着。天命不该绝，婴儿被抱回并送到生父冯万金家抚养。

冯万金在世时很喜欢这对双胞胎。赵家姐妹与父亲一样，在音乐上极具天资，小小年纪便歌喉婉转，舞姿妖娆。冯万金死后，冯家容不下这对私生女，于是姐妹二人辗转流落到长安城凄苦度日，后机缘巧合，被阳阿公主的管家赵临收为义女。赵临利用职务之便把两姐妹送进公主府当歌女。姐妹俩不但容貌绝艳，而且舞技超群。不久，姐姐赵飞燕成为公主家的头牌舞姬。

赵飞燕原名宜主，腰身纤细，舞姿轻盈，仪态万方，翩翩起舞时如燕子一般灵动，因而传下"飞燕"之号，宜主之名反被人忘了。赵飞燕和赵合德虽然是双胞胎，美貌相近，体态却完全不同，飞燕是骨感美人，合德则以丰满取胜，妙在肌肤晶莹胜雪，吹弹可破，润泽如凝脂，洗澡时水不沾身。一天，当时的汉朝皇帝成帝到宫外猎色，转了一圈没有收获，一行人便到阳阿公主府邸宴乐，于是发现了赵家姐妹这对藏在深宅大院的尤物。

命运的大转折

酒宴之上，照例莺歌燕舞助兴，赵飞燕这头牌舞姬姿容清丽，舞姿绝伦，身段轻灵，真是与众不同。成帝看到赵飞燕衣裙飘飘，宛如仙人，不住赞叹，兴致高涨。这之后的情节和他祖爷爷汉武帝看到卫子夫相似，歌舞结束之后，成帝一边假意起身更衣，一边用眼睛盯着赵飞燕。公主心领神会，命赵飞燕随皇帝一起更衣。

这次更衣的细节，人们可以从日后赵飞燕失宠后在生辰宴会上对成帝的哭诉了解大略："妾昔在主宫时，帝幸其第，妾立主后，帝视妾不移目甚久。主知帝意，遣妾侍帝，竟承更衣之幸，下体常污御服，童欲为帝浣去，帝曰：'留以为忆。'不数日备后宫时，帝齿痕犹在妾颈，今日思之，不觉感泣。"齿痕未消便被召入后宫，初遇时成帝对美人之情深几许，犹如沧海难为水。

赵飞燕入宫后，一颗悬着的心终于落地，既然确信成帝对自己的感情，索性再用些小花招把成帝的心抓牢些。入宫后紧接着的三个夜晚，"飞燕瞑目牢握，泣交颐下，战栗不迎"。如此这般，竟然令成帝疯狂爱怜，当成珍宝一般哄着，并没有丝毫恼怒，也没有强行施恩。面对说一不二的皇帝，赵飞燕这欲迎还拒的小手段虽然有几分冒险，但是对有无数女人主动投怀送抱的成帝来说却非常有效，这个男人竟然真的相信了赵飞燕冰清玉洁之身，宠幸日甚。

赵飞燕感叹自己命运实在太好，但见到宫中美女如云，又开始感到恐惧，如果哪天失去了皇帝的宠爱，自己这个没有任何靠山的小歌女岂不是死路一条。这时候，赵飞燕想到了妹妹赵合德，如果妹妹也能到宫里来，姐妹二人互相提携，命运定会大大不同。

● 赵飞燕（前45～前1）

此图为明人仇英绘。赵飞燕为汉成帝之后，因其舞姿轻盈如燕飞凤舞，故人们称她为"飞燕"。当时民间流传着一首关于她的童谣："燕燕，尾涎涎，张公子，时相见。木门仓琅根，燕飞来，啄皇孙。皇孙死，燕啄矢。""燕燕尾涎涎"说的是她的美貌，"木门仓琅琅"说的是她将当皇后。"燕飞来，啄皇孙"指她毒杀有孕宫妃。

于是赵飞燕授意女官樊氏向成帝说赵合德美貌更在其姐之上。成帝听后，心痒难耐，一心想让美人快点入宫。纳新人之前要哄旧人，何况旧人还是新人的姐姐，成帝赏给赵飞燕无数珠宝，并修建豪华的远条馆给赵飞燕居住。本来是赵飞燕想让妹妹入宫，不料却变成了成帝求着赵飞燕把妹妹献给他，在情感面前，女人始终比男人更理智冷静。

皇帝对美人的期望值很高，派去皇后才能使用的百宝凤舆迎接。没想到迎接的人碰了一鼻子灰回来，说赵合德一定要有姐姐的手书才能入宫。这对姐妹虽然一个在宫里，一个在宫外，但此时已默契配合，将成帝玩弄于股掌之上。成帝赶紧又到赵飞燕处说尽好话，许了不少好处，换来让赵合德入宫的手书。

赵合德看到姐姐的书信，才稳稳当当坐着凤舆入宫。虽然成帝已经千百遍设想了美女的娇容，但是见到赵合德后，仍然大吃一惊，这珠圆玉润的粉面娇娘实在是人间少有，头上乌云堆叠，脸色清新如朝霞映雪，又如荷花含露，唇红如丹，冰肌玉骨。成帝看得呆住了，魂魄俱散，在众目睽睽之下勉强收住心神，盼到天色渐暗，一夕滋味尽在晨曦初露时成帝的肺腑之言中："愿意终老在合德的温柔乡中！"到底是天子之言，此话最后果真应验。

从此，飞燕、合德姐妹轮流侍寝，专宠后宫，数千粉黛皆被视作草芥。

皇宫的高墙阻隔了阳光与胸怀，嫉妒与仇恨放大了女人心中的阴毒。此后，这对出身贫贱的姐妹不但心安理得地享受着富贵，而且为保富贵永恒而开始害人。

● 汉宫春晓图

明人尤求绘，描绘赵飞燕被汉成帝宠幸的情景。

温柔乡里不温柔

不久，赵飞燕与赵合德被双双封为婕妤，这是破格晋升。后宫之中等级森严，姐妹俩的这种出身，如果不是因为成帝喜欢，熬到头发白了恐怕也坐不到婕妤的位置。赵飞燕已有远条馆，于是成帝命人为赵合德修建朝阳宫，宫内朱漆彩柱，金银堆砌，珠玉照耀，无比奢华。赵家姐妹在这一时期得到了成帝同样多的宠爱。

说起这位成帝，在历史上也是"赫赫有名"，他管理国家不在行，吃喝玩乐样样拿手，历史上对他的评价是"湛于酒色"。为了让美女更加开心，成帝命人造了一艘豪华游船，暑热时经常在太液池里泛舟消暑。一天，成帝命音乐高手侍郎冯无方在船上吹笙，赵飞燕跳起《归风送远曲》，自己则手持玉环击节拍，舒服地享受着佳人天籁的惬意时光。

正在赵飞燕轻歌曼舞之际，一阵大风呼啸而来，身材瘦削的赵飞燕几乎被吹入池中。成帝吓得大叫，冯无方离赵飞燕最近，双手抓住赵飞燕所穿的云水裙才化险为夷。此时，只见赵飞燕在空中衣裙飘飞，仿佛仙子凌风曼舞。受这件事的启发，成帝命人做了一个大金盘，由人托着，让赵飞燕在盘上翩翩起舞。每逢国外使节来访，成帝总要献宝似的让赵飞燕表演一番掌上舞。

人被宠过了头，就会生出很多贪欲，赵飞燕当上婕妤后并没有满足，一心想当皇后。但是许皇后出身贵族，年轻时也是大美人，曾经深受成帝宠爱，赵飞燕想让成帝废后，不是那么容易。明着抢不来，于是暗地里用心思。许皇后因为成帝冷淡自己宠爱歌女而心生怨怼，

于是听信她姐姐的话，在中宫设坛祈祷成帝回心转意，诅咒赵飞燕姐妹。许皇后的这一行为正好给了赵飞燕陷害她的机会。

赵飞燕并没有说许皇后诅咒自己，而是告诉成帝，许皇后多年来没有生育，知道王美人怀孕后心生嫉妒，在寝宫内诅咒王美人。这一招实在够狠毒，王美人是太后王政君的本家，王政君的哥哥王凤在朝廷上总揽朝政，许皇后诅咒王家女儿，下场一定好不了。王太后和成帝意见一致——废掉许氏皇后之位。已经失宠的班婕妤虽然也受到诬陷，但由于一向小心谨慎，没有受到株连。为求明哲保身，班婕妤自请到太后宫中侍奉王太后。这样一来，赵飞燕入宫后不到两年便一举扫平了通向皇后宝座道路上的障碍。

皇后位置空了出来，赵飞燕撒娇使性子非要成帝立自己为皇后不可。成帝自然没意见，但是王太后不同意，理由是赵飞燕出身低贱。

赵家姐妹自然不会就此罢休，她们开始用迂回战略向皇后之位发起进攻。王太后的外甥淳于长是宫廷禁军的头领，赵家姐妹和成帝命人送了不少财物给淳于长，让他不断做老太后的工作。这边赵飞燕姐妹也做出宽厚体恤的高姿态，把后宫上上下下收买了个遍，王太后无论到哪里，总会有人在她面前夸赞赵家姐妹。不久，王太后被说动，同意立赵飞燕为皇后，赵合德升为昭仪。同时，二人的义父赵临被封为成阳侯。

成帝多年来没有子嗣，如果赵飞燕能够生下皇子，他必定会被立为太子，而作为太子的母亲，就不用为将来失宠而担心。可是天不遂人愿，越着急越没戏，赵飞燕认为是成帝的问题，于是暗中与不少子嗣多的男人、身体强壮

的青年私会，可是仍旧没有结果。有一次，成帝从太后宫里出来，感觉有些疲惫，于是就到最近的远条馆休息。此时赵飞燕正在和男子厮混，得知成帝突然到来，来不及整理衣衫，急忙出门迎接。成帝以为她在休息，并未介意，谁知在宫中坐了一会儿后，竟然听到壁橱里有男人低低的咳嗽声，当即大怒离去，从此厌恶赵飞燕，专宠赵合德。

赵合德也一直不能生育，为保持自己的宠妃之位，赵合德想出的办法和姐姐不同，她缠住成帝不许其他妃子生子。宫内的女官曹宫偶然被成帝临幸，秘密生下一子。孩子生下十多天后，赵合德知道了，于是用尽手段逼着成帝下诏书赐死婴儿和曹宫。一年后，废后许氏家族中的许美人生下男婴。当时成帝已经42岁，一直没有儿子，这个男人在赵合德面前已经完全失去了帝王的气势，低声下气地请求赵合德原谅，留下孩子一条小命。

赵合德大哭大闹，以头撞墙，大耍泼妇手段。成帝看到赵合德痛不欲生，又担心又害怕，让人把婴儿抱来，逐出下人，亲手掐死了

自己的儿子，之后命人把死婴埋葬了事。一代天子怕老婆怕到杀死自己儿子的地步，总归让人想不通，真是一物降一物，也许赵合德天生就是成帝这种酒色皇帝的克星。

倒了靠山

绥和二年（前7），成帝暴毙，时年46岁，距赵家姐妹初入宫11年。成帝的死亡很不光彩，正史对此含糊其辞。野史上却将成帝的死因描述得绘声绘色。

成帝被赵氏姐妹迷得神魂颠倒，在温柔乡中醉生梦死。随着年龄的增大，成帝精力耗尽，开始服用补药。为了取悦成帝，方士们争相献上丹药。成帝服用丹药后，感觉好似恢复了青春活力。长此以往，服用的剂量越来越大。最终，成帝因服药过量，纵欲过度，死在了赵合德的床上。成帝之死传出，朝野震动，群臣声讨赵氏祸水。赵合德被迫自尽，临死前愤愤然道："我将刘骜当成一个婴孩玩弄于股掌之中！"

赵飞燕的命运比其妹稍好，天下人都知道

赵家姐妹缘何无法怀孕

据野史记载，赵氏姐妹长期使用一种名为息肌丸的秘药。这种药又名了肚贴、香肌丸，由麝香等多味名贵中药秘制而成。长期使用这种药丸，能让肌肤白嫩细腻，温润如玉，使人青春永驻。赵氏姐妹将这种药丸塞入肚脐，果然得到了肤如凝脂的神奇功效。

同时，这种药丸还具有催情的功效。使用者的身体会散发出一缕缕撩人的体香，既能令女人青春不老，又能让男人乐不思蜀，或许这也是汉成帝被迷惑得不惜杀死亲生儿子也要讨好赵合德的原因。

尽管此药能够保住女人的青春，却对女性的生殖系统伤害巨大，久用之后可致不孕。宫中女医官上官妩知道赵家姐妹用此药后，曾配制中药令二人洗浴，终因两人用药时间过久而徒劳。

成帝没有子嗣，诸侯王都想得到成帝百年之后的皇位，在数年前就纷纷
上书奏请成帝立本族子嗣为太子。各位诸侯王没有想到的是，在他们动
手之前，早就有人捷足先登了。定陶王刘康是元帝刘奭的儿子，成帝同
父异母的弟弟。刘康的母亲傅老太太擅长交际，每次到都城觐见成帝时
都进献很多财宝给赵家姐妹，请她们在成帝面前为自己的孙子刘欣多多
美言。赵家姐妹既收取了好处，也为自家打算，她们如果帮助刘欣当上
太子，日后也算有了靠山，于是不断在成帝面前为刘欣说好话，致使本
来最有希望当太子的中山王刘兴败给了刘欣。刘欣当上太子后，由中宫
赵飞燕养育。

成帝暴崩，哀帝刘欣即位。当时废掉赵飞燕皇后封号的呼声很高，
哀帝和傅老太太念赵飞燕之功，不顾众议，仍然封她为皇太后。赵飞燕
虽然失去了往日的风光，但依然保住了性命和富贵。

好景不长，哀帝在位6年而崩。当时，傅老太太也早入黄泉，赵飞燕
失去了最后的靠山。当政的大司马王莽和太皇太后王政君一致决定除掉赵
飞燕，于是先以太皇太后的名义下旨废掉其皇太后之名，令她迁居北宫。
迁居不到一月，又派她去为成帝守陵。经过十几载奢华生活的赵飞燕无法
忍受寂寞、屈辱、艰苦的日子，不久就在成帝的延陵中自尽身亡。

● 赵合德

此画为清人吴友如绘。
赵合德为赵飞燕之妹，
二人专宠后宫近十年，
对后宫其他嫔妃极力摧
残，竟致皇嗣断绝。

让皇帝"断袖"的美男子

男宠董贤

在娇艳美女充斥的后宫中，一位被皇帝当作女人一般宠爱有加的美男子在这里留下了他辉煌而短暂的一生。从一名小小的传漏报时员到大司马的显要位置，董贤的发迹不在于才能，而在于哀帝对他深情不渝的爱恋。

男人也可以被宠爱

皇帝偏爱外表风流、聪明伶俐的青年男子并不奇怪，汉朝此风尤其盛行，"高祖时则有籍孺，孝惠有闳孺。此两人非有才能，但以婉媚贵幸，与上卧起，公卿皆因关说"。汉武帝对韩嫣、卫青、霍去病、李延年的感情也有点暧昧。更有甚者，西汉末年的哀帝刘欣对董贤爱到失去自我，将自汉高祖开始的宠爱男子这一行为演绎到了巅峰。在董贤最为得宠的时候，哀帝甚至想把皇帝的位置禅让给他。

哀帝是成帝弟弟刘康的儿子，成帝专宠赵飞燕、赵合德，可是这姐妹二人不仅没有给他生下子嗣，还把其他妃子生下的皇子都害死了。成帝身体一日不如一日，帝位即将无人接替。这时，刘欣的祖母买通赵氏姐妹让成帝立刘欣为太子。于是成帝欣然将17岁的刘欣过继到自己名下。第二年，成帝暴毙，刘欣即位，史称汉哀帝。

根据《汉书·哀帝传》记载，哀帝在没当皇帝之前喜读诗书，不好女色。经过元帝、成帝时期的西汉，社会财富大量集中在权臣贵族手中，百姓生活艰辛。即位之初，哀帝下决心要做一番事业，整顿混乱的朝纲，收回被外戚掌握的大权，但是遭到当时朝廷内最有权势的外戚的反对，最后只得不了了之。哀帝空有满腔抱负却无处施展，而祖母傅氏、母亲丁氏两家又相互争权夺势。眼看朝政糜烂，哀帝却只能摇头叹息。在这个时候，他遇到了翩翩美少年董贤。

哀帝还是太子的时候，董贤就在太子府上任太子舍人。哀帝即位后，董贤在宫中担任传漏报时的官员。

建平二年（前5）的一日，哀帝面对无法解决的朝政问题，心烦地走出大殿，恰好董贤正在大殿下传漏报时。惊鸿一瞥，哀帝被这位玉树临风且颇有女子妩媚姿态的俊逸少年吸引了。看那似曾相识的轮廓，哀帝大声问道："你是太子舍人董贤吗？"董贤赶紧伏地叩拜，说自己正是董贤。哀帝当下便把董贤带到殿内畅谈。

哀帝与董贤再次相遇时，哀帝22岁，董贤18岁，二人均是上好的佳年华。看着体态柔媚的董贤一派女儿家的甜美柔婉，哀帝心生爱慕，派给董贤黄门侍郎的官职。这黄门侍郎的工作主要是在皇帝居住的禁门（黄闱门）替皇帝传达命令。董贤当上黄门侍郎后，天天可以与哀帝见面，哀帝对董贤的宠爱越来越明显，董贤的地位也不断升高。

很快，董贤又由黄门侍郎晋升为驸马都尉侍中，他的父亲董恭也升为光禄大夫。在皇宫里，哀帝让董贤时刻陪在身边；出外巡游时，则让董贤坐在自己的右边充当陪护和侍卫。哀帝赏赐给董贤的财物数量惊人，一个月的时间里就"赏赐累巨万"。

哀帝与董贤的感情不断升温，同卧同起。有一天，二人午睡，哀帝比董贤醒得早，想起床，但是袖子被董贤压在身子底下。看到董贤睡得正香，哀帝心生爱怜，不忍将董贤叫醒，悄声拔刀把自己的衣袖割断，从此同性之恋多了一个别号——断袖之癖。

哀帝的同性之恋使他的才华被淹没在历史的责骂声中。董贤生前被无数人唾骂鄙视，死

●断袖之交

此图见于清人上官周《晚笑堂画传》中，描绘哀帝和董贤午后共寝，哀帝的袖子被董贤压在身下，哀帝不想惊醒董贤，就拔刀割断衣袖，悄然起身。

后又被班固打入《汉书·佞幸传》中。但单从感情方面来看，他们二人的恋情却是发自内心的。

哀帝死亡 好运结束

董贤天性柔和，懂得百般献媚，在哀帝准许他出宫休息的时候，他仍旧留在哀帝身边尽心服侍，使得哀帝十分感动。哀帝想到董贤妻子一个人在家独守空房，于心不忍，于是命人

将董贤妻子的名字加入到皇宫女官的名册当中。这样，董贤的妻子就可以随时出入宫廷，居住在宫内。哀帝又把董贤的妹妹召入后宫，赐给仅次于皇后的昭仪之位，还把董昭仪居住的殿舍改名为椒风，因为未央宫中皇后居住的宫殿名为椒房。

哀帝将治国的心思全部用在了如何让董贤高兴上，爱屋及乌，他对董贤的家人也出手非常大方，金银财宝和高官厚禄说给就给。董贤的妻子和妹妹在入宫后随侍在哀帝左右，得到的赏赐多达千万。董贤的父亲升任少府，封关内侯。少府位列九卿，负责管理皇家税收和手工制造业，是当时的一个肥差。董贤的岳父和妻弟也都被封赐高官。

哀帝还让董贤的岳父负责为董贤监造豪宅，且不说这府邸的奢华和张扬，光是这府邸的位置选择就用心良苦。董府修在皇宫北门门楼附近，大臣们每天早晨都聚在此处等候上早朝，将府邸建在此处，一则免去董贤每日早朝奔波之苦，二则彰显董贤身份的与众不同，至于众位大臣背后如何非议，就不是哀帝所考虑的了。生则同床，死则同穴，这是所有真心相爱的人共同的愿望，哀帝自然也不例外，他在为自己修筑陵墓的时候，也没有忘了将董贤的陵墓修在自己的陵墓旁，而且是按照臣子的最高等级修建。

● 董贤（前 22 ~ 前 1）
据史载，董贤"性柔和"，"善为媚"，得哀帝宠爱日胜一日，使得哀帝对皇后与嫔妃都冷淡了。

宠爱男子而痴情如哀帝者，古来罕见。这种过分的赏赐和恩宠，使得大臣们非常气愤，他们纷纷上书弹劾董贤。哀帝懒得听这些人的慷慨陈词，凡说董贤坏话者，不问原因，一律处罚，轻则降级或者免去官职，重则下狱甚至杀掉。

在22岁的时候，董贤的官职由九卿之一升到三公之列的大司马，百官有事上奏哀帝，都要经过董贤转奏。汉代的"三公"指的是大司马、大司徒、大司空这三个官职，哀帝时期，三公仅在太傅之下，在朝廷里面，官职升到三公的人需要具有相应的功劳和才能，通常由年龄比较大的大臣担任。每次上朝，22岁的董贤站在众位老气横秋的大臣们中间，自然显得十分抢眼，不知当时与董贤一同站立的大臣们心中是何种感慨。

董贤升任大司马的第二年，匈奴单于来朝见汉天子。单于看见董贤年纪轻轻而身居高位，很好奇地问此人有何功劳。哀帝得意地回答单于："董贤是因为有特别的贤德和才能而当上大司马的。"单于听罢大为敬服，起身拜贺哀帝能得到如此年轻的贤臣。

单于因为相信董贤的大贤而祝贺哀帝的幸运，恐怕一旁的老臣们已经不知在心里唾骂了多少次，不知在心里叹息了多少次。而哀帝在接受单于祝贺的时候，不仅没有羞愧感，反而更加欢喜，望一眼那位姿容妩媚的美少年，什么江山社稷朝政，都可以抛到九霄云外。

在一次酒宴上，哀帝就曾深情地看着董贤说："我欲效法尧舜禅让如何？"意思是要把皇帝的位子让给董贤来坐。大臣王闳愤然出席说道："这天下是高祖皇帝打下来的，不是陛下您一个人所有。您的天下得自先祖，自然应当传给后世子孙，天子不应当口出戏言！"哀帝也知此事太过荒诞，于是默默不语。

色衰而爱弛，爱弛而情绝，无论男女，依靠色相得到的富贵总是短暂而易逝的。董贤是幸运的，还没有等到体貌衰老，哀帝就得了不治之症死去；董贤又是不幸的，哀帝在他们正值盛年的时候猝然离开，留给他的除了恐惧、耻辱之外，还有死亡。

董贤的府邸建成不久，崭新的大门竟然莫名其妙地坏了，这似乎是一个不祥的预兆。几个月之后，哀帝去世，太皇太后王政君免去董贤大司马的官位，将闲居新野的王莽召回任命为大司马。王莽上任后第一件事便是弹劾董贤。董贤秃头赤脚前往宫中谢罪，但被太皇太后下令赶回家中。因害怕，当天夜里，董贤和妻子双双自杀，家人甚至不敢将死讯传扬出去，只是将二人草草掩埋了事，哀帝为董贤建造的豪华陵墓最终没能派上用场。

董贤死后，王莽怕他借死逃脱，又派人将他的坟墓掘开验明正身。董贤生前的荣华富贵转眼便成云烟，死后还落得个尸骨不全的下场，不知董贤死时回首自己的这段感情，会是何种滋味……

龙阳之癖与分桃之恋

据《战国策·魏策》记载，魏王宠爱龙阳君，二人同船垂钓，龙阳君钓上来十几尾鱼后唏嘘泪下。魏王不解地问他为何哭泣，龙阳君说："我钓上一条鱼后开心不过一小会儿，就想着去钓另一条鱼，我之于魏王，就如鱼之于我，宠爱迟早有一天会被美人所取代。"魏王于是诏令天下，不许任何人在他面前提美女。据《韩非子·说难》记载，卫灵公宠爱大夫弥子瑕，二人在园圃里散步游玩，弥子瑕随手摘下桃子吃，觉得脆甜味美，就把吃掉一半的桃子递给卫灵公吃。卫灵公吃罢，不以为罪，还夸弥子瑕"爱我哉"。又有一次，弥子瑕的母亲病重，弥子瑕矫诏驾卫灵公的车回家探母，按律当处断足之刑。卫灵公知道后不但不怪罪，反而称赞他孝顺母亲而不顾自身。数年后，弥子瑕年老色衰而失宠，而这两件事便成了弥子瑕获罪的原因。后人以"龙阳之癖""分桃之恋"暗指同性之爱。

环肥燕瘦几多娇儿

历代帝王**选嫔妃**的标准

■ 有无上权威的帝王们享有挑选美女的不二权力。为了给自己挑选出姿容端丽、色艺俱佳的嫔妃，帝王们制定出一套严格的选美制度，连后宫内最低等的侍妾甚至宫女，也要符合选美的基本条件。虽然在不同朝代，人们对于美的品味不同，但纵观历史，历代帝王对选美的通常标准大体相近。

美者颜如玉

古人讲究"治天下者，正家为先，正家之道，始于谨夫妇"。古代帝王们打着这样理直气壮的旗号，把挑选嫔妃充裕后宫当成国家大事，大肆采选美女也成了事关天下百姓福祉的要事。帝王们挑选嫔妃，很多时候是具有政治目的的，以联姻稳固江山社稷。但即便是巩固皇位的政治婚姻，对后妃的选择也要通过层层审查，姿容出众是最基本的标准。

帝王选嫔妃时，不会亲自把所有参选的女人都看一遍，通常只有到了挑选比较高级的嫔妃时，皇帝才会亲自过目，初期的筛选都是由宫内负责选美的官员们进行。既然要筛选，就必然有筛选的标准，虽然各朝代对美

的要求有细微差别，但选美的主要几点大体相同。

面容端丽、面相吉祥是永恒的美人标准。从远古到清代，史书上关于后妃们的记载几乎都有沉鱼落雁之貌，这实在是选美的功劳。帝王只要美人相伴，因而即便出身歌女的卫子夫、赵飞燕等也能贵为皇后，因而汉武帝的李夫人病逝前坚决不让武帝看她憔悴的容颜。

"面合相法"是选美过程中至关重要的一条，即要有和悦富贵的面相。不合相法者，即便美貌，也难以在选美中胜出。选美时专门有相士看女子的面相，有贵相吉相的算是过了这一关，而眉眼藏有凶相、克夫之相、命不长久之相的女子会被淘汰。东汉顺帝的皇后梁妠之所以直接被选为贵人，并顺利晋升为皇后，其贵不可言的面相使她占了先机。

肌肤细腻、白净饱满也是一条重要标准。母系氏族社会时期，女性美的标准是身体健壮，具有很强的母性特征。进入奴隶社会以后，夏朝女子仍旧以黑为美，《左传》有"昔有仍氏生女，黰黑而甚美，光可以鉴，名约'玄妻'"之记载。在商代，妇女不再从事野外劳作，以皮肤白皙细腻为美，这是以后历代王朝选美的基本标准之一。古代女人深藏香闺，终年少见天日，皮肤若白嫩饱满而有弹性，则代表身体健康。为检验女子肌肤及隐秘处有无疤痕及疾病，汉代选美时对女子进行裸体验身，参加选美的女子在经受过一轮轮淘汰后，必须裸体接受验看。尽管古时少女不能被外人看到肌肤，但是天子贵为国君，有权力打破任何习俗。

《杂事秘辛》里记载太后梁妠为东汉桓帝选皇后梁莹的情景。相士女官吴姁等人奉召到梁府检查梁莹，吴姁单独在梁莹的闺房秘密检查。首先仔细观察梁莹的外貌，见梁小姐朱唇皓齿，柳眉如画，耳长多福，端丽匀称。打开发髻观看头发、度量发长，梁小姐的一头秀发长可坠地，漆黑可鉴。之后，吴姁请梁小姐脱衣检验，梁莹不肯，吴姁以皇家礼仪规劝并帮助她褪去内外所有衣服，梁莹羞得流下眼泪。吴姁不仅通过抚摸感受梁莹的肌

● 汉宫春晓（局部一）

明代仇英绘，全画纵 30.6 厘米，横 574.1 厘米，今藏于台北故宫博物院。仇英以手卷的形式展现了初春时节宫闱之中的日常生活：妆扮、浇灌、折枝、插花、饲养、歌舞、弹唱、围炉、下棋、读书、斗草、对镜、观画、画像、戏婴、送食、挥扇。此局部图中间表现的正是毛延寿为王昭君画像的著名故事。

肤，还用尺子测量重要部位的尺寸，仔细观察隐私部位，并把这些详细记录下来，以呈给皇太后与皇帝。

气质与才情并佳

面相之外，美女的体态和气质也在考察之列，体态端庄、气质优雅者才能成为君主的妻妾。古代对女人的体态仪表有非常严格的要求，在选美时通过观看女子的步态、身姿，能够看出其所受的教育和修养。

所谓端庄，指古代女子讲究的妇德，即"不媚、不淫、不雄、不燥"。给皇帝选美，不能挑选轻浮的女子，尤其皇后，一定要有母仪天下的气度，不仅体貌秀美，更要大方端庄，坐则优美贞静，站则亭亭玉立，走则动不摇裙，说话的声音要清晰悦耳，婉转动听。

汉惠帝的皇后张嫣是历史上有名的大美人，东晋人写的《汉宫春色》里借汉惠帝男宠闳孺的眼睛来描述张嫣的体态之端庄优雅。闳孺听说张嫣的绝色姿容后，非常想亲眼看一看。但是张嫣十分谨慎，除了贴身宫女外，很少见外人。闳孺便请求惠帝，惠帝让他假扮成妃子模样，预先登上假山，等着观赏秋海棠的张嫣路过。"闳孺登假山，见皇后下辇步行，旋登楼凭栏眺望，云髻峨峨，长袖翩翩，罗衫

澹妆，足践远游之绣履，履高底长约七八寸，其式与帝履略同，后偕五六美人同行，而年最幼亦最端丽，其行步若轻云出岫，不见其裙之动也。"

"行步若轻云出岫，不见其裙之动也"，恐怕是古代对端庄优雅的最好解释。貌美的女子易得，气质高雅、才艺出色的女子不易得，然而后宫美女如云，才女也不少，人世间的好女子似乎都被皇帝挑了去。成帝宠爱班婕妤，不仅因为她美丽，更因为班婕妤对历史典故可信手拈来，能为他排忧解惑。汉武帝对卫子夫一见钟情，是因为卫子夫擅长歌舞。李隆基宠爱梅妃，是因为梅妃饱读诗书，胸怀锦绣，后来专宠的杨玉环不仅歌舞出色，诗词乐器亦是样样精通。

明熹宗选后

明熹宗朱由校即位之初举行过一次大型选妃活动，从中不仅能够看出明代选妃的程序与标准，也可大体了解其他帝王的选妃标准。

明熹宗即位时年方十五，没有合适的妃子当皇后，于是向天下颁布诏书，凡13至16岁女子，均由父母护送至北京参加采选，在采选之前，适龄女子不得婚配。一时间四方车马鼎沸，进京的交通要道堵塞，各地女子在正月里

● 汉宫春晓（局部二）

全画有后妃、宫娥、皇子、太监、画师、侍卫等共 115 人，个个衣着鲜艳，人人姿态不同，既无所事事，又忙忙碌碌，是一幅极生动的宫廷生活画卷。

齐集京城。这些女子被编成百人一组，分批进行挑选。第一轮先通过目测，把每组中偏高、偏矮、偏胖、偏瘦的都淘汰掉。之后再以百人一组进行第二轮挑选，通过观察五官、发肤、面相，淘汰不合相法者。第三轮挑选更加精细，挑选者用尺子详细测量女子们的身高、手足尺寸等，看女子走路的姿态，去掉风度不够优雅，胳膊、腿、手足尺寸不合格者。最后剩下的要在宫中进行裸体检查，由年龄比较大的宫女把关，能通过这关的不过几百人，但这还不算完。为进一步考察这些女子的德行性情、智力言谈、为人处世、吃相睡相，这最后的几百人需要在宫中居住月余，由专门的太监与宫女负责观察，最后优中择优，为皇帝选出五十名完美的女子。

这五十名美女中有一人将成为皇后，其余会按照姿容封赐不同封号。刘太妃亲自考验这五十名美女，面谈并考验诗书画等，挑选出三位色艺俱佳的女子，分别为张、王、殷家的女儿。这三位皇后候选人之后再度被带到密室进行裸体检验，最后才由明熹宗当面挑选。在此之前，皇帝已经看过三人的检验记录，当面挑选时，就凭着这一面之感选定皇后。最终，张家的女儿张嫣雀屏中选，登后位。

芙蓉不及美人妆

亦有女子并非通过层层挑选进入后宫，她们于偶然中得皇上钟情，然后被带入宫中。此时，选妃的标准恐怕就只剩下帝王喜爱这一条了。汉武帝的第二位皇后卫子夫当初只是一个地位卑下的歌女，在一次歌舞宴会中被武帝看上。卫子夫有一头美发，据《太平广记》记载，武帝最初便是被这位美人如云的乌发所吸引。入宫后，虽有曲折，但卫子夫竟成就了一个一人为后、全家富贵的传奇。

当然，选美是时代的产物，不同朝代会有不同的标准，所谓燕瘦环肥，各取所好。秦汉以瘦为美，因而有赵飞燕之"燕瘦"之美。唐宋以丰腴为美，因而有杨玉环的"环肥"之态。清人张潮在《幽梦影》中认为："所谓美人者，以花为貌，以鸟为声，以月为神，以柳为态，以玉为骨，以冰雪为肤，以秋水为姿，以诗词为心，吾无间然矣。"这番言语算是对何谓美人的最佳归结。

互换身份的妻与妾
阴丽华与郭圣通

■ 东汉开国皇帝刘秀先后立有两位皇后——郭圣通与阴丽华。一位是河北真定王室之后，一位是南阳豪强世家之女，巍巍汉宫见证了两个女人在有意或无意间的关于爱情与权力的一场角逐。郭圣通因政治联姻嫁给刘秀，一生的青春时光在汉宫的宫阙楼阁之中度过，却挽不住帝王心，最终几乎失去一切。刘秀梦寐以求的佳人阴丽华因谦谨和忍让赢得了一代贤后的美誉，在以争权夺宠为主要生活目标的后妃中，她完美的结局近乎神话。

刘氏子孙揭竿而起

西汉在哀帝手里彻底败落，王莽被太皇太后王政君召回辅政后终于忍受不住权力的诱惑，政治野心逐渐暴露。据说王莽担心长大的平帝危及自己性命而先下手毒死平帝，之后立皇族中两岁的婴儿刘婴为皇太子，又迫使太皇太后同意他代天子执政，称假皇帝，也叫摄皇帝，从而开始了他的新政。

拥立刘氏的臣子和连年遭受灾荒不满王莽新政的百姓们纷纷起义，其中刘秀领导的军队成为各路义军中最有影响的一路。刘秀是西汉景帝的后代，汉高祖刘邦的第九世孙，9岁时父母双亡，被叔父收养。刘秀身材高大，容貌俊朗，喜爱做农活，好交结侠士的哥哥刘伯升因为这件事没少笑话他。等年龄稍长，在王莽称帝的第十个年头，刘秀到长安求学。公元22年，即王莽被杀的

● 刘秀（前6～公元57）

刘秀于汉室风雨飘摇之时一统天下，重新恢复汉室政权，为汉朝中兴之主。此图为《历代帝王图》局部，唐代画家阎立本（601～673）绘，今藏于美国波士顿博物馆。

前一年，刘秀的老家南阳闹饥荒，世道非常不安定。当时，刘秀在南阳新野卖粮食，后来在李通等人的劝说下，在这一年的十月，28岁的刘秀招兵买马，与大哥刘伯升在春陵起义。

刘秀和哥哥不断打胜仗，势力越来越大，名声也越来越大。在王莽被杀的那一年，刘秀的同族兄弟刘玄被一干起义军拥立为皇帝，史称更始帝。当时刘秀的大哥被封为大司徒，刘秀任太常偏将军。刘玄性格懦弱，并不具备统兵治国的才

能，其人疑心很重，刘伯升因为战功显赫而受到很多将士的敬佩。刘玄担心这样下去对自己不利，趁着刘秀兄弟各自在外征战，很快就找了一个借口，把没有丝毫防备、刚刚攻下南阳的刘伯升杀死。刘秀当时领兵在外，攻打昆阳大获全胜。刘玄诏令他回去。虽然知道大哥被害，但从长远考虑，刘秀忍着失去手足的悲痛，奉诏回到南阳谢罪。怕刘玄对自己起疑心，刘秀装作毫不在乎的样子，和众多官员宴饮谈笑，对含冤死去的大哥丝毫没有表现出难过之情。刘玄内心有愧，看刘秀不会有大志向，于是封其为破虏大将军、武信侯。

娶妻当得阴丽华

刘秀的气度换来在刘玄手下当差的阴家兄弟的敬佩。阴家兄弟认为刘秀迟早会成就大业，于是把19岁的妹妹阴丽华嫁给他。

据传阴家是管仲的后代，家教严谨，子孙贤孝，阴家有女儿阴丽华，知书达理，贤德善良，风华绝代，是新野一带男子们心目中的佳偶。刘秀在起义之前，也曾经留下"仕宦当作执金吾，娶妻当得阴丽华"的感叹。"执金吾"在秦汉时期是宫城护卫的官职名称，刘秀在长安求学的时候，偶然见过执金吾们威风神气的样子，于是有了当一名执金吾的愿望。那个时候，刘秀还是一无所有的普通人，执金吾和阴丽华都是不太现实的梦想，这样的梦就和天边的彩虹一样，虽然美丽，却遥不可及。但让刘秀没想到的是，因为大哥的死去，反而先后实现了这两个看似遥远的梦想。

更始元年（23）六月，在阴家和朋友们的操办下，刘秀热热闹闹地

● 阴丽华

阴皇后一生育有五子，为人谦德可风，不干朝政，约束家人，使刘秀无后顾之忧。此图为擅长绘人物仕女的清末人吴友如绘。

在新野办了喜事，迎娶他梦寐以求的绝代佳人——南阳豪强地主世家的女儿阴丽华，似乎把大哥的死忘得一干二净。可是这位刘家后代知道，小不忍则乱大谋，在自己掌握的军队还不足以自立的时候，只能忍耐。当年是王莽在位的最后一年，王莽的军队一败再败，最后被绿林军诛杀，各地起义军趁乱称王称帝，而刘秀的实力越来越强大。

更始帝猜忌刘秀，于是以即将迁都洛阳为由，遣其前往洛阳整修宫殿。这也使得刘秀与阴丽华这对新婚不久的夫妻无奈分离。刘秀将阴丽华送往新野后起身去洛阳，二人当时恐怕都没有想到，这一别竟是三年。

● 《美人百态画谱》
之阴丽华
此图出自清末民初人马骀所绘《美人百态画谱》。在未嫁刘秀之前，阴丽华便以美貌闻名地方。

因为不在刘秀身边，阴丽华没有生子，这为之后的故事埋下了伏笔。

同年十月，更始帝移都洛阳，拜刘秀为司隶校尉。在迎接更始帝入城的那天，京城百姓看到将领虚骄、队伍散漫都觉得好笑，等刘秀率领的兵士们走过的时候，西汉的老臣们竟然流下眼泪，说汉朝又有希望了。更始帝嫉妒刘秀的才能和威望，封他为破虏大将军行大司马事，派他出巡黄河以北。正是在河北这段时间，刘秀有了自己的地盘和独立的资本。刘秀于第二年五月击败当地强敌王郎，收服大量乱军，逐渐成了气候。刘玄见刘秀的实力逐渐强大，想召回刘秀杀掉，并先派使臣封刘秀为萧王。但是颇有智谋的刘秀鉴于哥哥被杀的前例，以河北没有完全平定为由拒不听命，从此开始走向独立为王并最终称帝的道路。

又得新妇

刘秀在河北期间，长安城内混乱异常，四方反叛军队多达二十支，赤眉军、绿林军各自为政。刘秀找准机会，以河北为中心，不断扩大领地，兵力由最初的几千人壮大到十几万人。刘秀管理军队严格，爱护百姓，攻占城池后所得财物能够公平分配，所以民心军心都倾向于他。两年后，即建武元年（25）六月，刘秀在众兵将的一再拥立下称帝，国号仍为汉，年号光武。以刘玄为首的绿林军被以刘盆子为首的赤眉军灭掉，刘秀在这场战争中持观望姿态。刘玄死后，刘秀在同意放过当年参与杀害哥哥的洛阳守卫并许以高官的情况下，不费一兵一卒占领了洛阳，并定都于此。这段时间，陪在刘秀身边的女人是在战争中娶的郭姓女子。

既然阴丽华是刘秀的梦中情人，并且这位善解人意的女子也给了他莫大的支持和鼓励，那么刘秀为什么还要在天下尚未平定的时候忙着再娶一个女子呢？难道刘秀还没有当上皇帝就开始有皇帝的架子？

事实并非如此，郭氏是刘秀在攻打河北邯郸的时候所娶。那个时期，刘秀根基尚不稳，而河北的王郎是以算卦为生的术士，他谎称自己是汉成帝的儿子并自立为王，当地的好汉纷纷归服于他，王郎手下仅真定王刘扬一人就统兵十万之众。以刘秀当时的兵力，想强攻下河北简直就是以卵击石。于是刘秀派人劝刘扬归顺自己，帮助除掉王郎。刘扬提出要把自己的外甥女郭圣通嫁给刘秀。郭圣通出身于真定藁城旺族，父亲因让巨额家产于异母弟弟而受世人赞誉，母亲为汉景帝七世孙真定恭王刘普之女。一时间，刘秀陷入两难境地，他想到了结发之妻阴丽华。但为大局着想，刘秀最终同意娶郭圣通，并于更始二年（24）在河北真定举行了隆重的迎娶仪式。于是，真定府十万大军

为刘秀所用，使得他的势力大增。此后，郭圣通一直跟随在刘秀身边。

立后难

第二年，刘秀在河北鄗城称帝，重建汉王朝，史称东汉。在这一年，郭圣通为刘秀生下了长子刘疆，成为刘秀身边最得宠的女人，并被册封为贵人。不久，东汉王朝定都洛阳，刘秀令侍中傅俊赶往新野迎阴丽华入京，同样也册封为贵人。

谁将成为这个新生王朝的女主人？刘秀将郭圣通与阴丽华同封为贵人，表明了他的踟蹰。

郭圣通，这个女人在刘秀平定河北的过程中起到了举足轻重的作用，使刘秀得以拥有河北这个稳固的后方，得到河北真定王室集团和河北豪族的支持，进而在将来一步步实现"先关东，后巴蜀"最终平定天下的伟业（刘秀称帝之初，天下仍旧是各自为政的状态，他亲自带兵四处征讨，前后共花了近十年时间才完全统一天下）。更何况，郭圣通一直陪伴在刘秀身边东征西讨，并为他育有皇长子。

但从个人情感上来说，刘秀更爱阴丽华，这个他爱慕多年并在自己最艰难时迎娶的女人是他的结发之妻。豁达明理的阴丽华尽管远离刘秀，似乎仍旧能够体谅他的难处，当刘秀提及要将后位赐于她时，阴丽华回绝了。阴丽华的谦德与她的家风是密不可分的。建武二年（26）时，阴丽华的兄长阴识随军有功，刘秀想要破格封赏他，也以此表示对阴丽华的补偿，但阴识以天下初定，有功的将帅很多，自己不能凭外戚关系得到封赏为由谢绝了。建武九年，刘秀又要封阴丽华的弟弟阴兴为关内

侯，但阴兴坚辞不受。阴丽华听说后私下问阴兴。阴兴回答说："贵人（阴丽华）不读书吗？亢龙有悔，盛极则衰，外戚家苦不知谦退耳！"

建武二年（26）六月，郭圣通被册立为皇后，长子刘疆被立为太子。按古之礼制，先娶之阴丽华为妻，后娶之郭圣通则为妾。避开发妻而迎妾为皇后，这是刘秀在现实面前的一个不得已之举。

恩恩怨怨

此时，居于后位的郭圣通走上了她人生的巅峰，她觉得自己的后位是牢不可撼的。但渐渐地，随着阴丽华的到来，郭圣通感觉到原本体贴的刘秀对她越来越疏远冷落，对阴丽华则越加眷顾。加之后来郭圣通的舅舅刘扬谋反被诛，更使她失去了重要的政治依靠。

失宠的郭圣通将所有的希望寄托在儿子刘疆的身上。但随着皇子们逐渐长大，刘秀对聪慧的第四子刘庄最为喜爱。刘庄是阴丽华与刘秀的第一个儿子，是刘秀当上皇帝的第四年，即建武四年（28），阴丽华随刘秀北征彭宠时在河北生下的。据《后汉书》记载，刘庄"十岁能通《春秋》，光武奇之"。郭圣通也感觉到了这一变化，多年积累的委屈与怨恨终于爆发了，以致经常"怀执怨怼"，也就是不断向刘秀抱怨吵闹，还将种种不满发泄到阴丽华身上。郭圣通的行为不但没有挽回丈夫的心，反而引起刘秀的反感。

建武十七年（41），刘秀终于下定决心废掉郭皇后，同时册立阴丽华为皇后。刘秀向天下颁布诏书：

"皇后怀执怨怼，数违教令，不能抚循它

乐此不疲

据《后汉书·光武帝纪》记载，汉光武帝刘秀是一位十分勤政的皇帝，在位33年，每日清晨即起，早早上朝处理朝政，直至日斜方才罢朝。入夜后，还秉烛诵读，或与文臣武将讨论国事、切磋问题，直至更阑夜深方才休息。太子曾劝谏父皇："陛下有禹汤之明，而失黄老养生之福，愿颐养精神，优游自宁。"刘秀微笑着说："吾自乐此不疲！"意思是我喜欢做这些事情，自然就不觉得疲劳了。后人据此引出"乐此不疲"这一成语，用来比喻对某件事情有浓厚的兴趣，沉浸其中而不知疲倦。

子，训长异室。宫闱之内，若见鹰鹯。既无《关雎》之德，而有吕、霍之风，岂可托以幼孤，恭承明祀。今遣大司徒涉、宗正吉持节，其上皇后玺绶。阴贵人乡里良家，归自微贱。'自我不见，于今三年。'宜奉宗庙，为天下母。主者详案旧典，时上尊号。异常之事，非国休福，不得上寿称庆。"

郭圣通交出皇后的玺绶后，黯然地离开她居住了16年的皇后寝殿，离开她付出了青春的大汉后宫，跟随次子中山王回到封国，做了中山王太后。这实在是一个出人意料的结局，因为废后的命运一般是从此打入冷宫，更有甚者，被赐一杯毒酒或三尺白绫，从此了断尘世纠葛。况且，一般来说，只有皇帝去世了，藩王之母才能被尊为王太后，但刘秀竟封郭圣通做了王太后，真是历史上独一份儿了。估计刘秀对这位当年陪伴自己征战河北并育有五子的女子，心中还是有所不忍吧。

两年之后，即建武十九年（43），因郭圣通被废后一直"戚戚不自安"的太子刘疆请辞太子之位。刘秀同意了，改封刘疆为东海王，册立皇后阴丽华之子刘庄为太子。

建武二十八年（52），郭圣通在被废11年后逝世，葬于北邙，未能入皇陵，但她的墓离刘秀所葬的汉原陵并不远。因她后位被废无谥号，故后世称之为"光武郭皇后"。

阴丽华与刘庄可谓母贤子慧。中元二年（57）二月，刘秀病逝于洛阳，在位33年。刘庄继父亲刘秀创造的"光武中兴"，开创了"明章之治"。阴丽华在刘秀死后7年终老于太后之位，享年60岁，始终不曾干预朝政，在丈夫和儿子的尊重下，结束了身为女人完美显赫的一生。

● **汉原陵**

原陵是刘秀与阴丽华的陵寝，位于河南孟津。图中为原陵的门阙和神道，神道尽头是封土堆，封土之下即为地宫。

执掌后宫与天下

邓绥的*计谋*

■ 邓绥是东汉和帝的第二位皇后，也是历史上少数几位管理朝政的强势女人之一。尽管她一贯以谦谨的姿态处事，但管理国家不是单凭谦谨就可以的，谦谨的背后，必要的才华和恰如其分的心机才能令她在长达20年的时间里牢牢握住至高的权力。

与众不同的淑女

邓绥是汉朝历史上一位有故事的皇后，她的一生有很多作为，历史评价毁誉均有，和唐朝的武则天有很多相似之处，只是生不逢时，汉朝对女人的宽容还没有达到唐朝的程度。因此，尽管邓绥在管理朝政上表现出了强于普通男性皇帝的过人才能，仍旧没有得到圆满的结局。

邓绥出生在东汉四大家族之一的邓家。外戚专权是两汉时期很常见的社会现象，因为按照礼法，皇后、昭仪、婕妤等高等级的帝妃，其父兄等家族中人都要封赐各种官职，而汉朝的皇帝们也习惯于借助外戚的势力来巩固自己的皇帝之位，但这样做的结果势必造成外戚专权、不同族的外戚之间因夺权而争斗。东汉最有势力的四大外戚家族为马、窦、邓、梁，这四大家族和刘姓皇族之间的关系盘根错节，显赫的功绩加上复杂的亲缘关系让他们掌握了巨额财富和相当大的权力。

明帝之后马皇后的父亲是为刘秀打下江山立下大功的马援，章帝的窦皇后是大将窦融的曾孙女，和帝的邓皇后是邓禹的孙女，顺帝的梁皇后是梁统的后代。其中邓皇后指的就是邓绥。邓绥的爷爷邓禹官至太傅，父亲邓训是护羌校尉，母亲是阴丽华皇后堂弟的女儿，如此显要的家世让邓绥自幼便受到了良好的教育。

邓绥小的时候长相乖巧，性情柔和伶俐，被奶奶太傅夫人视作掌上明珠。一次，奶奶要亲自给她修剪头发。老夫人因为年岁太高，老眼昏花，

戒饬宗族

後漢書曰和熹鄧太后為之孫女肯徽鄧氏子孫
三十餘人為開邸第教以經書躬自監試詔從光約
康等曰末世貴戚食祿之家溫衣美食乘堅驅良而
面墙學術不識臧否誠令見書上述祖考休烈下念
詔書本意則足矣

● **邓太后戒饬宗族**

出自清焦秉贞《历朝贤后故事册》。邓绥（81～121）掌权后重用外戚，但告诫他们守法安分，还下诏让皇室子弟与邓氏子弟一起学习经学，以防止他们生活过度骄逸。正因为如此，邓氏外戚多恭顺节俭，力谋为国，未成祸患。

不慎弄伤了邓绥的头，邓绥忍着疼痛始终不出声。一旁的人看到这种情形，奇怪地问邓绥为什么忍痛不说。邓绥回答："我不说出来并不是感觉不到疼痛，而是为了不让奶奶为这件事难过，这才忍住不说的。奶奶喜爱我才给我剪头发，我不能让她老人家难过。"邓绥小小年纪就如此善解人意，体贴他人，实在难得。

邓绥自幼就表现出和一般女子不同的兴趣爱好。她不喜欢做女孩必须掌握的女红之类的事情，只爱像她的兄长们一样习读经书史书，而且比兄长们更加精通。6岁的时候，邓绥能

读史书，12岁便通晓《诗经》《论语》。邓绥的母亲一心想让她精于妇道，不赞成她天天像男孩子那样苦读。于是邓绥白天时就按照母亲的要求学习女红，晚上继续诵读经典。父亲也对邓绥另眼相看，事无大小，都会听听她的意见。

永元四年（92），12岁的邓绥理当被选入宫，但因父亲去世，她要守孝三年而耽误了。这三年中，邓绥日夜哭泣，不吃放有油盐的菜，容貌憔悴得几乎像变了一个人，她的家人都快认不出她了。

三年之后，15岁的邓绥已经出落成一位令人不敢多看的美少女，她"长七尺二寸，姿颜姝丽，绝异于众，左右皆惊"。邓绥和许多官宦人家的女儿们一起被选入后宫，随即被和帝宠幸，入宫第二年就晋升为贵人。邓绥虽然有显赫的家世，但在宫中一点都不骄横，非常谦恭谨慎，做所有的事情都严格按照规矩制度，连对宫里的下人都以怜惜宽容的心态相待，对待阴皇后更是加倍小心。

抓住权力的中心

按照辈分算，邓绥是阴皇后的姑母。阴皇后比邓绥早四年入宫，因为是出自阴氏家族，所以一入宫就被封为贵人。和帝非常喜爱她，在邓绥被封为贵人的那一年，阴氏被册立为皇后。但是自从阴氏当上了皇后，和帝对她的宠爱反而减少了很多，这是因为新入宫的邓绥不仅异常美丽，而且博学多识，善察圣意。阴皇后因为嫉妒而怀有越来越多的愤恨之心。邓绥受宠日盛，使得阴皇后担忧嫉妒，屡次想加害于她。邓绥处事更加小心谨慎。一次，邓绥生病，和帝体恤她，就特许她的家人入宫探视。但邓绥却拒绝了。宫廷宴会的时候，其他后妃都装扮明丽，唯独邓绥打扮素淡。偶尔和阴皇后穿的衣服颜色相同，她必定重新换上不同颜色的衣服。皇子们在后宫内接连夭折，邓绥知道后，多次流泪叹息，并一再给和帝选进才人，好让皇家没有子嗣的忧虑……凡此种种，使得和帝更加觉得邓绥通晓大体，可爱可敬。邓绥的命运也开始转变。

永元十年（98）夏，和帝身患痢疾，以致久卧不起，到五月时，病势更加沉重，到了很危险的地步。邓绥担忧不已，日夜向上苍祈祷。而阴皇后见和帝病危，首先想到的是要如何报复邓绥。她曾向左右言："我若得志，一定诛灭邓氏满门！"邓绥听到这一消息后，心里恐惧到了极点，差点以自杀来摆脱这场灾难。所幸后来和帝病愈。

永元十四年（102），阴皇后的祖母向她献计，以巫蛊之道诅咒邓氏速死或使皇帝无子，以保全皇后之位，结果被告发。和帝大怒，废掉阴皇后。阴氏家族因此被下狱治罪，阴皇后的父亲自杀而死，兄弟等人有死在狱中的，有被免去官职流放的。当年冬天，邓绥被册立为皇后。邓绥一再推辞不受，和帝不准，她才正式接受皇后玺绶。

邓绥居皇后之位依然节俭务实。以往每逢国家大型节日或者岁末，各地及小国都争相贡献珍稀宝贝以示祝贺，邓绥不想让这种奢侈之风延续，建议贡品用纸墨代替。和帝按照惯例要对邓家兄弟封赐也被邓绥推辞掉。所以，邓家族人始终都没有获得很高的官职。

元兴二年（106），和帝崩，这一年邓绥仅25岁。表面上看邓绥是不幸的，但实际上避免了因年老色衰出现班婕妤式的悲剧。和帝因为十几个皇子先后在后宫死掉，所以担心有人故意加害皇家子嗣，就把后来生下的皇子送到民间秘密抚养。这件事只有皇后等少数几人知道，因而在和帝死后，邓绥把才生下来一百天左右的殇帝抱回宫中，立为皇帝。邓皇后升级为邓太后，因为皇子太小而临朝听政。这个小皇帝不到一年就夭亡了，邓皇后和其兄立汉章帝之孙刘祜为皇帝（汉安帝），而另一位年龄较长的皇子没有被立为皇帝，史书记载是因为那位皇子有"痼疾"，不适合当皇帝。这"痼疾"真是无处可考，也许是邓绥为了掌权而找的借口。不管怎样，此后近20年，邓绥都处在权力的中心，因为生性仁慈，在代管朝政期间做了许多贤德的事情。

　　按照惯例，皇帝死后，一部分宫女和妃子会被分到陵园内守陵。周、冯二位贵人是和邓绥一起选入宫中的，平日里关系较好。知道她们被分去守陵，邓绥心生怜惜，赐给她们丰厚的金银财宝以示安慰。和帝刚死不久，后宫混乱，宫中丢失了珠宝，按常理是要严刑拷打所有有嫌疑的宫人，但是邓绥觉得这样做必然要连累无辜的人，因而亲自查问，通过观察宫人的言行确定了偷窃者，避免了冤屈。邓绥又令人统计各宫中的宫女，如果家里有老人需要照顾又没有别人照看的，在核实之后可以申请回家，不必在陵园内守陵到老，仅这一项命令就有五六百人受益。同时，邓绥赦免了不少罪犯，把昔日得势又失势的外戚马家、窦家从牢狱内放出，让他们以百姓的身份恢复自由，把遭流放的废后阴氏的族人赦免回乡，归还被查抄的家产近五百万钱。和当年阴氏在和帝病中发誓要将邓绥除掉的狠毒相比，邓绥的宽厚令人赞叹。邓绥厌恶奢侈挥霍，倡导节俭，把属国进贡的贡品减半，将各种奢靡浪费的用度大量削减。

●汉慎陵

慎陵位于河南洛阳市北的邙山，是汉和帝刘肇与皇后邓绥的合葬陵。图中为慎陵封土堆被当地群众取土后残存的样子。

　　邓太后的作为还不仅仅是这些，范晔在《后汉书》中对邓绥欣赏异常，不惜花费大量笔墨从邓绥的幼年写到离世，而且多为赞誉，这在皇后中也算特例。依照皇帝的标准衡量，邓绥不失为一代"明主"。

怎知身后事

　　太后摄政仍是颇受争议的，更何况随着安帝成年，邓绥却迟迟不肯还政于安帝，这使得朝中一些大臣产生不满，就连邓氏家族中人也感到畏惧不安。当时诸多天灾，不少人以灾异比附人事，认为是太后摄政所致。

　　永宁二年（121），邓绥病重不治而死。因当年没有立和帝的亲生儿子为皇帝，加之多年来把持朝政而招致一些老臣的不满，邓绥死后不久，邓家族人便被诬告治罪。尽管做了大量贤德的事情，身为女子掌权，仍旧免不了被诟病，谦谨如邓绥者，也难逃这历史的遗憾。

后妃掌权 汉业将倾

终落骂名的 梁妠

■ 东汉顺帝刘保的皇后梁妠，把野心隐藏在母仪天下的德行背后。顺帝尸骨未寒，她的野心已膨胀成操纵权力的贪婪，垂帘听政三帝十九载，为依靠家族势力而纵容其兄骄横武断，为平衡权力而助长宦臣势力蔓延。外戚专权加上宦官参政，梁妠把东汉江山送上风雨飘摇的穷途末路。

天生贵相的小女孩

刚进入阳嘉元年（132），顺帝无意享受岁末年初的喜气，坐卧不宁，食不甘味，眼看着自己当皇帝快七个年头了，长秋宫虚位以待正宫皇后，但是选谁当皇后确实耗费神思。这一年顺帝18岁，正当青春年少，对四位贵人都宠爱有加，左思右想拿不定主意，竟然寄希望于天意，想通过探筹即抽签的方法来决定。这滑稽的想法一出，众大臣哭笑不得，册立皇后是国家大事，怎好如此草率而定？尚书郎胡广看不下去，联合另两位尚书郭虔、史敞制止顺帝的胡闹，并在奏折上写明了选立皇后的标准：首先出身要好，应该是良家女；其次要德行好，这样才能母仪天下；如果德行相近，就看年龄，年长者位尊；要是年龄相近，再看容貌，相貌出众者为皇后。顺帝觉得胡广等大臣的建议很有道理，便将贵人梁妠册封为皇后。

梁妠的出身无可挑剔，祖父是汉和帝的生母梁皇后的弟弟，父亲梁商因出身贵族，官职虽然不高，却步步高升，仕途顺利，最早为黄门侍郎，梁妠当皇后前为步兵校尉，因一贯处事谦和、为人低调而深得人心。在这样高贵严谨的家风中出生的梁妠自幼既善女红，又好读史书典籍，经常把历史上有名的女子的画像挂在卧室，用来警戒自身言行。

梁妠入宫时间并不长，能在短短四年中得到皇后之位，专管看入宫女子面相的官吏茅通的功劳不可忽略。顺帝永建三年（128），一年一度的采选宫人大规模开始了，梁家初长成的女儿梁妠也在入宫的花名册上。入宫前的筛选审查烦琐复杂，矛通有些疲倦地坐在座位上，等着相看下一位女子。

眼前来了位面貌清奇端秀的女孩，但见此女额骨似半月，中央隆起部位状如圆日，自古"日角偃月"之相必主大贵，这样贵极的面相，他还从未见到过。恰在此时，负责天文历算的太史为梁妠占卜的卦也出来了，同为大吉。因此，13岁的梁妠刚一入宫，就被选作地位很高的贵人。在东汉宫廷中，贵人等级仅在皇后之下，最有可能晋升为皇后。

暂且把野心藏起来

梁妠自幼读书很多，并且处处以《列女传》中的女子为参照，当然知道宽厚仁德是女子的大德行。身在后宫，贤德二字说起来容易，做起来难，梁妠心怀权谋，在顺帝活着的时候不仅做到了，而且做得很好。秀外慧中的梁妠令顺帝百看不厌，在没有轮到梁妠侍寝时也经常招幸于她。通晓史书的梁妠深知帝王的爱慕薄得如纸一般，要想抓牢顺帝的心，光有美貌和才学还不够，必须要有宽厚的心胸。她在受到顺帝宠爱后没有恃宠专断，反而经常劝说顺帝："帝王应该更加博爱，这样才是皇帝的圣明之处，身为女子不该专享您的恩宠，唯有如此，才能让您的子嗣繁盛。您应该把宠爱均分给后宫姐妹们，应该按照规定的时间召见臣妾，否则，臣妾会招来无端的嫉妒和谩骂。"

顺帝听到梁妠这样善解人意的体己话，在给予梁妠更深的宠爱之外又多出些敬服和感激，觉得让这样的女子当皇后很舒心，不会给自己找麻烦，这也是最后圈定梁妠当皇后最关键的一点。梁妠17岁这一年成为后宫之主，雍容华贵的服饰下面是一颗蠢蠢欲动的心，没有人知道顺帝的这个选择竟然为汉朝的灭亡埋下了祸根。

当上皇后的梁妠并没有表现出在政治上的熊熊野心，她深深懂得欲速则不达的道理和政治斗争的险恶。顺帝在位之时，梁妠恪守妇道，处处以大局为重，把母仪天下的皇后身份拿捏得精准到位，在出现了令顺帝担忧的日食月食现象后，她主动"降服"，以求得上天的宽恕和原谅。这样谨慎的日子像流水一样无声无息地在

● 东汉权臣梁冀妻孙寿

据《后汉书·梁冀传》载："寿，色美而为妖态，作愁眉、啼妆、堕马髻，以为媚惑。"这样一位看似柔弱的美人让梁冀甚是"宠悼"。梁妠死后，梁冀失了靠山，与孙寿双双畏罪服毒自杀。

梁妠的生命里流过十二载。

梁家父兄因为梁妠成为长秋宫主人而被加封晋级，其父梁商被拜为执金吾，顺帝特地赐给岳父"安车四马"乘坐，以示厚待。梁商生性低调，不事张扬，知道控制家族的特权，梁妠当皇后期间对族人管理也很严格。虽然梁妠的哥哥梁冀不时横行市井，有些无赖行径，但在梁父的压制下，倒也没生出太大祸乱，当时世人对梁家的赞誉不少。

阳嘉三年（134），梁商死，顺帝立即追封其为大将军，由恶少梁冀接替其父的职位，梁妠的另一个兄弟梁不疑接任河南尹。从此，梁家逐渐成为皇家势力的核心，这种权势在顺帝死后，开始变了味道。

专权过度　家族遭灭

建康元年（144），在位20载，年仅30岁的顺帝去世。梁皇后成了梁太后，她不必再小心翼翼地表演下去，高高在上的梁妠终于显露出她真实的野心。梁妠没有儿子，于是立顺帝长子刘炳为帝，即汉冲帝。这位小皇帝当时还是两岁的小孩，梁妠以太后身份临朝参政。为保证自己位置的稳固，清除异己、任用同党这样的手段自不可少。梁妠是个有头脑的女人，上台之后，首先安插自己的心腹大臣，封哥哥梁冀、太傅赵峻、太尉李固三人为参录尚书，共同打理朝政。

梁冀这个完全依靠妹妹坐上高官的纨绔子弟破坏了梁妠谨守多年的贤德，如果他能像他的父亲一样勤勉谨慎的话，也许东汉后半段的历史将会是另一番景象。梁妠临朝后，深埋在心底的欲望喷薄而出，兄妹二人把持着已被宦官搞得日渐飘零的社稷。梁冀的纨绔子弟嘴脸也夸张到了巅峰，纵情游乐、修建

●**汉宪陵**

宪陵是东汉顺帝刘保与皇后梁妠的合葬陵，位于河南洛阳邙山。"生居苏杭，死葬北邙"，这是一句在民间广为流传的话。邙山上有着中国乃至世界上最密集的古墓葬群，山上古冢累累，乃至后人道"北邙山上少闲土"。

豪宅、横行抢夺、作威作福自是不在话下，百官敢怒不敢言，有好事者不是搞丢了官职就是掉了脑袋。

刘炳的皇帝命如流星般一闪即逝，不到半年就夭亡而去。梁妠和梁冀违背众大臣之意，放弃年长而有学识的清河王刘蒜，立勃海王刘鸿之子年仅8岁的刘缵为帝，是为汉质帝。皇帝年纪越小，太后临朝越名正言顺，权力也越大，这是不言而喻的事实。谁知小刘缵并不像梁家兄妹想象的那样幼稚，本初元年（146），面对朝廷上目无皇帝、不可理喻的梁冀，8岁的汉质帝骂了句："此乃跋扈将军也！"梁冀竟然心生恨意，指使手下在皇帝的饼中下毒。质帝吃了饼以后腹痛难忍，急召太尉李固进宫。李固进宫后询问病因，质帝回答说吃了煮饼后腹胀胸闷，并要水喝。而一旁的梁冀却说："喝了水恐怕会吐，不能喝。"话音未落，质帝便气绝身亡了。李固无奈抱尸痛哭一场，然后要求立即审问相关人等，但是在梁冀的阻挠下，最后也是不了了之。对哥哥的暴行，梁妠不是不知道，只是佯作不知罢了。

下一位皇帝，大臣们仍旧意在清河王。但是梁妠最怕有作为的皇帝，那样她的权力就会大打折扣。最后，百官拗不过太后，立章帝的曾孙蠡吾侯刘志为桓帝。这一次，梁家换了一种方式巩固权力，梁妠把妹妹女莹指配给桓帝为皇后。桓帝当时年已十五，完全可以在大臣的辅佐下处理朝政，怎奈梁妠不放大权，他这个皇帝当得有名无实。后宫之中，梁太后和梁皇后说一不二；朝堂之上，梁氏党羽遍布。有了上一位皇帝无端送命的前车之鉴，桓帝别说亲政，就连说话都要三思而行，丝毫不敢大

安车四马

梁妠被册立为皇后，家族开始发达，其父梁商升职后，顺帝赐给"安车四马"。"安车四马"意味着什么？

古代的交通工具以马车为主，早期的马车，人不能坐，只能站立在车厢中，后来出现可以乘坐的马车，称为安车。普通人或普通官员的马车通常只能用一匹马拉，四匹马的安车是极其特殊的待遇，只有功勋显著的老臣或者为国家做出巨大贡献的朝臣，皇帝才会赐乘安车四马表示敬重。

梁商并无贡献，即便升任为执金吾，官职也不是很高。为弥补官职不高的缺憾，皇帝赐"安车四马"以示荣宠。梁妠在顺帝活着的时候很低调，每当顺帝想赐给其父兄更高的官职时，她都会婉言谢绝，这和后来她一专权就立即给哥哥尚书的高官相比，判若两人。

意，胆战心惊地熬了四年，终于盼到梁妠重病将死，下诏让桓帝亲政，日子才稍稍好过些。可是女莹和梁冀仍然掌握实权，桓帝依然要小心度日。又忍了9年，延熹二年（159），皇后女莹病死，桓帝清除梁氏一党的计划开始迅速展开。他把亲信宦官叫到厕所密议，由宦官传递消息，皇帝与反梁官吏歃血为盟，终于抄了梁冀的豪宅，缴了梁冀的将军大印，没收了梁氏三十多亿钱的巨额家产。梁冀知道被抓后没有好果子吃，畏罪自杀。

一向玩权术玩得不错的梁妠，如果有知，看到全族被诛的残酷事实，会后悔当初没有限制哥哥的残酷行径吗？

Discovery 后宫秘史

被发覆面 以糠塞口
千古悲歌《洛神赋》中的甄洛

■ 甄洛，一位如洛水般温柔的女子，三国时期袁绍的二儿子袁熙之妻，在有生之年以已为人妇之身，令曹操、曹丕、曹植父子三人都为之倾倒。后被曹丕霸占，得宠数年后遭诬陷惨死。下葬时，曹丕竟令人将甄洛的头发披散遮脸，将糠塞入其口中。甄洛死后，曹植在洛水上南柯一梦，在梦中见到甄洛凌波御风而来，与他相逢，醒后写下千古流芳的《洛神赋》，而千载之后的人们依然能从华美的词赋中感受到当年那风华绝代的凄美。

● 甄洛

甄氏，中山无极（今河北定州）人，初嫁袁熙，后为曹丕妻，称甄后。220年曹丕称帝后宠爱郭后，第二年六月便赐死甄氏。

有见识的小女孩

甄洛是上蔡县县令甄逸最小的孩子，甄家是汉朝太保甄邯的后代，是东汉末年的名门望族。据说甄洛一出生，身边便有种种异象出现，每次在她睡觉时，家人总会产生同样的幻觉——看到有人给她盖上玉衣。

甄洛幼时非常文静，喜好读书做女红。有一天，大门外来了一队演马戏的，锣鼓喧天，热闹非常，甄洛的姐姐们都跑到楼阁上向外观看，而小甄洛却毫不在意，仍旧静静地做着手头的事。姐姐们回来后唧唧喳喳地开心谈笑，看到甄洛安静的模样，不免奇怪，问她为什么不去看马戏。甄洛一本正经地回答："那样吵闹的马戏怎么是女孩子该看的呢？"

识字以后，甄洛便整日手不释卷，还经常用哥哥们的笔墨学习写字作诗。哥哥们和她开玩笑说："你应该好好学做女红，这样对你更有用处。天天在这里读书写字，难道以后想当女博士吗？"甄洛反驳说："自古贤德的女子无不是学习了古人的成败得失，才使自己变得聪明贤良。要是不读书，我怎么能知道什么是对，什么是错呢？"

甄洛3岁时父亲就去世了，家中大小事务由母亲操持。甄洛十多岁时，当时东汉已经进入诸侯割据的混乱时期，天灾人祸接踵而至，粮价暴

100

涨，很多人为求温饱，不得不用财宝交换粮食。甄家是豪门大户，存粮很多，甄母命人用粮食换取珠宝。甄洛劝道："现在世道混乱，大家吃不饱穿不暖，为了活命而抢夺的事情时有发生，人人缺吃少穿的时候，家里收藏那么多珠宝很危险。邻里们都在贫穷饥饿之中，我们不如把家里的粮食分给亲戚邻里，让大家感激，这样我们就不会因招人嫉恨而有劫难了！"母亲和众人商议，大家都认为甄洛说得有理，于是开仓放粮，全家果真在乱世中保得平安。

曹丕抱得美人归

"江南有二乔，河北甄宓俏"，甄洛的聪慧美貌早早就传了出去。当时雄踞北方的袁绍捷足先登，派人到甄家为二儿子袁熙提亲。婚后袁熙驻守幽州，甄洛和婆婆刘氏留在袁绍的大本营邺城。

建安九年（204），曹操攻下邺城。据说曹操虽然打着一统大汉的旗号，但也存了抢夺美人的心思，谁知最后却被自己的儿子曹丕抢了先机。曹丕入城后率先找到袁府，径直走入后宅。甄洛满面尘土，披头散发，惊恐地站在刘氏身后。曹丕令甄洛抬起头来，看身姿和轮廓似乎不错，好言安慰后令甄洛梳洗齐整。恢复本来面目的甄洛让曹丕惊为天人，遂求父亲把甄洛赐给他。曹操虽然后悔下手晚了一步，但也不好和自己的儿子抢女人，只得点头同意。

那一年，甄洛23岁，正是女人最具光彩韵味的年龄，曹丕18岁，正是满腔热情踌躇满志的年龄。新到手的美人贤淑温良，曹丕当然宠爱日盛。这引起曹丕原配夫人任氏的不满，经

常口出怨言，奚落甄氏。曹丕知道后索性休掉任氏，把甄氏扶正。

甄洛不仅貌美，也很会打扮。传说曹丕家中养着一条绿蛇，这条绿蛇很有灵性，口中常含着一颗红色的珠子，如果有人想靠近伤害它，绿蛇便会消失。甄洛入宫后很喜欢这条小蛇，每天早晨对着它梳头打扮。时间久了，一到甄洛梳头的时候，绿蛇就自动盘成各种发髻的样子。甄洛模仿绿蛇盘结的样子梳头，梳成的发髻非常美丽，于是便每日仿照绿蛇变换发髻样式，宫廷内外的女子纷纷效仿。后来，这种在魏晋时期非常流行的发式就被称为"灵蛇髻"。

女为悦己者容，从甄洛精心打扮来看，似

●曹丕乘乱纳甄洛

乎没有被强占为妇的幽怨。甄洛并不是水性杨花的女子，曹丕身为建安七子之一，英俊潇洒，擅长辞赋，甄洛也是当时著名的才女，二人在诗词歌赋上有许多共同语言，情投意合也在情理之中。甄洛天性善良，虽然是被强掠为妃，但仍然尽到了做妻子的责任，对婆婆卞夫人孝敬有加。

建安十六年（211），也就是甄洛成为曹丕妃子的第七年，卞夫人随同曹操出征，而甄洛和曹丕留守邺城。远征途中，卞夫人染病留在孟津治疗，甄洛知道后坚持要曹丕派人送她去照顾婆婆。曹丕怕路上出意外不同意，甄洛为此日夜担心哭泣，直到派去的使者带回卞夫人报平安的手书，才放下心来。第二年，卞夫人和曹操回到邺城时，甄洛流着眼泪去迎接，卞夫人感动得从此把她当作亲生女儿一样看待。

千古《洛神赋》

甄洛的幸福时光在曹丕当上世子继而成为皇帝前后终结。这是年老色衰的自然结局，也是曹丕身份改变、后宫女人争权夺位的必然结果。曾经风华绝代的甄洛在曹丕得到小妾郭女王之后，就没过上几天舒心日子。她不想为难别人，只想守住曹丕残存的一点爱，但是别人却不能放过她。在册立皇后的关键时日，甄洛在工于心计的郭女王布下的得意棋局下，枉送了性命。

曹氏家族的内部关系紧张微妙，汉丞相曹操挟天子以令诸侯，他的儿子们都希望接替父亲的位置。曹丕和曹植兄弟二人的争斗尤其激烈。在争夺世子位的关键几年，郭女王出现在曹丕的生活中。郭女王本是别人家的婢女，相貌可人，开朗活泼，被作为礼物送给曹丕。郭女王最初不过是一名下等侍妾，但她却帮曹丕出了不少好主意，逐渐得到宠爱和信任。这时候的曹丕已年近三十，吟诗作赋的日子不再令他满足，他要的是江山，能够帮助他出谋划策的女人自然受到青睐，郭女王恰好擅长玩弄心机。而此时的甄洛已年近四十，青春已是往

● 《洛神赋图》（局部，宋摹本）

东晋顾恺之根据曹植所作的名篇《洛神赋》绘《洛神赋图》，表现了曹植与"翩若惊鸿，婉若游龙"的洛神在洛水相遇、分离的景象。

事，她虽然聪慧却不善权谋，更不会玩弄权术、策划阴谋，因而被曹丕逐渐淡忘。

甄洛德行出众，素来待人宽厚，深得人心，还为曹丕生有一对儿女，因此虽然夫妻之间的感情淡了，但曹丕还是一如既往地以礼相待。曹丕夺得世子位后三年，曹操死，曹丕当上汉丞相，进而逼迫汉献帝禅位，自封为魏文帝。称帝后，曹丕迁都洛阳，后宫嫔妃同他一起迁往洛阳居住，但正妻甄洛却被留在邺城。有大臣奏请册立皇后，曹丕三次派人到邺城迎接甄洛到洛阳主持后宫，甄洛三次坚辞不受。使臣来来回回这么一折腾，便到了盛夏时节，曹丕意欲等秋凉后亲自回邺城迎接甄洛为后。这件事让一直陪曹丕在洛阳的郭女王十分嫉妒，皇后之位近在咫尺，她当然不能放过这大好机会。

不久，有人诬告甄洛用巫术诅咒曹丕等人。虽然是诬告，但告状之人却也拿出了一点牵强附会的证据。甄洛留在邺城，曹丕远在洛阳，分离时日长久，曹丕身边又是美女成群，自然将人老珠黄的甄洛忘到九霄云外，疏于关心问候。甄洛心生哀怨也是理所当然，从她屡次拒绝为后，也可见一斑。甄洛抱怨的话语和因幽怨而作的《塘上行》被有心人添油加醋转告曹丕，曹丕一怒之下，于同年六月派使者送去诏书赐死甄洛。可怜这位风华绝代的才女竟然如此悲惨地离开了人世，死时只有40岁。郭女王害死甄洛仍不罢休，她要让甄洛永世不得翻身，于是又花言巧语蛊惑曹丕，将甄洛的遗体"被发覆面，以糠塞口"，草草掩埋了事。

甄洛死后第二年，曹丕的弟弟曹植到洛阳朝见曹丕。曹丕知道当年曹植曾恋慕甄洛，以至于茶饭不思，便把甄洛生前所用的玉镂金带枕赐给曹植作纪念。曹植回程途中路过洛水，想起洛神之说，捧着佳人的玉枕，不禁潸然泪下，泪光中似乎看到那与洛水同名的佳人足踏清波飘然而至，遂作《感甄赋》抒怀。甄洛的儿子曹睿登基后为了避嫌，将这篇赋更名为《洛神赋》。

6年后，曹丕病亡，明帝曹睿即位，郭女王因夺皇后之位害死甄洛的阴谋被揭露。曹睿命郭皇后自杀，表面上风光大葬，暗中却让人将她"被发覆面，以糠塞口"，为母亲报了仇，并追封甄洛为文昭皇后，以大礼重新厚葬。

逝者已矣，一生善良的甄洛在黄泉之下如若有知，不知会如何想。

挑动八王之乱的第一丑皇后

毒辣贾南风

■ 晋武帝司马炎的皇后杨艳为了让傻儿子当皇帝不惜代价，先给儿子娶了重臣贾充的丑女儿贾南风为妻，临死前又求司马炎立她的堂妹杨芷为皇后。这看似天衣无缝的安排被善于借刀杀人，把政治当儿戏的贾南风搅得一团糟。谁说只有美女才是祸水，丑女兴风作浪起来更甚于美女。

母亲的私心

杨艳自嫁入司马家后一直很得宠，共生下三男三女，长子早夭，老二司马衷天生愚笨，丝毫没有治理国家的能力，老三司马柬则聪明伶俐。

关于司马衷的蠢笨，《晋书》上就有记载。有一次，司马衷在花园里游玩，听到蛙鸣，就问身边的随从："青蛙是为公而叫还是为私而叫？"官吏忍住笑回答："青蛙在公家的地方为公而叫，在私人的地方为私而叫。"还有一次，司马衷听说有百姓因为饥荒而饿死，于是疑惑地问左右："没有饭吃，为什么不吃肉糜呢？"

这样的愚痴问题时有出现，司马炎开始怀疑将这个傻儿子立为太子是否合适。如此看来，西晋王朝的第二位皇帝必定是嫡皇子司马柬。然而，历史并没有按这个合理的轨迹发展，这个历史的转折源于杨艳这位母亲偏执的爱。

杨艳坚决要司马炎立司马衷为太子。作为一位爱孩子的母亲，她必定对这个儿子的天生白痴心怀欠疚。于是后人猜想，这位母亲为了弥补儿子，一定要把天下间最好的东西给他，而这个最好的东西就是皇位。她给司马衷的理由是立太子一定要立长。

为了确保司马衷可以当上太子，杨艳破例主动为司马炎纳了一位妃子。杨艳自幼丧母，父亲忙于政务而疏于对她的照顾，杨艳是在舅舅赵俊家长大，舅母对她比对亲生女儿还好。当上皇后的杨艳一方面为报答舅舅家的养育之恩，另一方面为给儿子寻找靠山，于是把另一个舅舅赵虞的女儿赵粲也召入后宫。杨艳和赵粲两人不断劝说司马炎立司马衷为太子，久而久之，司马炎也就认可了司马衷。泰始三年（267），9岁的司马衷被立为皇太子。

皇太子13岁这一年，杨艳坚持要求司马炎为儿子迎娶权臣贾充的女儿贾南风为太子妃。7年后，杨艳临终前又流着泪恳求司马炎娶她的堂妹杨芷为皇后，并把儿子和媳妇托付给堂妹照料。谁知杨艳一片苦心，却把儿子推进了苦海，更直接导致了西晋江山的分崩离析。一位母亲的错误，给贾南风造成了施展阴毒心计的良机。

贾南风可说是中国历史上唯一一位集丑陋、狠毒、好色、善用圈套权术于一身的皇后。这个一无是处的女人凭什么当上皇后的呢？其中原因很复杂，但一言以蔽之，权贵们企图用裙带关系角逐权力的卑鄙用心，把这位无德无才也无貌的女人推向政治巅峰。

丑女也能当皇后

贾南风的父亲贾充是帮助司马炎当上皇帝的大功臣。尽管贾南风没有一点皇后该有的美德，但凭借父亲的势力依然稳坐后宫之主的位置。

贾充是晋朝的三代老臣，他最早是晋王司马昭的宠臣，司马昭欲立二儿子司马攸为晋王太子时，贾充力谏立长子司马炎，使得司马昭改变了主意。司马炎即位后，贾充又帮助他篡夺曹魏政权，并参与制订灭吴大计，是西晋时期具有特殊权位的重臣。

泰始七年（271），嫉妒贾充权势的朝臣奏请由贾充率军平复西北疆叛乱，以图趁其出征夺取朝中大权。司马炎对由贾充领兵出征比较放心，因此也同意了。而贾充一派的官吏们担心这样一来自己的派系会受到排挤，希望想个办法让司马炎改变主意。可是出兵日期已定，没有特殊情况很难更改，一干人等聚在一起头脑风暴的结果，竟然是让太子娶贾充的女儿，他们的理由是皇帝通常不会把亲家派到前线打仗。

于是，由贾充的妻子出面，暗中给皇后杨艳送了无数珍宝。贾充的党羽大多为皇帝近臣，时常被召入宫宴饮商谈国事，众人也抓住一切机会，在皇帝面前鼓吹贾家女子"姿德淑茂"，做太子妃是再合适不过了。司马炎嘴上

● **晋武帝司马炎（236～290）**
晋王司马昭长子，在位时虽有政绩，但也因种种过失导致历时16年的八王之乱。

●贾南风夺朝权

此图见于明刊本《东西晋演义》。贾南风相貌丑陋，身矮肤黑，生性残忍，当有其他姬妾怀孕，便残忍地将其剖腹杀死。因晋惠帝无能，她擅权达十年之久，后为赵王司马伦所杀。

不置可否，心里却另有打算。

其实，司马炎心中早就有了儿媳的人选，他曾私下和杨艳说过卫家女儿贤德秀美，有宜男之相。但是杨艳却坚持选贾家女儿为妃，究其原因，受贿尚在其次，最主要的是杨艳想通过联姻来稳固儿子未来的皇位。贾充握有兵权，朝廷上亲信众多，儿子娶了他家女儿，等于是给皇位买了保险。

恰逢当时洛阳普降大雪，出兵因而推迟，给了贾充一派充分的运作时间。一班大臣纷纷上书，正式请求司马炎立贾充女儿为太子妃。宫里宫外两下里推波助澜，司马炎觉得再反对下去，难免会惹出什么是非，于是同意太子娶贾充的四女儿贾午为妃，并下诏另派他人西征。泰始八年（272）二月，贾家四小姐，12岁的贾午试穿皇家送来的礼服时，由于身材矮小，穿上后实在不像样子，无奈之下，贾充入宫向司马炎奏请改将三女儿贾南风嫁与太子。当时贾南风15岁，比太子大2岁，而且身材矮小，又黑又丑。可是事已至此，司马炎和杨艳也不好说什么，以为都是贾家女儿，相貌上也没有多大差距，娶哪一个似乎都没什么区别。

就这样，贾南风阴差阳错嫁入皇家，当上了太子妃。别看贾南风人丑，但她一点也不觉得那个愚蠢的太子配得上自己，她要的只是这个位置而已。自从当上太子妃后，贾南风就不断利用权谋帮助太子走上皇位，借此攫取更多的权力。

心狠手辣 诡计得逞

贾南风的狠毒和猜忌在当太子妃的时候就暴露无遗，使得太子对她十分畏惧。但是太子又离不开她，因为没有贾南风的种种计谋，愚蠢的太子很快就会在司马炎的考验下露出原形，从而面临被废的危险。

大臣们都知道太子司马衷愚钝，不适合做皇帝，常常将他不争气的言行当作笑谈。对此司马炎也心知肚明，于是时常有意安排一些考验，想试试太子是否真的蠢到不可救药。一天，司马炎宴请群臣，把太子东宫里的所有官吏不分大小一并请去赴宴。酒宴上，司马炎当着众人的面派人送给太子一件密封的公文，并命信使立即拿回处理结果。

太子司马衷接到信后茫然失措，不知如何是好，而身边的贾南风却立即感觉到此事非同小可，弄不好太子位置要保不住。东宫内大小官员都被司马炎请去赴宴，一时找不到出谋划策之人，贾南风果断地派差役到宫外请博学者作答。这些人提供的方案虽然不差，但是引经据典写得太有文采。一个叫张泓的差役对贾南风说："太子平日里不爱读书，引用这么多圣贤经典，恐怕皇上会有怀疑，还不如简单直接的好。"贾南风听后深以为然，立即许给张泓好处，并让他打好草稿，交给太子抄录好后送给司马炎。司马炎看完后觉得处理得法，思路清晰，虽说少了文采，但对治国并无什么大碍，便把此信交给平时对太子多有微词的几位重臣传看。以卫瓘为首反对立司马衷为太子的大臣们当即叩头谢罪，从此不敢再有非议。

一场大难消弭于无形，贾南风颇有成就感，在太子宫内也益发暴虐。她天生善妒，动辄就将她看不过眼的妃子置于死地。太子畏惧贾南风的凶悍，其他妃妾难得被招幸一回。一次，他大着胆子临幸了一位侍妾，不久这个侍妾就有了身孕。贾南风知道后，竟然操起一把戟朝着这位侍妾腹部掷去，母子二人当即身亡，而胆小的太子在一旁却不敢有任何表示。

司马炎知道此事后大怒不已，正好用来关押皇族犯人的金墉城落成，便想把这个悍妇打入金墉城，废掉她的太子妃位。谁知诏书还没下，便受到赵粲和杨芷的阻拦。同时，得知消息的贾家亲信们也纷纷上书求情，最终废贾南风之事不了了之。事后杨芷好心提醒贾南风做事检点一些，结果却被贾南风记恨在心，为日后迫害杨氏家族埋下伏笔。

借刀杀人 祸乱朝政

太熙元年（290），司马衷即位，称晋惠帝，贾南风被立为皇后。当年在灭吴之后，司马炎便沉湎酒色，懒得管理朝政，一应事情都由皇后杨芷的父亲杨骏说了算。如今，司马衷临朝后，杨骏伪造司马炎遗诏，授予自己辅政大权并统领三军。司马衷愚蠢，不明其中深意，对此倒也无所谓，但是贾南风却看出了杨骏的险恶用心。杨骏也深知贾南风狠辣，因此处处防备，不让这个女人插手政事。贾南风自然不肯罢休，于是暗地里计划除掉杨骏。一场

狗尾续貂与八王之乱

八王之乱不仅造成了司马家族内部的自相残杀，还流传下不少历史典故，"狗尾续貂"就是其中之一。傻皇帝司马衷即位后，皇后贾南风专权，最后连太子也不放过。从此，司马姓诸王宗族觊觎皇位，坐待时机。太子被害死后，赵王司马伦等人以为太子报仇为由杀死贾南风。之后，司马伦自封为相国，以惠帝为傀儡总揽朝政。

为收买人心，司马伦大肆封官晋爵。魏晋时期，大臣们的官帽上用貂尾装饰，因为新晋官职的人员太多而导致貂尾断货。无奈之下，只得暂时用狗尾代替，百姓便用"貂不足，狗尾续"来讥讽此事。后来经过逐渐演化，"狗尾续貂"一词便用来形容好的开头后面接上不相称的结尾。

争权之战被贾南风一手挑动起来，而她则在各种势力中玩弄着借刀杀人的伎俩，并屡屡得逞。

杨家在朝廷中的势力不小，要想除掉杨骏夺回朝政，必须借助外部力量。

贾南风首先想到了汝南王司马亮。司马亮是司马懿的儿子，辈分高、资格老、实力强，于是贾南风派人劝说司马亮发兵讨伐杨骏，谁知司马亮老奸巨猾，没有答应。贾南风又派人游说楚王司马玮。司马玮是司马衷的弟弟，此人有勇无谋，见有甜头可拿，当即便率兵进军洛阳。

元康元年（291）三月，贾南风骗司马衷下诏，说杨骏谋反，命楚王诛杀杨族。杨骏初听此消息，连忙召集亲信大臣商议对策。亲信们鼓动杨骏先下手为强，带兵冲进后宫除掉贾南风，剩下一个傻呆呆的司马衷怎么都好办。这么干可是孤注一掷，就算成功也可能被人说成是意图谋反，杨骏再三思量，还是没敢下手。时机稍纵即逝，贾南风很快便将支持杨骏的兵将调开。楚王到达洛阳后径直攻入杨府，杀死杨家数千人，杨氏亲信全部被诛，太后杨芷也被关进金墉城活活饿死。

杨骏和杨芷死后，汝南王司马亮和老臣卫瓘辅政。司马亮位高权重，坐拥重兵，连贾南风也畏惧三分，而卫瓘当年就是立司马衷为太子的首脑人物。这两个人令贾南风坐卧不宁，于是她开始谋划能够同时除掉这两个心腹之患的毒计。

楚王司马玮一手灭掉杨族，却没有得到辅政大权，反而被什么都没做的司马亮占了便宜，这让年轻气盛的楚王颇为不快。贾南风对此一清二楚，于是她向司马衷诬蔑司马亮和卫瓘正谋划篡位，要司马衷下旨诛

●稽侍中尽忠死节

此图见于明刊本《东西晋演义》。西晋八王之乱时，东海王司马越带着惠帝攻打成都王司马颖，被颖部石越击败，侍中稽绍为保护惠帝而亡。

杀二人。胆小怕事的司马衷虽然相信了她的话，但只是废掉了二人官职。贾南风自然明白斩草除根的道理，于是下密诏让楚王杀掉这二位老臣。一夜之间，两位重臣被杀。此事令朝中大臣们惶恐不安，上书司马衷建议严厉处置楚王。贾南风佯作不知，也附和说楚王有罪，于是司马衷下令将楚王斩首。可怜的楚王不仅没捞到好处，反而赔上了自己的性命。

三个月内，贾南风不费一兵一卒就

把妨碍自己专权的几个重要人物都送进了鬼门关。除掉了隐患，司马衷又形同傀儡，贾南风再也无所顾忌，她大肆分封家族成员，自己也肆无忌惮地开始了荒淫的生活，不仅和太医程据胡来，还派人四处寻找美少年供她消遣。

当时，洛阳城南有一名相貌俊美、家境贫寒的小吏，一日忽然身着华服上街，于是被人怀疑他的衣服是偷来的，将他带去审问。小吏害怕被治罪，便老实交代。有一天，他在街头碰见一位大户人家打扮的老妇人说家里有病人只有他才能救治，要他跟她上车。上车后便被装到一口大箱子里，大约走了十余里才被放出来，又被带过了六七道门，进入一处豪华宫室，有人让他沐浴更衣并享用美食。接着进来一位三十五六岁的妇人，身材矮小，面色青黑，眉毛之间有印记。小吏说自己在那里住了数日，那些衣服都是临回来时那妇人送的。审问者听后心知肚明，知道是贾南风所为，也就不再深究。据说当时这类事情时有发生，被贾南风骗入后宫淫乐的男子大多被杀。这个小吏能活着出来，恐怕也是沾了相貌的光，让贾后舍不得下手。

在司马衷还是太子的时候，司马炎曾派一个名叫谢玖的侍女为太子侍寝，不久怀孕。贾南风嫁给太子后，谢玖深知贾南风奇妒无比，便请求回到西宫，后生下一个儿子，起名叫司马遹。司马遹长到三四岁的时候，司马衷还不知道这事，直到一次入宫游玩时，偶然拉起司马遹的手，司马炎才告诉他："这是你儿子啊。"司马衷即位后，立司马遹为太子，封谢玖为淑妃，但是贾南风不准太子与亲生母亲相会。

贾南风的暴戾和专制令司马氏诸王十分不满，右军将军赵王司马伦、孙秀等人"因众怨谋欲废后"。此时太子司马遹已经成人，而且非常聪明，这更加让贾南风不安，生怕有人借拥立太子为名废掉她的皇后之位。于是，她计划杀死太子，"以绝众望"。

元康九年（299），贾南风设计让太子写下谋反的文字，之后污蔑他谋反，将太子关入金墉城害死，并将谢玖也拷打至死。太子死后，司马氏诸王纷纷反抗。永康元年（300）三月，赵王、梁王、齐王等人率兵入宫，废贾南风为庶人，并诛杀了她的党羽数十人，将横行一时的贾南风关入金墉城。几天后，赵王矫诏，赐其金屑毒酒一杯。贾南风一命归西，但她一手导演的乱局才刚刚开始。五个月后，西晋诸王为了夺权开始互相残杀，这就是历史上著名的八王之乱。由于一个女人，中国再次陷入了三百多年的分裂。

●羊皇后

羊氏是中国历史上唯一一个曾同时为两国皇后的女人。她出身于门庭显赫的泰山羊氏，于贾南风死后嫁给白痴皇帝司马衷为皇后，在八王之乱中经历四废五立的动荡。永嘉五年（311），前赵刘曜攻陷洛阳，羊皇后遭掳，被刘曜纳为妻室。刘曜称帝后，又立羊氏为皇后。

南齐深宫中的荒唐与天真

萧宝卷与潘玉儿的**荒诞生活**

■■■ 南齐皇帝萧宝卷属于中国帝王中少有的类型，残暴之余，荒诞滑稽，所作所为令人不解。在皇宫里玩杂耍、学骑马，和妃子摆摊过家家。这些都玩腻了之后，开始到宫外寻找新鲜乐子，深更半夜打扮怪异，与亲随纵马游荡入户打劫。其种种有悖常理的行径，可气又可笑。

太子的无厘头行为

永元三年（501），南齐的雍州刺史萧衍因其兄萧懿被冤杀，起兵造反。南齐皇帝萧宝卷觉得城防坚固，不以为意，下令关闭城门严防死守，自己依旧在宫里吃喝玩乐，还自信地对大臣们说道："须来至白门前，当一决！"萧衍的军队长驱直入，包围了南齐都城建康。萧宝卷这才穿上大红袍，威风凛凛地上城楼视察，结果萧衍的部队在城下万箭齐发，萧宝卷差点被射成刺猬，狼狈逃下城楼。近臣茹法珍替将士向萧宝卷求赏，好激励将士死战。可是萧宝卷听了很生气，反问茹法珍："乱党杀进城里后，难道只有我自己遭殃吗？他们不是一样没好结果，为什么偏要让我给他们钱才肯卖命？"平日怂恿皇帝胡闹的茹法珍听后悻悻退下。

皇宫后堂内存有数百块木板，将士想拿出作为城防之用，禀奏萧宝卷等着他审批。萧宝卷又不高兴了，告诉来人："木板是留着用来修建宫殿的，怎么能用作城防。"如此几次，将士们再也不肯为他卖命，于是在驻守于宫城内的将军王国珍的带领下投降萧衍。

大兵围城，并不耽误萧宝卷玩乐，王国珍投降的这一晚，萧宝卷还在含德殿吹笙，玩累了才上床休息。还没有睡熟，就听到士兵攻进皇宫的叫喊声。他赶紧爬起来向后宫跑去，可是

● 兴安陵石雕

兴安陵是南朝齐明帝萧鸾（452～498）的陵寝，位于江苏丹阳陵口镇东南。齐明帝在位五年，是一位重用谏臣、崇尚节俭的帝王，但他的继位者萧宝卷却是一位荒唐至极的君王。

通道被守夜的宦官给挡住了。见萧宝卷要逃，宦官一刀砍在他的膝盖上，之后割下首级送给萧衍领赏去了。

萧宝卷死时才19岁，刚当了三年皇帝。三年里，这位皇帝做了无数让大臣失望、百姓痛恨的荒唐事儿。

萧宝卷从小就讨厌读书，喜欢做些稀奇古怪的事情寻开心。有一天夜里，他发现东宫里的老鼠蹿上跳下，从此迷上深夜捉老鼠的游戏，常常通宵不眠，带着太监宫女捉老鼠直到天亮。萧宝卷还喜欢玩杂耍，对担幢分外着迷，刚开始练习在手臂上担的时候，幢经常倾倒伤人。即便这样，萧宝卷仍旧兴致不减，后来越练越好，竟然不满足于在手臂上玩耍，开始尝试用牙齿担幢。他让人做了一个七丈五尺长的白虎幢用牙齿担着玩，牙齿掉落也不在乎。他的父亲齐明帝萧鸾虽然阴险狠毒，对儿子却很宽厚，知道太子荒诞的行为后也并不在意，依然宠爱非常。

齐明帝死后，按规矩应在太极殿停灵数日，以方便大臣及各国使节前来吊唁。萧宝卷不喜欢和大臣接触，更讨厌应酬宾客，觉得父亲的灵柩放在太极殿里碍眼，于是令人赶紧抬走下葬。大臣徐孝嗣据理力争，才又停放了一个月。这期间,大臣们纷纷前来哭灵,按道理萧宝卷要一起痛哭以示悲哀,可是他却常常以自己咽喉疼痛为由不哭。不哭也就罢了,有一次大夫羊阐顿首痛哭时帽子掉了,露出光秃秃的头顶,萧宝卷竟然哈哈大笑,在一片哭声里开心地对身边人说:"这多像一只秃鹰在哭啊!"

残暴皇帝的荒诞事

明帝临终前请始安王萧遥光、尚书令徐孝嗣等六位大臣辅助萧宝卷,这六人最初尽心尽力,共同管理朝政,彼此相安无事,日子久了,便开始互相争权夺利。大臣们争权,萧宝卷倒不在乎,让他满身不自在的是这六位大臣总是劝谏他行事端正,使他不能随心所欲地游玩胡闹。

茹法珍和梅虫儿因为怂恿皇帝胡闹而经常遭到大臣江祐斥责,于是他们不断在萧宝卷跟前说江氏兄弟的坏话。眼见萧宝卷不成气候,江氏兄弟和其他几位辅政大臣密议废掉他,但几位大臣为各自未来打算,对立谁为新帝未能达成一致,反而因为分歧产生争执,导致事情败露。萧宝卷得知此事后,一反平时的样子,异常果断地派人把江氏兄弟抓起来立即处死。始安王萧遥光知道后索性起兵造反,但因为犹柔寡断而坐失良机,被禁卫军杀死。

除掉江祐和萧遥光后的数月里,萧宝卷又以各种借口杀掉其他四位辅政大臣,其中一位是他的亲舅舅刘暄,一位是年已73岁握有兵权的谦厚老人陈显达。令萧宝卷不能肆意玩乐的大臣们被屠杀殆尽后,自以为江山安稳的萧宝卷开始享受做皇帝的乐趣,肆无忌惮地在皇宫

●南朝贵妃出行画像砖

1958 年河南邓县学庄村出土,今藏于国家博物馆。

内游乐。

萧宝卷想学骑马又不敢骑真马，于是近臣俞灵韵造了一匹木马让萧宝卷练习。这匹木马非常精巧，如同真马一般进退自如，萧宝卷由此学会了骑马，从此便迷上跑马，在皇宫里日夜骑马奔跑，还让人敲鼓奏乐相伴，令太监宫女等数百人大声叫喊助威，有时闹腾一整夜才罢休。就这么晨昏颠倒，不理朝政，大臣们的奏章数十日也不看一回，竟然时常有太监拿着奏章包鱼包肉偷拿出宫。

最后一位辅政大臣陈显达死后，萧宝卷开始放胆到宫外游乐。他在宫禁之内选出五六十名擅长骑马之人，又在营署里挑选出一些擅长奔跑的无赖，作为出宫牵马架鹰逐狗的仆役，一个月里有二十多天都在宫外跑马。

萧宝卷的出游方式和其他帝王不同，每次出游穿着打扮怪异，如一群小丑一般。而且他出游没有固定时间，不分白天黑夜，没有固定地点，想去哪里就去哪里，更没有计划、没有规律，兴致来了下雨下雪也不在意，有坑有井也不躲避，跑渴了停下来随便在路边水沟里舀些水喝，然后上马继续狂奔。他出宫时总是一条道走到底，一路上所有挡道碍事的房屋树木全部要夷为平地，以方便跑马。出行时兴之所至，想进哪家就冲进去查看，有喜爱的东西便悉数拿回宫中。

萧宝卷出游时不喜欢被人看到，因为这个怪毛病而害死了无数百姓。他每次出游前都要

●**潘贵妃**

南北朝南齐皇帝东昏侯萧宝卷的宠妃，"步步生莲花"的典故即由她而来，后世遂称美人步态为"莲步"。

敲鼓放炮告诉百姓躲避，并派遣兵士驱逐百姓。即使是在深更半夜，店铺、住宅里面也不许留人，百姓们必须以最快的速度逃开，一旦发现有人滞留，不问缘由格杀勿论。

一次，萧宝卷冲进一户人家，看到一个孕妇，便问妇人为什么独自留在家里，妇人说即将临产不能躲避。萧宝卷为了看腹内胎儿是男是女，竟然令人剖开孕妇的肚子。还有一天，萧宝卷要出游，百姓为了逃命将一位病人丢弃在溪边。当地官吏怕检查官员追问，便把病人推入溪中，还用泥盖在病人脸上，病人很快就断了气，尸体也被流水冲走。在萧宝卷前往定林寺游玩的时候，有个老僧人因为腿脚不便无法跑远，只得躲在草丛里，不幸被路过的萧宝卷发现。他认为此人躲在草丛里一定是想刺杀自己，于是命弓箭手将老僧人乱箭射死，自己又亲自补上几箭，然后继续前去寺中游玩。

每次萧宝卷出游对百姓来说都堪称灾难，"火光照天，幡戟横路，士民喧走相随，老小震惊，啼号塞道"，百姓们不堪其扰。从万春门以东直到郊外，萧宝卷出游的必经之地，数十里内无人敢居住，居室皆空。

潘玉儿步步生金莲

萧宝卷后宫妃子万人，潘玉儿最为得宠。萧宝卷生母早逝，自小由潘妃抚养照料。潘玉儿是潘妃的侄女，出身乐户，不仅貌美，还擅长歌舞媚术，哄得萧宝卷心甘情愿为她当牛作

南齐皇宫中的青楼

南齐武帝曾在宫中建有一座高楼，世人称之为青楼。难道皇宫之中也有烟花之所？原来，这座楼因全部被涂以青漆，才得了"青楼"这个名。可见在当时，青楼指的是以青漆粉饰的楼。当时能用青漆装饰的楼阁，以皇家建筑为主。

"青楼"一词最早是指豪华精致的房子，也作高门大户的代称，如曹植曾有诗云："青楼临大路，高门结重关。"此时的青楼尚指王侯贵族所居的琼楼玉宇。唐代前后，"青楼"的语义开始发生变化，在豪华楼阁含义之外，常与烟花柳巷相联系，有"月华吐艳明烛烛，青楼妇唱捣衣曲"等句。青楼逐渐偏离原意，指代妓院。

马。潘玉儿原姓俞，萧宝卷听说宋文帝因为有潘妃而在位三十年，因此命她改姓为潘，谁知仅过了三年，萧宝卷就玩掉了自己的性命。

自从得到潘玉儿，萧宝卷竟然变得异常专情，日日和她混在一起，变着法地寻开心。为了哄潘玉儿高兴，萧宝卷把父亲装满的国库花个精光。萧宝卷出游也时常带着潘妃，潘妃乘坐舒适的马车，萧宝卷身穿彩绣衣裤，头戴金薄帽，手持七宝桨骑马相随。大臣们觉得有失体统，但是没有人敢上前劝说。

永元二年（500）的一天夜晚，萧宝卷带着亲随出宫游荡，不料宫内失火。宫殿大门在傍晚关闭，没有皇帝命令，宫内人员不得擅自开门而出，宫外官员更不敢贸然破门而入。等到大将军王莹率众入内救火时，死者已经是枕叠无数，惨叫声惊天动地。萧宝卷过了三更方才回宫，听到宫内一团混乱，担心有人谋反，派人查明是失火后，才放下心来，丝毫不问死伤，入宫休息。不久，萧宝卷再次出游，大火又起，烧毁宫殿三千余间。萧宝卷不但不难过，反而大规模重建宫殿，仅给潘妃一人就新

建了神仙、永寿、玉寿三座宫殿，三殿均金碧辉煌，绚丽至极。

有一次，萧宝卷来到伯父齐武帝萧赜在位时所建的青楼游玩，看到满墙都涂以青漆，没有丝毫的金银装饰，便笑着对左右说："这糟老头盖的什么破房，为什么不嵌上琉璃呢，真是可笑。"比起萧宝卷的宫殿，萧赜的青楼的确算得上是简陋了。萧宝卷所建的玉寿殿内悬挂飞仙帐，帐上彩绣绮丽，窗户上画满飘飘欲飞的神仙，殿内所有装饰，包括字画、灵兽等全部用金银打制。萧宝卷性急，一开工就想建好，只求结果，不管过程。为了赶工，工匠经常拆毁其他建筑，玉九子铃、藻井、仙人、骑兽等寺庙宝物都被拆下来，翻新后装饰潘妃的宫殿。

宫殿建成后，萧宝卷看着平淡无奇的地面心生不满，命人用纯金打造莲花瓣贴在地面上，然后令潘妃在金莲花上袅娜而行。他欣赏着潘妃的婀娜姿态，满意地赞叹道："此步步生莲花也。"从此便有了"步步生莲"的成语。

潘妃的服饰全用最珍贵的金银珠玉缀成，

经常穿一次就不复再穿，仅一只琥珀钏就价值一百七十万。为了满足潘妃的物欲，市面上金银宝物变得紧俏，价格上涨数倍。

如此荒糜，国库很快就见了底，萧宝卷竟然强迫富豪卖给他金银以供他花用。说是买，实际上就是白拿。就在萧宝卷天天换着花样胡闹的时候，萧衍已经做好废掉他的各种准备。

皇宫里的过家家游戏

潘玉儿出身贫贱，喜欢市井热闹，当上贵妃后，虽然尽享富贵，但偶尔也会觉得高墙森森不如小民自在，可以随意到集市上看热闹，买东西。萧宝卷知道潘妃的心思后生出奇想，他命人在宫苑里修建了一条街道，街道两旁店铺酒肆齐全，又让太监和宫女们扮成商贩和市民往来叫卖，和宫外的市场一模一样。萧宝卷让潘妃当管理市场的官员，自己当潘妃的助理，又让买卖者生出纠纷，扭送到潘妃面前处理。于是潘妃芳心大悦，不再感到宫内寂寞无聊。

萧宝卷力气很大，性格暴躁，责骂下人是常事，对潘妃却是宠爱得不知道怎么办才好。潘妃对萧宝卷稍有不满，就命人杖打他，而萧宝卷并不反抗，只在暗中命人不得用大棍重打。萧宝卷还在宫内挖出一条河流，在河岸设立码头，码头上修建酒坊、肉铺、茶楼等场所，他自己不仅亲自划船，还在肉铺里当店主切肉卖肉取乐，潘妃到小酒坊里当老板娘端茶卖酒，这二人真是天生一对儿，不管什么事情，都能玩得喜笑颜开，彼此欣赏。

天子不理朝政，日日沉迷游戏，大臣不敢多言，百姓们则编了歌谣来讥讽这对荒诞男女："阅武堂，种杨柳，至尊屠肉，潘妃酤酒。"

"阅武堂，种杨柳"说的是萧宝卷的另一

可笑行为。一日，萧宝卷来到阅武堂，看到那里过于庄严，不合口味，于是先从名字下手，改为芳乐苑，再重新装饰，以精巧华丽为标准。时值六月酷暑，为营造芳草浓荫，萧宝卷命人寻找大树，连抢带夺不惜代价将许多大树移栽到宫内，又将地面全部铺上绿草，连台阶也不放过。可是烈日当头，花草树木种上不久就被晒死，于是种了死，死了种，如此往复不断，所谓"当暑种树，朝种夕死，死而复种，率无一生"。为了让宫殿无一处不美艳，他又命人把苑内山石涂得五彩斑斓，楼阁里的墙壁上画满春宫图。

萧宝卷被杀后，萧衍立萧宝卷之弟萧宝融为帝，追废帝萧宝卷为东昏侯。过了两年，萧衍又强迫木偶皇帝萧宝融让出帝位，自己做了皇帝，改国号为梁，史称梁武帝。萧宝卷死后，萧衍本欲把潘玉儿留在后宫。有大臣上书说潘玉儿乃亡国祸水，不应留，将军田安启又求萧衍将潘玉儿赐他为妻，而潘玉儿宁死不从，自缢守节。如此昏聩的帝王，死了自然没人觉得可惜，只有才子苏东坡为潘玉儿的深情所感动，叹了一声"玉奴终不负东昏"。

●清末画家吴友如笔下的潘妃

徐娘虽老 犹尚多情

徐昭佩*死后*被休

■ 徐昭佩，南梁元帝萧绎的妃子，嫁入帝王家后费尽心力难得萧绎宠爱，索性胡作非为，不给萧绎好脸色、酗酒、养小白脸，企图被休回娘家重拾自由。可是萧绎忍而避之，终于在其子阵亡后迫使徐昭佩自杀。徐昭佩尸身被遣回娘家，自由倒是有了，却再也无福享受。

出嫁时的不测风云

徐昭佩的可怜命运，或许源自她的显贵出身。她的祖父是南齐萧宝卷时期六位辅政大臣之一的徐孝嗣，曾任太尉、吏部尚书、中军大将军等重要职位，在南齐开国时期立下战功。她的父亲是梁朝大将，亲信众多，根基深厚。

梁武帝萧衍废掉南齐建立梁朝之后，为拉拢旧臣，巩固江山，大玩政治联姻，尤其重用那些被萧氏迫害过的朝臣，徐昭佩就此被许配给皇子为妃。这样的联姻，徐昭佩一生的不幸就此注定。

在以门当户对为主、凭着媒妁之言谈婚论嫁的古代，这样的政治婚姻比比皆是。如果徐昭佩从小没有读过那么多的诗书，如果她对自己的未来没有过多的幻想，安分守己听天由命地好好当她的王妃，最不济的结局不过是寂寞终老，也不会落得死后被张榜公布通奸丑行和死后被休的尴尬。可是偏偏徐昭佩对自己的未来充满了与现实不符的期待。

徐昭佩要嫁的丈夫萧绎从身份上来看并不差，身为梁武帝的第七子，7岁时就被封为湘东王，自幼聪慧，喜爱读书，博闻强识，笔墨颇具魏晋绮丽之风，其传下的著述有三百多卷。徐昭佩出嫁时，萧绎驻守一方，拥兵而立，后巧借西魏和北齐兵力平定侯景之乱，当上皇帝。有这样文武全才的夫君按常理应该是一段好姻缘，为什么最后二人离心离德，徐昭佩不得善终呢？

萧绎自身有缺陷，他只有一只完好的眼睛。在很小的时候，面貌可爱的萧绎眼睛生病，梁武帝喜爱这个聪明的儿子，觉得自己懂些医术，亲自给儿子治疗眼疾。没想到医术不精，上天也不给他这个当皇帝的面子，萧绎眼疾恶化失明，只剩一只眼睛视物，萧绎的相貌因此大打折扣。

徐昭佩出嫁之前已经听说此事，心里纵然有一千一万个不愿意，也无法违背父母之命，只是希望上天能创造奇迹，让夫君给予自己更多的体贴和关心。说也奇怪，徐昭佩在出嫁的时候，上天似乎对她的不幸有所警示，接连出现一连串不祥之兆，这些征兆后来被人认为是她没有妇德的征兆。

天监十六年（517），徐昭佩出阁，嫁给湘东王萧绎为妃。出嫁当日，车队吹吹打打披红挂彩，走到西州时忽然狂风大作，原本艳阳高照的天空一片阴霾，附近住宅屋顶被大风吹得四处飞散，树木也被狂风折断。狂风过后，又下起了冰雹大雪，办喜事悬挂的大红帷帐全部被覆盖成白茫茫的一片。等候拜堂的萧绎，心头不禁涌起对新夫人的厌恶，暗自思忖此妇带有不祥之兆，二人的婚姻也从此埋下不快的心结。

半面妆后的绝望

虽然成婚的时候很不吉利，但萧绎和徐昭佩的最初生活尚能说得过去。萧绎受父亲影响，通晓佛学典籍，一心向善，骨子里虽然不缺当皇帝的狠毒阴暗，表现出来却是温厚宽容。婚后不久，徐昭佩生下儿子萧方、女儿益昌公主萧含贞，生活由此慢慢改变。

关于徐昭佩的容貌，史书以"妃无容质"四字应付了事。或许徐昭佩确实相貌平平，如若貌美如妲己、飞燕之流，即便明知带有不祥之兆，想来萧绎仍旧会不顾结果相守相爱。萧绎的宫中妃妾不少，年轻貌美、工于心计的女子当然占据主要地位。徐昭佩生育子女后，萧绎对她日渐冷淡，除去看望儿女，很少露面。

为挽回情分，徐昭佩不是没有费过心思。萧绎喜欢和文人墨客谈诗论画，为博得欣赏，徐昭佩一改性情，卸下浓妆，轻画娥眉淡扫面，换上素雅衣裙，摇身成为一位具有诗情画意的才女，手捧香茶，不断出现在萧绎的文人聚会上。徐昭佩自幼好学，和文人雅士清谈品评这点小事难不倒她，稍稍准备，其才华就足以游刃于文人墨客中。多日之后，徐昭佩发现萧绎非但没有因此生出欣赏，反而总是在她高谈阔论时皱起眉头。她知道，这个男人的心是无论如何都难以挽回了，便不再努力，为遣散忧愁，她喝酒买醉解千愁。

每次酒宴过后，徐昭佩都醉醺醺的，不成体统。萧绎在人前表现得宽宏大量。回宫后，酩酊大醉的徐昭佩数次因醉得不省人事而吐在萧绎身上。萧绎的厌恶已经到了极限，自此，不但很少让徐昭佩参加诗酒茶宴，去她那里的次数更是少得可怜。徐昭佩怨恨日增，既然如何努力都讨不到欣赏，不如让那淡漠疏离更加严重，每次知道萧绎将来，她便只画半面妆容等待丈夫。萧绎只有一只眼睛能看人，徐昭佩以"半面妆"来讥讽进而激怒他，其绝望心情可想而知，如此数次，萧绎便断了去看徐昭佩之念。

徐昭佩宫内的侍女们看到她如此胆大妄为，都劝说她收敛一点。徐昭佩却对侍女说："王爷父子讲仁义，说道德，断乎不会因这样的小事焚琴煮鹤，顶多被逐出宫，择人另嫁，这样更好。"

知夫莫若妻，徐昭佩对萧绎的秉性倒是一语中的。可是萧绎并没有让徐昭佩如愿结束这寡淡的日子，而是躲避。

死后被休的耻辱

因为与妻子不和，萧绎在承圣元年（552）即位为梁元帝时，竟没有立徐昭佩为皇后，后位因此一直空置，徐昭佩只从王妃晋为皇妃。绝望之下，徐昭佩残害后宫众人，知道有得宠怀孕的妃子，必手刃而后快。这些还不能弥补她因空虚寂寞而生的怨怒，于是她又做出了更不合体统的大胆行为——发展新感情。徐昭佩借外出礼佛之机，与瑶光寺智远道人产生私情。佛门清静之地，毕竟不方便，徐昭佩又开始打起那些日夜陪伴在萧绎身边的臣子们的主意。

元帝身边有多位年轻侍臣，个个博学善讲，每日轮流入宫和他谈古论书。这些侍臣们可以随意出入禁宫，徐昭佩便动了勾引他们的歪念头。侍臣中有一位叫暨季江的人体貌出众，身形修长，面貌俊逸，于是徐昭佩命心腹侍女暗中传书勾引暨季江。暨季江也是大胆之徒，想借徐昭佩的权势升官发财，没过多久，两人就成就了好事。这件事不久被大臣们得知，有人问暨季江与徐妃偷情感觉如何。暨季江得意地一笑，说："柏直这个地方的狗老了仍旧能够狩猎，溧阳这个地方的马老了仍旧还是骏马，徐妃虽然老了却仍然很多情啊。""徐娘虽老，犹尚多情"之典即出自季江之口，后被传改为"徐娘虽老，风韵犹存"。

从此番言语来看，二人之间似乎也谈不上什么真情，不过是互有所图，权色交易而已。一朝得手，徐昭佩尝到了甜头，又把目光停留到另一位风流潇洒的诗人贺徽身上。徐昭佩望之若渴，出于礼法，贺徽不敢贸然私通，徐昭佩却不肯放过他，一再派人传情。最后，徐昭佩在普贤尼寺下令召见贺徽，好言美酒相逼，二人就在寺中度过浪漫春宵。临别前，郎情妾意，徐昭佩难舍难分，在白角枕上写了一首情诗送给贺徽。从此，徐昭佩越发肆无忌惮，沉迷于淫乐。

萧绎的修养在戴绿帽子后瓦解成杀气，其宠妃因生产而亡，萧绎以徐昭佩害死宠妃为由，将其幽禁于冷宫，并派徐昭佩之子萧方出征。这是公认的送死之战，萧方成了父母争斗的牺牲品。

萧方在众王子中十分出色，勇猛有才，文武兼备。一次，萧绎曾当着徐昭佩的面不客气地说："要是我再有一个这样能干的儿子多好啊！"言外之意是如果这个好儿子不是你生的，我会更加器重他。厌恶妻子而让儿子送死，萧绎读了一辈子的佛经，可悲的是最终也没有修炼出佛的心胸。

不久，萧方战死沙场。没有了儿子的潜在威胁，萧绎逼迫徐昭佩投井而亡，又派人把徐昭佩的尸身送回她的娘家，史称"出妻"。徐昭佩一人留下"半面妆""徐娘虽老，风韵犹存""出妻"三项典故，不知是幸还是不幸。

● **职贡图（宋摹本）**

梁元帝萧绎（508 ~ 554）工书善画，生平著述甚富，绘有《职贡图》，今仅存宋摹本。《职贡图》又名《番客入朝图》或《王会图》，描绘十二位使者朝贡时的形象，依次为滑国、波斯、百济、龟兹、倭国、狼牙修、邓至、周古柯、呵跋檀、胡密丹、白题、末国的使者。今藏于南京博物院。

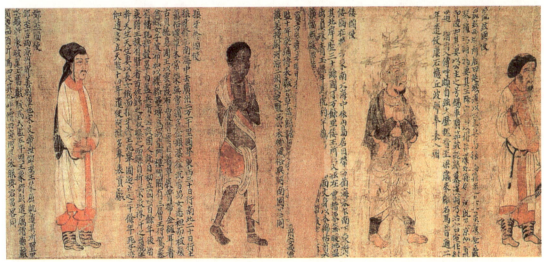

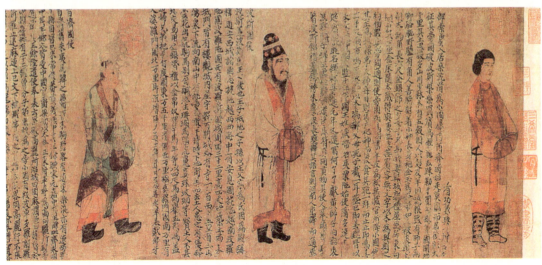

玉树流光照后庭

张丽华的**胭脂红**

■ 张丽华，南陈亡国后主陈叔宝的宠妃，从出身寒微到宠冠后宫，从不谙世事到滥用宠爱祸国殃民，绝世的美色背后，少不了一颗贪婪的心。可惜的是张家女儿只有超人的记忆力，没有管理朝政的才能，否则历史上将会又多出一幕女人专权的好戏，而不是那一抹胭脂红。

长头发小侍女的魅力

六朝金粉之地的建康城（今南京）经过一朝又一朝纸醉金迷的浸染，在南朝陈后主时期更加醉生梦死，在妃子张丽华垂地的七尺长发下飘散出暧昧的脂粉气息。

一日，当时还是太子的陈叔宝与一帮文人骚客结束了飞觞高论，趁着酒意带随从直奔他喜爱的孔良娣宫里。良娣是太子的妾室，地位较高，仅次于太子妃。孔良娣忙命人拿茶水侍候。这时，一位身材颀长的小宫女如弱柳浮水般盈盈而来。陈叔宝见这个小宫女桃花粉面，鬓发如漆，星眸生辉，柳眉如画，肤似凝脂，垂着长长的头发倒茶时更显清丽绝伦，不觉有点痴了。待小宫女站到一旁，陈叔宝令她过来，上上下下端详一番，有点意味深长地对孔良娣说："如此天姿国色的宫女，爱妾怎么给藏起来了，没有早点让我看到？"

孔良娣也是一位上等美人，在此之前，陈叔宝曾经对孔良娣与龚良娣说她们二人胜过倾城倾国的王昭君与西施，而今相形见绌，可见这个刚满十岁的小宫女天生夺人之貌。听到陈叔宝如此不加掩饰地夸赞小宫女，孔良娣的心里有点酸溜溜的，但是她深知陈叔宝贪慕美色的脾性，不能因为拈酸吃醋而惹怒了他，于是婉转又不失体面地对陈叔宝说："她年纪尚幼，恐微蓓嫩蕊，不足以受殿下采折。"

陈叔宝听罢，更加目不转睛地盯着小女孩，见她果然稚气未脱，心下泛起一片怜惜，又不忍就此放下，拉着手问了好些话才算罢休。这个小宫女就是张丽华。

张丽华出身于贫寒人家，父兄以织席为生，过着朝不保夕的生活。张丽华长到十岁时，已是一副花容月貌。看到女儿生在如此贫贱之家，张丽华的父母心里总是有些遗憾，于是趁着宫里采选宫女的机会，让她入宫，虽然高墙隔断了自由，毕竟吃得饱穿得暖。张丽华入宫后凭着出众的相貌和伶俐的口齿，被分到太子宫做孔良娣的宫女，自此命运来了个大转弯。

此时的陈叔宝还只是南陈太子，一个懒得过问政事只喜欢在女人和文人堆里消磨时间的花花公子。二人相遇后不久，陈叔宝顾不得微葩嫩蕊不堪采折之说，找个机会便将张丽华据为己有。善于奉承主子的张丽华曲意迎合，不久生下一子名陈深，原来不解人事的贫家女开始在心里盘算自己的前程。

小女孩的大心计

太建十四年（582）正月，南陈宣帝卒，陈叔宝即位。太子妃沈婺华被册封为皇后，张丽华因生下皇子，破格升为贵嫔，与孔贵嫔、龚贵嫔等并列。

此时的张丽华已今非昔比，不再是任人呼来唤去的小婢，而是宠冠后宫的主子，是皇帝

●南朝陈后主的贵妃张丽华

张丽华姿色过人，宠冠后宫，被人视为倾国祸水。在民间传说中，她还是四月蔷薇花花神。此图为清末吴友如根据这一传说所绘的张丽华像。

最信任的女人，这种信任表现在陈叔宝受伤时期对张丽华的特殊依恋上。

陈叔宝是南陈宣帝的嫡长子，虽然自小就只爱风月不爱江山，但仍然无可争议地被立为太子。陈叔宝的二弟始兴王陈书陵爱江山，一直看不上他哥哥沉迷酒色不务正业，因此计划夺权。在宣帝病重临死的前几日，陈书陵与大臣密谋杀死陈叔宝抢夺帝位。一日，陈叔宝、陈书陵兄弟二人奉诏入宫侍疾，陈书陵决定下手，但苦于没有机会。

几日后，宣帝溘然而去，陈书陵想趁乱结果陈叔宝，令随从到宫外取剑。随从不是机灵之辈，只取来他朝服上用来装饰的木佩剑。陈书陵无奈之下，借陈叔宝伏地痛哭之机，抽出

木剑向其颈项上砍去。陈叔宝大惊失色，仓惶之中被大臣们救下。丧父之痛、惊吓、颈项的剑伤令陈叔宝卧床不起，在承香殿养伤。

疗伤期间，为防止再出意外，陈叔宝只让张丽华一人陪伴，后宫嫔妃包括沈皇后等一概不许入内，其母皇太后在栢梁殿替他处理朝政。张丽华在陈后主的心里是和母亲一般的亲人，一个小宫女在如此短暂的时间内能够占据如此重的分量，天仙一样的相貌不可少，但在美女如云的皇宫，只有天仙之姿万万不够，没有一点心计恐怕难得专宠。

史书中关于张丽华的记载并不详细，但是人们仍旧可以通过陈后主的家事变化，看到此女的影响。陈叔宝即位三个月后册立太子。正宫娘娘沈皇后没有儿子，很早就把陈叔宝小妾孙姬的儿子陈胤过继过来。按照立嫡立长的规矩，陈叔宝立陈胤为太子，可是两年后又废掉陈胤，立张丽华之子陈深为太子。这两年之间，张丽华为太子废立之事做了哪些手脚，正史上几乎无处可查。

母以子贵，陈深被立为太子，其母张丽华就要当皇后。沈皇后端庄宽容，好读史书典籍，喜欢过朴素寡欲的日子。尽管陈叔宝不喜欢她，但沈皇后不失为一位称职皇后，废后一事于理不合，直到亡国，这废后之事也没有成功。虽然不是皇后，但张丽华已经执掌后宫大权。生性淡泊的沈皇后并不以为意，一如既往以读书为乐。而张丽华又从后宫走上朝堂，与皇帝一起决断国家大事。

井口上的一抹胭脂红

陈叔宝天生就不是当皇帝的料，可是命运捉弄，让他生长在帝王家，他不得不放下诗词

歌赋勉强处理朝政。借着长江天险，认为国防万无一失的陈叔宝对国家的经营全凭自己的心意。陈叔宝的骨子里流的是文人血液，宠爱女人宠到挥霍无度。

吟风弄月需要华丽风雅的场所，陈叔宝大建宫殿，起临春、结绮、望仙三阁，此三殿高达数十丈，均为十开间的大殿，张丽华"尝于阁上靓妆，临于轩槛，宫中遥望，飘若神仙"。大殿以珍贵的沉檀香木雕制，微风吹过，香风飘散数里不绝，殿内珠帘玉户，金银宝物瑰丽耀眼。陈叔宝自己住在临春阁，身为贵妃的张丽华住结绮阁，龚、孔二贵嫔居望仙阁，张丽华的地位从宫殿的分配上可见一二。

当皇帝并不仅仅是吃喝玩乐那么容易，国家大事日日要处理。天生就不喜欢处理政务的陈叔宝每逢面对案上高高的奏章就皱起眉头，官员们在朝堂上面奏的事情，经常是听了这件忘那件。为了不让人看出他的能力太差，陈叔宝让宦官蔡临儿、李善度转奏，蔡、李二人也没有大才能，经常丢三落四。每逢这两位说不清楚的时候，张丽华都能够清清楚楚地补说明白，令陈叔宝非常欣赏。

张丽华自幼聪颖，入宫后练就了察言观色、博闻强识的本领，这时候全都派上用场。陈叔宝倚重于她，在处理朝政之时经常让张丽华坐在自己的膝上，令其回答自己所遗忘的事情，张丽华总能毫无遗漏地说出来龙去脉。于是，陈叔宝让她跟着参与决断朝政。

后宫前朝，事无巨细，都先上报给张丽华，"人间有一言一事，贵妃必先知白之，由是益加宠异，冠绝后庭"。张丽华的权力越来越大，小官小吏犯了王法，奸佞之徒想升官发

财，来求张丽华，总能如愿，因而流传有"南朝只知有张丽华，不知有陈叔宝"之说。有进谏劝说陈叔宝杜绝女人乱政的忠臣多被贬杀，朝纲愈发混乱。

就在陈叔宝一干人等尽情享乐的时候，北方强大的隋朝对江南的威胁日益紧迫。在陈叔宝为张丽华所作的《玉树后庭花》的靡靡之音中，隋军杀入皇宫，张丽华、孔贵嫔与陈叔宝一起躲入枯井。被隋军发现后，三人争先爬出时，据说张丽华粉面上的胭脂蹭在了井口，此井遂被后人称作胭脂井。

张丽华到底死于谁手

关于陈叔宝的宠妃张丽华之死众说纷纭，一直是个悬案。

据《陈书·张贵妃传》和《南史》记载，是晋王杨广（即后来的隋炀帝）下令将张丽华斩首。

据《隋书·高颎传》和《资治通鉴》记载，杨广素慕张丽华之美，曾私下嘱咐部将高颎在建康城中寻到张丽华后，务必留下她的性命。但高颎看到张丽华妖媚的样子后，果断地对使者说："昔太公灭纣，尝蒙面斩妲己，此等妖妃，岂可留得。"遂斩张丽华于青溪。如果事实果真如此，这也算是后来杨广登基为帝后诛杀名臣高颎的一个原因吧。是杨广下令杀死张丽华，还是高颎私下做的决定，这两种说法都有史可依，也都有相应的道理。喜欢浪漫向往爱情的人恐怕更愿意相信杨广曾经爱慕过这位大美女，怎奈无缘相守。喜爱权力看重政治的人更相信杨广是一个冷血的男人，唯此，才能完成统一江山的大业。

"妖姬脸似花含露，玉树流光照后庭"，含露的妖姬香魂远去，空余后庭玉树独自流光。

● 玉树新声

陈后主荒淫，每天宴饮时让嫔妃、女学士、狎客相互赋诗赠答，选取艳诗让人谱曲演唱，其中《玉树后庭花》最为著名。

用春药魅惑君王的妃子

冯润 玩火自焚

■■■ 北魏孝文帝元宏是一位杰出的少数民族政治家，他通过一系列的改革，促进了西北少数民族和中原地区人民的大融合。然而，这位大英雄的私生活却十分不幸，他的妻子不仅用春药迷惑他，而且还淫乱宫廷。这个胆大妄为的女人便是冯润，野史称她为冯妙莲。

因病出宫

● 云冈大佛

云冈石窟位于山西大同市西 16 千米处的武周山南麓，依山而凿，东西绵延约 1000 米，气势恢宏，开凿于 5 世纪至 6 世纪。此尊大佛据说是按孝文帝的容貌塑造的。

延兴元年（471），5 岁的元宏在祖母冯太后的牵引之下登上了帝位，成了北魏第七位君主，史称孝文帝。孝文帝的父亲是个虔诚的佛教徒，对政治丝毫不感兴趣，总想抛开俗世，早日修成正果，所以早早地将皇位让给儿子。为了不让皇权旁落，遏制后宫及外戚势力，北魏皇族一直沿用汉武帝"立其子，杀其母"的老办法，孝文帝的母亲也是这样被杀的。

母亲死后，年幼的孝文帝由祖母冯太后抚育带大，朝中大权也尽在冯太后的掌握之中。因为孝文帝聪慧、早熟，冯太后对他颇为苛刻，不仅对幼小的他施以杖罚之刑，甚至还在冬天里将穿着单衣的他单独关在空屋子里，三天不给饮食，后来甚至起了废掉孝文帝的念头。即使这样，生性孝顺的孝文帝还是把祖母当成母亲一样来侍奉，对她的话无不遵从，关于选妻立后之事也听从祖母安排。

冯太后想让自己的家族世代蒙受皇家恩宠，于是将自己的侄女——其兄长冯熙的两个女儿冯清、冯润选进宫来。当时，孝文帝宫中已经有一位美艳的妻子林氏，她为孝文帝生了皇长子元恂。

按例，元恂被封为皇太子时，林氏就要被赐死。孝文帝不舍爱妻，希望废除"立其子，杀其母"的惯例。对此，冯太后坚决反对，因为林氏不死，她的侄女就做不了皇后，所以坚决要求赐死林氏。孝文帝不敢违背祖母的意思，只好含泪看着心爱的女子死去。

冯氏姐妹进宫后一起受封为贵人，不过孝文帝却更加钟情于姐姐冯润。冯润聪明美丽，深谙事君之道，又酷爱汉族文化，与孝文帝志趣相投。因此，冯润入宫不久便受到了孝文帝的宠爱。此时，冯清年纪尚小，姐妹两人相安无事。

冯润入宫才三年就得了咯血症，病情十分严重。冯太后担心她会传染到宫中其他人，而且她这个样子也不再适合侍奉皇帝了，于是便下令遣她出宫，命其出家养病。

冯润养病期间，冯清慢慢长大，冯太后估计冯润的病不是那么容易好，所以有意栽培冯清。不久，冯太后病逝，留下遗诏，要孝文帝立冯清为皇后。孝文帝一向孝顺，于是在三年孝满之后，立即举行了封后大典，而此时冯润还在宫外养病。

姐妹争宠

冯清被立为皇后后，孝文帝打听到冯润的病已经治好了，便将她接回了宫中，晋封为左昭仪，地位仅次于皇后。

冯润再次回到宫中，更加"风韵自娆，妖媚艳丽"，受到孝文帝的专宠。孝文帝除了处理政事外，其他时间都和这位左昭仪在一起。孝文帝之所以对冯润如此着迷，并不单单因为冯润长得美艳，更重要的是冯润还有一个不为人知的秘术。

原来，冯润为了将孝文帝紧紧地套牢在自己的身边，不惜在自己身上涂媚药。每次孝文帝临幸她的时候，总能从她身上闻到一股奇异的香味，令人心驰神往，因此总离不开她。而冯润也骗孝文帝说自己病愈之后身上便带有这种奇香，孝文帝信以为真，对她尤为怜爱。

冯润虽然深受孝文帝喜爱，但是心中却十分不满意，原本她以为皇后之位铁定是自己的，可是偏偏自己的身子不争气，生了一场大病，到头来还得屈居妹妹之下。仗着皇帝的庇护，又仗着自己是姐姐，冯润平时对冯清没有什么好脸色。冯清自然也十分生气，当日接回冯润也有她的一份功劳，她曾向皇帝求过情，请他把姐姐接回宫，可是冯润不仅不知恩图报，反而处处与她为敌。

就这样，姐妹两人的矛盾爆发了，开始针锋相对，一个想博得皇帝的宠爱，一个想得到皇后的宝座。然而，冯清远远不是她姐姐的对手，冯润出手狠辣，总是在孝文帝面前说妹妹的不是。孝文帝本来就不喜欢冯清，在冯润的挑拨之下，便更加疏远冯清了。冯清又气又急，可是一点办法也没有。

孝文帝是一个极力推行鲜卑汉化的皇帝，冯润本身也爱好汉族文化，加上为了讨好孝文帝，她处处支持推行汉化。孝文帝说改胡服为汉服，她就连忙穿上汉服，孝文帝说要学汉话，她便率先在宫中说起汉话。

至于冯清，她不仅不喜欢汉族文化，而且和孝文帝也没有什么共同语言。孝文帝改革之后，北魏朝中上至王公大臣，下到平民百姓都开始说汉话，只有冯清仍然拒说汉话，不穿汉服。她这一固执的行为终于惹恼了正在大刀阔斧搞改革的孝文帝，加上冯润在旁边添油加

孝文帝迁都

北魏孝文帝亲政之后，大刀阔斧地进行汉化改革，并决定将国都从平城（今山西大同东北）迁到洛阳。他担心这个意见会遭到守旧大臣的极力反对，于是想了一个办法——假借攻南齐为名，带领文武官员迁都洛阳。493年，孝文帝亲率三十多万大军南下。军队行至洛阳时，恰好赶上秋雨连绵。雨一下就是一个多月，道路泥泞，无法行军，可是孝文帝依然要求军队继续前进。大臣们本就不想出兵伐齐，于是趁着大雨前来阻拦。孝文帝见机会终于来了，严肃地说道："此次出兵兴师动众，如果中途而废，一定会遭后人耻笑。若不想继续进兵伐齐，就把国都迁到这里吧。"大臣们听后都明白了孝文帝的用意，迁都和伐齐只能二选一。大臣们认为迁都未必能给国家带来实际伤害，而伐齐一旦失败，恐怕会招来残酷的报复，两害相权取其轻，于是只得同意迁都。

醋，孝文帝一气之下将其废为庶人，并让她到瑶光寺出家为尼。

赶走了妹妹之后，冯润如愿以偿地当上了皇后。不过，她的这个皇后真能当得长久吗？

含椒而尽

冯润被封为皇后不久，孝文帝出征，冯润留在宫中。皇帝一走，宫中便由这位皇后说了算，谁知她却惹了一位不该惹的人，葬送了自己的一生。

冯润招惹的不是别人，正是她的小姑子，也就是孝文帝最疼爱的妹妹——彭城公主。此时，彭城公主的丈夫刘承绪刚过世，公主因为没有生养，所以重返宫中居住。公主年纪轻轻就寡居在家，皇帝必然会为她再选一门亲事，对不少人来说，这可是个攀龙附凤的好机会，况且公主年轻貌美，不少人都在打公主的主意，这其中也包括冯润的弟弟冯夙。

冯夙早就看上彭城公主了，可是公主却不买他的账，冯夙一急，就找姐姐冯润帮忙。冯

润也不喜欢这个小姑子留在宫中，而且将她嫁给弟弟也有利于自己的家族，于是冯润软磨硬泡，终于使孝文帝答应将妹妹嫁给冯夙。

公主素来就对冯润这个妖媚的嫂嫂不满，而且当她知道了冯润在后宫中养男宠，那个给她媚药的高菩萨就是她的男宠之一后，就更加讨厌她了。原本公主也不想将这件事情说出去，只怪冯润逼人太甚，想趁孝文帝不在朝中的这段时间逼公主下嫁。公主忍无可忍，终于决定向孝文帝揭发她的丑行。

一天夜里，天下大雨，彭城公主趁机带了十几个仆人偷偷溜出皇宫，快马加鞭朝孝文帝的大营飞奔而去。孝文帝正在部署作战计划，哪想到妹妹突然闯了进来。浑身湿透的公主一见孝文帝便放声大哭，一边哭一边数落皇后的不是，说她逼婚、淫乱宫廷、私通高菩萨等人。孝文帝虽然吃惊，但是并不十分相信，于是将此事偷偷地压了下来。

冯润知道公主前往孝文帝大营之后，心中越来越害怕，竟然和母亲串通一气，请女巫到

宫中作法，诅咒孝文帝生病不起。她们甚至在宫廷设三牲，假借祈福的名义诅咒孝文帝。不过，孝文帝还是从战场上平安地回来了。

　　孝文帝回到京师后，按照妹妹提供的情报，找到了那几个男宠，一番严刑拷打之后，终于得到了冯润淫乱后宫的证据。接着，孝文帝又亲自审问冯润，并让人对她搜身，扬言如果从她身上搜出兵器就立即处死。幸好冯润聪明，身上没带兵器，侥幸逃过一劫。孝文帝让冯润供述她是如何用妖术迷惑自己的，冯润心存侥幸，不说实话。孝文帝一气之下便让两位弟弟北海王元详、彭城王元勰来审问她，自己则拂袖而去。冯润心知这两位小叔子一向对自己不满，不会像孝文帝那样对自己手下留情，于是如实招供了一切。

　　冯润招供之后，几个男宠被处死。孝文帝念及祖母冯太后，想到已经废了一名冯氏皇后，不能再废第二个，所以保留了冯润的皇后封号。后宫中除了太子外，其他后宫嫔妃也依然按时去拜见她。

　　太和二十三年（499），孝文帝病重，弥留之际留下遗诏赐死冯润，并以皇后之礼厚葬，以此来掩饰冯家的大过。孝文帝死后，北海王元详奉命到冯润处宣读孝文帝的遗旨，长秋卿白整等人则端来了毒药。冯润号哭不止，不停地谩骂，不肯服药。最后白整只能强行灌药，冯润这才"含椒而尽"。用媚药迷惑君王的冯润玩火自焚，亲手将自己推上了绝路。

●**北魏孝文帝长陵**

太和二十三年（499），孝文帝带病出征，并在当年死于途中，时年33岁，葬入长陵（位于今河南洛阳瀍水之西）。如今，长陵的地面建筑已不存，仅余一大一小两个封土堆，为孝文帝与文昭皇后高氏的茔冢。

从天使到魔鬼

胡仙真的*争议*

■ 在奉行立子杀母祖训的北魏王朝，宣武帝的贵嫔胡仙真具有绝伦胆识与天资，生下皇子后不但保全了自己的性命，还借幼子之力一步步登上权力之巅，利用自身才华管理朝政。但在一段时间的勤谨治政之后，胡仙真因耽于淫乐而使国家混乱，甚至为私欲毒死亲子。可见，从美丽的天使堕落成邪恶的魔鬼，仅一步之遥。

冒死生子的充华世妇

鲜卑族拓跋氏于386年建立北魏王朝。鲜卑原为游牧民族，女子自幼和男儿一样骑射驰骋，后宫女子专权成风。为禁止女人与外戚作乱，北魏

中期，太武帝拓跋焘借鉴汉武帝立子杀母之法，传下太子之母必死的祖训。这种残酷的制度并没有从根本上杜绝女人专权，反而使后宫女子人心惶惶，避孕堕胎或者杀死皇子以自保。

宣武帝元恪（拓跋恪）时期，出现一位与众不同的胡姓妃子，总是祈祷自己生下太子，宁死无惧。这位女子名胡仙真，为司徒胡国珍的女儿。

●帝后礼佛图

郑州巩义北魏石窟寺内浮雕，为宣武帝时期刻，再现了当年宣武帝带领文武百官和王公后妃到希玄寺礼拜佛陀的盛况。

据说此女出生时满室红光，久久不散。家人觉得奇怪，找来当时有名的看相先生赵胡。赵胡看后，对胡国珍说："此女有皇后之命，另有帝王之相，未来必主大贵。不过你要小心，此话仅你我知道，千万不要对别人说，免得惹来麻烦。"胡国珍听后，对女儿的养育格外用心，把她当男子一般教养，诗书、礼仪、骑射均悉心教导。小小的胡仙真玲珑剔透，不管什么上手即会，历史典故熟稔于胸，拈弓搭箭百发百中，年岁稍长，便已出落得秀外慧中、灵逸动人。

胡仙真的姑姑削发为尼，参禅悟道，讲经说法舌灿莲花，颇受达官显贵内眷的青睐，经常被请入贵族府邸讲经。名声大了，连皇后也请她入宫说法。胡仙真的姑姑从宣武帝即位之初就出入宫廷，一年之后，已经和妃嫔们建立了非常亲近的关系，于是求妃嫔向皇帝说起胡仙真如何美貌有才。胡仙真因此很快入宫，并被封为充华世妇。

或许胡仙真临入宫时父亲对她说起面相一事，因而她一心要为皇帝生下龙子，哪怕冒着必死的危险。当时宣武帝宠爱的于皇后与高贵嫔争风吃醋纠缠不休，于皇后最终丧命，高贵嫔晋升为皇后。高皇后本来已经生下皇子，因为害怕立子杀母的祖训而在儿子生病时耽误了治疗，使得幼子丧命。皇帝没有子嗣很着急，后宫里没人愿意第一个生下儿子，妃嫔们天天祈祷要生就生公主。胡仙真知道后说："天子岂可独无儿子，何缘畏一身之死而令皇家不育子嗣乎？"其生子的决心坚定异常。

姿容映丽、善解人意的胡仙真心机深沉，轻松夺得宠爱，不久怀有身孕。大家提醒她早作打算，免得为了儿子送命。胡仙真仍然固执

己见，日日祈祷生下太子。到了分娩的日子，胡仙真如愿以偿，生下男婴，取名元诩，即后来的孝明帝。

巧用智慧逃过被杀劫难

以往幼子经常不明缘由夭亡，为保护皇子性命，宣武帝另行选择良家乳母抚养，皇后和胡仙真等后宫妃子们都不许探视。为感谢胡仙真冒死生下皇子并弥补她不能亲自照料儿子的遗憾，宣武帝破例将入宫不久的胡仙真晋升为贵嫔。

高皇后在胡仙真生下儿子后既开心又嫉妒。开心的是这个夺去皇帝宠爱的女人将不久于人世，元诩满三岁被立为太子之日，就是她胡仙真命赴黄泉之时。太子幼年丧母，未来只能认皇后当母亲，自己不丢命又有专权的可能。嫉妒的是皇帝自从有了儿子后，专宠胡仙真，对自己日渐冷落。高皇后怀着复杂的心情终于熬到元诩三岁，但宣武帝并没有像她期望的那样处死胡仙真。愿望落空的高皇后派人与叔叔高肇密议除掉这个胡仙真。

高肇和皇族的关系错综复杂，首先他是宣武帝的亲舅舅，再者是高皇后的叔叔，另外，宣武帝的姑姑高平公主嫁给高肇为妻。拥有这三层特殊关系，高肇一手遮天。侄女高皇后姿容美艳，入宫后颇得宣武帝宠爱，高肇与其秘密毒死了于皇后，据说高皇后的儿子不治而死也是高肇的馊主意。

为防止夜长梦多，高肇和高皇后设好了除掉胡仙真的毒计。心思细密的胡仙真得知后，没有直接对宣武帝说这件事，因为高皇后也深受宠爱，况且自己并没有证据，弄不好还会被倒打一耙。胡仙真的智谋在祈祷生下皇子的时

候初步展露，在令宣武帝下决心废掉立子杀母祖训的时候得以升华，在与根深蒂固、有强大幕后力量支持的高皇后的抗衡中成熟。

生死关头，胡仙真放眼寻找能够帮助自己成就大事的人，后宫宦官给事中刘腾被列为首选人物。刘腾是宣武帝之父孝文帝时期的老臣，为人机灵，善于察言观色，深得两朝皇帝宠信，但为高皇后所不屑，刘腾于是对高氏专权暗藏不满。胡仙真赠送厚礼给刘腾并与其密谋生路，由刘腾联络将军于忠（被高氏害死的于皇后兄长）、太子太傅崔光、左庶子侯刚等人共同上书劝谏宣武帝保护胡仙真。宣武帝先派重兵守护胡仙真宫室，凡食物均令人试吃验毒，并在皇宫外另建一座宫殿给胡仙真居住，

派胡家侄儿带领禁军把守，除了宣武帝自己，任何人不得随意出入。胡仙真死里逃生，只盼儿子快些即位，自己好有出头之日。高皇后无计可施，也在等待机会。

荒淫成性之后的苦果

宣武帝在儿子六岁时重病而逝，临终前几天，皇宫内外气氛异常紧张。高氏党羽和胡氏心腹们虎视眈眈盯着大权，哪一个人听政，直接关系到他们的前途。当时高肇带领大军在外，高皇后眼见皇帝病危，心里焦急，命人送信给高肇，令其带兵速归。

宣武帝去世后，胡仙真的心腹也积极行动，以太子太傅崔光、将军于忠等为首的大臣们一边假意上书请求册封高皇后为高太后、胡氏为太妃，让高阳王元雍、任城王元澄、清河

● **北魏宣武帝景陵**

位于河南洛阳市郊的邙山之巅。现存圆丘形大冢，冢高25米，底部周长126米，附近有数座陪葬墓。20世纪90年代时，这座墓成为洛阳考古发掘的第一座帝陵。

必须铸金人的皇后

北魏王朝的后宫制度虽然沿袭汉制，但也有一些不同之处。在册立皇后的时候，准皇后必须亲手铸造一个小金人，铸造成功方能成为真正的皇后。这条制度源自北魏开国皇帝拓跋珪。386年，拓跋珪创立北魏，先纳刘眷之女为贵人，攻下后燕又纳慕容宝之女慕容氏。称帝后，拓跋珪为立谁当皇后而大伤脑筋，最后决定让这二人制小金人，能制成者立为皇后。最后，慕容氏制成，被封为皇后。这项制度被北魏后来的皇帝所沿用。拓跋珪之子拓跋嗣即位后，其宠爱的姚氏在制小金人时失败，失去了成为皇后的资格，直到死后才被追封为皇后。

王元怿等皇族辅政，一边让小皇帝元诩下诏请高肇速速回朝料理丧事。为赶时间，小皇帝命高肇先大军而至洛阳。悲痛欲绝的高肇一时大意，没想到这是胡仙真一派的计谋，当他疲惫不堪、满脸泪痕地回朝奔丧时，被于忠、元雍等埋伏下的兵士捉住杀死。

朝堂上的高氏党羽被一并清除，高皇后被贬入瑶光寺落发为尼，青灯古佛的清冷日子没有过多久，就被胡仙真借日食事件赐死。作为孝明帝元诩生母，胡仙真被尊为太后，开始垂帘听政。胡仙真听政之初勤谨清明，决断国家大事得体适度。不久，有惯会钻营的朝臣奏请称其为陛下，胡太后没有推辞，坦然地以朕自称，朝廷大事悉数都由她决定，儿子元诩不过是她称帝掌权的工具。

宣武帝的弟弟清河王元怿外形伟逸，文武兼备。胡仙真壮年丧夫，手中握有大权，未免生出淫欲之心，经常借商议朝政为由召见清河王，二人生情私通，胡仙真便让清河王执掌朝政大权。清河王做事不讲情面得罪不少朝臣，与胡仙真淫乱也引来朝臣不满。正光元年（520），清河王被杀，胡仙真被宦官刘腾和宰相元乂幽禁，二人胁迫元诩执政。不久，元诩带人将胡仙真救出囚宫，胡仙真重新临朝。

重回朝堂的胡仙真不仅没有收敛，反而变本加厉，不断与官员私通，放纵无度，郑俨、徐纥、李神轨等人轮流侍寝。名将杨大眼之子杨白花英武俊朗，胡仙真召其入宫，诱迫这名少年服侍自己，并对其痴情难罢。杨大眼死后，杨白花担心落得与清河王同样的下场，率兵投奔南朝萧衍。胡仙真为此伤心欲绝，含泪写下《杨白花歌》，令宫女昼夜歌舞，歌声凄婉，追思无限：

"阳春二三月，杨柳齐作花。春风一夜入闺闼，杨花飘荡落南家。含情出户脚无力，拾得杨花泪沾臆。秋去春来双燕子，愿衔杨花入窠里。"

晚年的胡太后淫乱而固执，孝明帝19岁时，胡太后怀疑其有夺权的野心，亲手毒死儿子，之后立孝明帝潘妃之子为帝。其实潘妃生下的是一个女儿，但胡太后却诈称是皇子。事情败露后，她又改立临洮王两岁的儿子元钊为帝。不久，尔朱荣以给孝明帝报仇为名率众起兵，胡仙真和元钊被溺死在滚滚江水中。

一朝为帝作践天下人
癫狂帝王北齐文宣帝殴母淫亲

北齐是历史上有名的禽兽王朝，几乎每个北齐君王都喜欢淫人妻女，嗜杀兄弟子侄，从神武帝高欢到后主高纬，个个荒诞无比，其中最令人发指的当属文宣帝高洋。高洋作为北齐的开国皇帝曾有过不少功绩，然而，自从当上皇帝之后，他的行为举止完全变了样，疯狂、残暴，在后宫与朝堂掀起一阵阵腥风血雨，被后人指为最变态皇帝。

从"傻小子"到大将军

南北朝时期是一个非常混乱的时期，朝代更迭频繁，多是臣谋君位。东魏武定八年（550），东魏权臣高洋不愿做傀儡皇帝的臣子，废东魏孝静帝元善见，自立为帝，建号北齐。

高洋是东魏权臣高欢的次子，高洋称帝之后追封其父高欢为神武皇帝，长兄高澄为文襄皇帝。据说高洋相貌丑陋，不爱说话，而他的哥哥高澄和弟弟高湛却仪表堂堂，因此高欢虽然赞赏高洋的才华，却并不疼爱他。

高洋的兄弟对他也没有什么好感，常常欺负他。他的大哥高澄就当着他的面调戏过他的爱妻李祖娥，异母弟弟高浚也把

● 纵酒妄杀

此图出自明刊本《帝鉴图说》，北齐文宣帝酒醉后以杀人为乐，宰相杨愔见劝谏无效，提前挑选死囚供其杀害。

他当成傻子，常常指桑骂槐地骂高洋的侍从"为什么不替二哥擦鼻子"。这些事都被高洋装疯卖傻地暗暗忍了下来。

高澄的死对高洋来说，绝对是一个翻身的机会。东魏武定七年（549），手握重权的高澄被家中仆人杀死。此事十分突然，东魏朝廷内外乱成一片，人们都以为高澄一死，高家必定会遭灭门之祸。就在这时，高洋以一种处变不惊的姿态出现在人们的面前。他先冷静地指挥部下剿灭乱党，然后对外宣布高澄未死（其实已经成了肉酱），接着赶回晋阳，调自己的亲信控制各州兵马，一下子就将所有危险化解了。

等到一切都处理完毕之后，高洋才宣布哥哥的死讯，并接过父兄曾经拥有的帅印，然后一脚踢开孝静帝元善见。高洋刚登基的时候还比较留心政务，国家也治理得井井有条，不过不久之后，他便开始过起了荒淫的生活。为了享乐，高洋征用十万民夫在邺城（今河北临漳）修筑三台宫殿，极尽奢华。为了维护北齐鲜卑贵族的利益，他大肆屠杀汉人，将北齐变成了一个黑暗之地。

残暴君王不认娘

高洋向来喜怒无常，残暴至极，北齐的朝廷上居然摆放着他用来杀人的大锅、长锯、锉、碓等刑具。嗜酒如命的高洋常常在朝堂上喝得酩酊大醉，醉后便肆意杀人。不少大臣、随侍、宫女都惨遭他的屠杀，就连丞相杨愔也差点被他射穿肚皮。

这样的事情发生多了，大臣们便想到了一个办法——将死囚送到皇宫中，供高洋杀人时使用。后来死囚也不够用了，大臣们干脆把一些还在审讯中的疑犯也送到宫中凑数。

高洋相当记仇，宰相高隆之曾在他年幼时对他不礼貌，他始终记得，当又一次想起此事的时候，立刻下令杀了高隆之。这还不解恨，他又杀了高隆之的二十多个儿子。

高洋的侄女乐安公主（高澄之女）嫁给了尚书右仆射崔暹的儿子。一次公主回宫，高洋问及公主的生活，公主回答说："一家人都极尊敬我，只有婆婆不怎么喜欢我。"恰好当时崔暹因病去世，高洋直接跑到崔暹家中，问崔暹的妻子李氏是否想念故去的丈夫。李氏回答说："结发夫妻，哪会不想念呢？"高洋听了以后，默不作声地抽出佩刀，说："既然想念，何不去陪他？"说完便一刀砍下李氏的头，扔到墙外。

高洋的母亲娄太后劝说儿子不要喝太多酒，高洋不仅不听，还在喝醉后扬言要把母亲嫁给胡仆。娄太后非常生气，高洋突然也觉得自己过分了点，赶紧爬到母亲的榻下，想将母亲举起来，逗母亲开心，哪知出了岔子，娄太后被摔伤在地。为此，他也伤心不已，并且让人杖责自己，并命令行刑之人不得手下留情，"杖不出血，当即斩汝"，还为此戒酒十日。但是，一段时间之后，他又变本加厉地喝酒，忘了自己做过的荒唐事。

一次，高洋到岳母家中又喝多了酒，发起酒疯，对着岳母就是一箭，一下就射伤了岳母的脸颊，接着还用马鞭对着满脸是血的岳母一顿狠抽。家人不停地求情，高洋生气地说："我喝醉了连亲娘都不认得了，何况是你这个老婆子！"他继续抽打，打了一百多下才罢手。

对于规劝他的人，高洋都不放过，哪怕是

他的亲弟弟。他的弟弟高浚和高涣经常劝诫他要做个好皇帝，高洋心生怨恨，将二人关进地窖的铁笼之中。一次，高洋去地窖中看两个弟弟，自己放声高歌，并要求弟弟为他和音。高浚和高涣既悲又怕，声音颤抖不已。高洋听后流下了泪水，然后突然提起铁矛向笼中猛刺，高浚和高涣被刺得浑身都是窟窿。之后，高洋又命人将二人连同铁笼一起烧毁。

高洋登基后大肆屠杀元氏皇族，就连刚出生的婴孩都不放过。人死之后，尸体就直接被丢进水里。其结果是很多鱼的肚子里都有人的指甲，一时间，北齐的人都不敢吃鱼，害怕因此而沾染上死人的晦气。

佳人难再得

高洋一生荒淫无道，一辈子只尊重一个女人，那就是他的原配妻子李祖娥。李祖娥出身名门，在他还只是一个太原公的时候就嫁给了他。高洋当上皇帝之后，高家宗室大臣高德正考虑到政治利益，希望高洋能立战功显赫的武威王段荣之女段昭仪为皇后。段昭仪的母亲正是娄太后的姐姐，因此这一建议得到了很多人的拥护。但是，高洋排除一切阻力，坚决立李祖娥为皇后，对她无比疼爱，但是对其他女人就无所顾忌了。

高洋有一个姓薛的宠妃，原是他叔父高岳家的歌伎，因长得漂亮被高洋相中，纳为妃子。因为薛氏的原因，不久高洋又看上了薛氏的姐姐，和她有了私情。薛氏的姐姐仗着高洋对自己的宠爱，要求高洋让自己的父亲当司徒。本来还沉浸在温柔乡里的高洋突然发怒，说："司徒是朝中的重要官职，哪是你想求便能求到的？"说完便亲自动手用锯子将她锯死。

之后，高洋又怀疑薛氏和高岳之间不清白，便用毒酒毒死了高岳，接着又砍下薛氏的头，并将其藏在怀中带去赴宴。宴会举行到一半，他突然从怀中拿出了薛氏的人头，在座的人个个吓得面如土色。看到这样的场景，高洋很是满意，又若无其事地命人将薛氏的遗体抬来，当众肢解，并取出髀骨制成一把琵琶。琵琶制好后，他还一边弹奏，一边哭泣着说："佳人难再得。"之后，他又用隆重的嫔妃之礼葬了薛氏。出殡那日，高洋跟在送葬队伍后面号啕大哭。

高洋的哥哥高澄的妻子冯翊公主元氏（孝静帝的妹妹）长得很漂

● 校书图（宋摹本）

北齐杨子华创稿，唐阎立本再稿，今藏于美国波士顿博物馆。此图描绘了北齐天保七年（556），文宣帝高洋命樊逊、高乾和等十一人共同刊校国家收藏的五经、诸史的场景。

亮，高澄死后，高洋想起高澄欺负李祖娥的事情，于是毫不留情地奸污了嫂子。高洋父亲的小妾尔朱英娥长得貌美，高洋也想霸占她，怎奈尔朱英娥抵死不从，高洋一气之下一刀杀死了庶母。

高洋未称帝之前，由于高家地位显赫，不少元氏妇女都嫁给了高氏。高洋称帝后，杀完了元氏男性宗室后，连高家的元氏妇女都不放过，或杀或奸。

高洋还经常往大臣家中跑，看到美貌的女子便强行占有，吓得满朝文武大臣都不敢私蓄美女在家中，一有美人立即往皇宫里送。

皇后李祖娥的姐姐李祖猗长得十分艳丽，她的丈夫是魏亲王元昂。高洋一直对她存有非分之想，经常借口到元昂家喝酒，之后借酒装疯，故意吐得满身都是，让李祖猗为他擦拭。元昂和李祖猗很生气，却又没办法。而高洋竟然也因为自己没有如愿而生气，于是干脆找了

个借口将元昂骗进宫中用乱箭射死，后来还在他的灵堂之上强暴了李祖猗。

高洋将李祖猗强行带回宫中，准备封为昭仪。李祖娥听说以后开始绝食。这件事惊动了娄太后，由于她的干预，高洋才答应将李祖猗送离皇宫。

高洋一生荒淫无道，嗜酒成疾，于天保十年（559）十月病殁，时年31岁，发丧时"群臣号哭，无下泣者"。高洋死后，他的弟弟也像他一样，不仅杀了他的儿子，还不肯放过他的皇后李祖娥，就像他当初不肯放过哥哥高澄的妻子元氏一样。高洋从一个英明神武的开国君主迅速堕落成一个荒淫无道的杀人魔鬼，其一生令人可悲可叹。

沦落风尘的凤凰

北齐胡太后甘愿为娼

▬▬ 北齐皇帝荒淫无道，皇后也不甘寂寞，武成帝高湛的正妻胡皇后就是一个出名的淫荡皇后。北齐灭亡之后，这位皇后可谓是夫死、子亡、国灭。但让人意想不到的是，这位亡国之后竟在北周做起了风尘生意。由皇后成为妓女，历史上恐怕仅此一位。

皇帝荒唐　皇后偷情

东魏武定八年（550），高洋废东魏皇帝元善见，自立为帝。高洋死后，帝位传给了儿子高殷。高洋临终前告诉自己的弟弟可以夺其江山，但是希望能够放高殷一条生路。然而事情并没有向他所期望的方向发展。高洋死后，他的同母弟弟高演杀了侄儿，夺了帝位。没两年高演也死了，他临死前没将皇位传给儿子，而是直接传给了弟弟高湛，保住了儿子的小命。北齐太宁元年（561），高湛登基，即为武成皇帝。

高湛即皇位之后，立发妻胡氏为皇后。但胡氏实际并不怎么得宠，高湛看上的是自己的嫂嫂——高洋之妻李祖娥。

●仪卫出行图

山西太原南郊娄叡墓中的壁画。娄叡，武成帝高湛之母娄昭君的侄子，北齐政权中的重要人物，卒于570年。此壁画很可能是北齐时被誉为"画圣"的宫廷画家杨子华所绘。

李祖娥出生于赵郡李氏望族，受过很好的教育，性格娴静，貌美如花。高洋这样一个残暴而又有些神经质的君王一喝酒就对身边的人又打又杀，就连他的母亲也受过他的羞辱，却唯独对李祖娥恩深爱重，处处维护。

高洋死后，高湛虽然对李祖娥垂涎三尺，却不敢动手。高湛登上了帝位之后，再也无所顾忌，开始变得肆无忌惮，常常找借口造访嫂嫂居住的昭信宫。开始时李祖娥极力反抗，但是高湛却用她的儿子高绍德的性命来要挟。李祖娥无奈，只得委身于高湛。从此以后，高湛日日夜宿昭信宫，胡皇后备受冷落。

对此，胡皇后非常生气，不过她也没有独守空房。因耐不住寂寞，她很快便和宫中的宦官们"亵狎"。可是，太监并不是真正的男人，无法满足她的欲望。高湛身边有一个亲信大臣名叫和士开，此人弹得一手好琵琶，且善于谄媚，深得高湛宠信，经常出入于宫廷。如此一来二去，胡皇后便和他勾搭上了。

高湛本人极喜欢玩一种叫作握槊的游戏，这是古时类似于双陆的一种博戏。和士开是此中高手，因此经常被传唤到宫中陪高湛玩这种游戏。胡皇后与和士开勾搭上后，两人也常以此为名在皇后的寝宫中偷情。到了后来，两人甚至明目张胆地在公开场合玩握槊游戏调情。大臣们见到后十分反感，向高湛进谏说皇后与臣子玩握槊游戏是有悖伦理的，而高湛却丝毫不当回事。

据说，高湛早已知道胡皇后与和士开通奸的事情，只是因为胡皇后握有他逼迫嫂嫂的证据，况且他也很喜欢和士开这个谄媚小人，于是对二人的事情也就睁一只眼闭一只眼了。

深宫内的"尼姑"

和士开野心勃勃，之前他就一直在朝中排除异己，如今有了皇后这个靠山，便不再满足于做皇帝的亲信了。为此，和士开劝高湛将皇位传给胡皇后所生的皇子高纬，自己做个无忧无虑的太上皇，恣意享乐。高湛竟然接受了他的建议，将皇位让给了儿子高纬，胡皇后也因此成了胡太后。

从此以后，高湛成天躲在后宫内大肆淫乐，三年后便因过度放纵而死。

高湛在世之时，胡太后与和士开的往来就已经明目张胆了，高湛死后，两人变得更加肆无忌惮，他们的事情朝中内外是无人不知，无人不晓。许多大臣对此深表不满，要求皇帝高纬杀死和士开。然而，此时朝政都掌控在胡太后与和士开手中，高纬惧怕母亲，不敢轻易对和士开下手，胡太后更是一直袒护自己的情人。

在胡太后的庇护和高纬的纵容之下，一时间和士开权倾朝野。为北齐江山社稷考虑，不少王公大臣都想方设法地要除掉他，但始终没有成功。终于有一天，琅琊王高俨等人动手了。先是王子宣写了奏折列出了大量的罪名弹劾和士开，请求皇帝准许依法逮捕和士开，接着，冯太后的妹夫冯子琮将这份奏章夹在其他公文中交给高纬。高纬一向不理朝政，对所有大臣们的奏折都是看也不看就准奏。骗到皇帝圣旨的高俨立即将和士开诛杀于神兽门外。这时，高纬才得知真相，但高俨已经顺利掌握了大权，他只好不再追究。

和士开死后，寂寞难耐的胡太后在一次礼佛时认识了和尚昙献。经过一番纠缠之后，昙献终于屈服在她的淫威之下。胡太后经常打着礼佛的幌子私会昙献，要么就以讲经为借口将昙献接到宫中淫乐。然而，胡太后索求无度令昙献颇感为难，最后他只得介绍两个面相清秀的小和尚给胡太后以求脱身。胡太后见到两个俊美的小和尚后很是开心，为了将这两个小和尚留在身边，又将他们打扮成尼姑蒙混过关，带进宫内。

当时有不少人知道胡太后与和尚胡混的事，他们告诉了高纬，但高纬不相信母亲会做出这样的事来。一次，他到胡太后处拜谒，见两个小尼姑长得俏丽，于是传到自己宫中陪侍。这两个假尼姑害怕事情暴露，抵死不从，而高纬也不肯放过他们，决定用强，这才发现二人皆是男子。

高纬恼羞成怒，下令追查这两名和尚的来历，不久便查到昙献，昙献和胡太后之间的奸情也就大白于天下了，这些和尚全都被高纬杀死。除此之外，高纬还查出一些与胡太后有染的官员，将他们一并诛杀。

这件事情发生以后，胡太后完全失去了儿子对她的尊重，她的所有权力被一并收回，而且她还被幽禁在北宫，"内外诸亲一律不得与太后相见"。

为后不如为娼

和士开死后，胡太后为了巩固自己在宫中的地位，想尽办法取悦儿子高纬，最后还将自己的侄女引荐给他。这位胡氏女极其貌美，高纬非常喜欢她，立即封为弘德夫人，不久又晋封昭仪。

此时，高纬的皇后仍是斛律氏。斛律氏是高湛为儿子选的，高湛此举是出于政治上的考虑，斛律氏的父亲斛律光手握兵权，高湛此举无非是想笼络斛律光。然而，高纬却并不喜欢这位皇后，而且还杀了岳父，废了

● 黄釉乐舞纹瓷扁壶

1971 年河南安阳洪河屯北齐范粹墓出土，壶身绘有北齐胡腾舞及配乐演奏。范粹为北齐武将，卒于 576 年。

斛律氏。

面对空缺的后位，胡太后和高纬的养母陆令萱之间暗暗展开了较量。陆令萱原是被充入宫中为婢的犯人家属，因抚育高纬有功，深得胡太后和高湛的信任，高纬对她尤为亲近。高纬为帝后，陆令萱手中的权力渐渐增大，成为宫中一切事务的总管，在后宫中的地位举足轻重。与此同时，陆令萱的权力欲也在急剧膨胀，她将高纬的宠妃穆邪利（本是斛律皇后的侍女）收为干女儿。而自胡太后的丑事被揭发之后，胡太后在高纬心中的地位一落千丈，陆令萱很快就占了上风。但是她始终不是皇帝的生母，即使想当太后，也不能如愿。陆令萱只好将希望放在干女儿身上，请求高纬立穆邪利为后，但遭到胡太后的坚决反对，胡太后力主立自己的侄女胡氏女为后。

最终，胡氏女被封为皇后，穆邪利被封为左皇后。然而，穆邪利并不甘心，整天缠着陆令萱出主意，于是陆令萱想出了一个借刀杀人之计。

一天，陆令萱与胡太后闲谈，谈着谈着，她突然叹了一口气，语气沉重地说："真是人心难测呀，亲侄女竟然说出那样的话来，唉！"胡太后听出她话里有话，便问是何事。陆令萱假装为难不肯说，直引得胡太后一直追问，她才骗胡太后说胡氏女曾对皇帝说"太后

行多非法，不可以训"。

胡太后最忌讳人家提她的丑事，当她听说亲侄女也这么说她的时候，不由得火冒三丈，立即将胡氏女叫到跟前，不容分说，当场剃光了她的头发，并将其遣回家中。不久，穆邪利便被册立为正宫皇后。陆令萱作为皇后的养母，被封为太姬，班列在长公主之上。从此，宫中的最高权力掌控在了陆令萱的手中。胡太后听信谗言，终究害人害己。

对于陆令萱来说，掌控后宫只是第一步，接下来，她将势力延伸到了朝廷之中。在她的干预之下，北齐的朝政更加混乱，不久就走上了灭亡之路。

北齐被灭之后，陆令萱自杀身亡。胡太后和穆邪利被俘到北周，两人过惯了锦衣玉食的日子，吃不得苦，为了生计，竟然在北周都城长安的闹市区里大张艳旗，以卖笑为生。消息传开后，长安人争相前往，一时间门庭若市。而胡太后竟兴奋地对儿媳妇说："为后不如为娼更有乐趣。"堂堂一国太后，居然说出这样的话来，真是荒唐可笑。

●**响堂山石窟造像**
位于河北邯郸西南的响堂山石窟是北齐皇家石窟集中地。

貌美妃子送江山

胡闹到极致的冯小怜

■ 北齐后主高纬是一个荒淫无道的君王，生活奢侈，只知玩乐，人称"无愁天子"，北齐江山传到他手上的时候已经摇摇欲坠。但是，他不仅不以此为念，还整日怀抱美人，日夜醉饮。高纬一生姬妾无数，其中最有名的就是"玉体横陈"的冯小怜，李商隐曾作诗讽刺道："小怜玉体横陈夜，已报周师入晋阳。"

无愁天子爱美人

　　冯小怜原本是高纬第三位皇后穆邪利的婢女，而穆邪利则是高纬的第一位皇后斛律氏的侍婢。穆邪利十分能魅惑君王，高纬为了取悦她，曾派人用三万匹彩锦去北周交换珍珠，用以给她做珍珠裙衣。穆邪利当了皇后之后，恨不得每时每刻都将高纬拴在身边。

　　正当穆邪利春风得意之时，喜新厌旧的高纬又看上了一对曹姓姐妹。这对姐妹弹得一手好琵琶，人也长得漂亮。不过，曹氏姐姐不善淫媚，身上还有一种世家小姐的脾气，最终高纬忍受不了她的骄傲，于是剥去了她的面皮，并将她赶出宫去。曹氏妹妹正和姐姐相反，她很懂得调笑媚人，颇得高纬欢心，不久便晋封为昭仪，宠冠后宫。穆邪利十分气愤，于是诬陷曹昭仪在宫中行巫蛊之术。高纬竟信以为真，不念旧情，三尺白绫赐死了曹昭仪。

　　穆邪利打败了情敌之后，本以为高纬会回到自己的身边，没想到高纬却又喜欢上了董昭仪。穆邪利气得牙根痒痒，此时冯小怜便上场了。这个"慧黠、能弹琴、工歌舞"的婢女见皇后气愤难平，便向她献上一计，要皇后将自己送给高纬，保准能将高纬拉回来。

　　冯小怜一向聪明伶俐，穆邪利特别喜欢她，于是在心里盘算了一下，便同意了。冯小怜本来就长了一副冰肌玉骨，穆邪利让人将她稍作打扮，一个明艳动人的女子便被送到了高纬面前。

冯小怜从小就受过音乐与舞蹈训练，在宫中待的时间也不短，还侍候过皇后，所以对高纬的秉性了如指掌，略微施点手段，高纬就被她迷得神魂颠倒，"坐则同席，出则并马"，并发誓要和她"生死一处"，对她言听计从，只要她想要的，没有不答应的。高纬喜欢音乐，所以常常自作词曲，谱入琵琶，与冯小怜两人一唱一和，昼夜欢歌艳舞。当时北齐朝廷政治已经腐败不堪，而高纬作为一国之君竟然还昼夜狂欢，所以人们都称他为"无愁天子"。

此时的高纬也就20岁左右，可是他已经废掉了两位皇后，得到冯小怜之后，又想废掉穆邪利，立冯小怜为后。不过，冯小怜念及穆邪利曾有恩于她，劝高纬打消了这个念头。高纬因此对她更加怜爱，不久便册封她为淑妃，地位仅次于皇后。

穆邪利本想用冯小怜打败情敌，将高纬拉回自己的身边，没想到冯小怜却成了一个厉害的敌人，使得自己的境遇更加悲惨。如果不是冯小怜还有一点感恩之心，她的境遇恐怕不会比曹氏姐妹好到哪里去。

玉体横陈是帝妃

冯小怜被封为淑妃之后，高纬将隆基堂赏赐给了她。只是这隆基堂原本是曹昭仪的居所，冯小怜心中忌讳，不愿立即搬进去，要求皇帝拆了重建。高纬立即从国库中拨出许多银两，将隆基堂重新修缮，打造得更加富丽堂皇。此后，高纬便天天泡在隆基堂不愿离去。

高纬对冯小怜宠爱日厚，渐渐地，竟发展到一刻也不能离开她的地步，甚至在与大臣议事时也不例外。皇帝在朝堂之上与妃子调笑，为何却无人劝谏？因为大臣们都惧怕这个胆小怕事却又喜好胡乱杀人的皇帝，此前敢劝他勤政的人都丢了性命，如今哪里还有人敢来规劝呢？于是北齐朝堂上就出现了这样荒诞的一幕：皇帝高纬与妃子冯小怜在帝座之上卿卿我我，下面的大臣要么以之为耻却不敢言，要么心存非分之想，于是人人说话不着边际，朝政渐渐也就荒废了。

据说冯小怜是一个天生尤物，身体曲线极其完美，有"增一分则

● 北齐后主高纬的贵妃冯小怜

冯小怜姿色艳绝，擅琵琶，善歌舞，堪称历代亡国妃嫔的典型。

●华林纵逸

北齐后主高纬在华林园乞儿村弹琵琶行乞取乐。此图出自明刊本《帝鉴图说》。

肥，减一分则瘦"之态。当时盛传冯小怜的身体四季不同：冬天软如棉花，夏季润滑如玉，天寒时犹如一团烈火，天热时宛若一块凉冰。高纬常常看着冯小怜的身体啧啧称奇，觉得这样完美的身体其他人无法看到简直是一件憾事，于是决定向天下人展示冯小怜的完美身体。

经过一番设计与安排，高纬让冯小怜裸身横卧在隆基堂上，任何人只要肯花千金便能一览秀色。堂堂一国君主竟然荒诞到这种程度，而冯小怜竟然也答应了。他们的这一举动让天下人讥笑不已，可一帝一妃却乐在其中。

"小怜玉体横陈夜，已报周师入晋阳。"

这边，北齐宫廷正在上演一出龌龊的闹剧；那边，北周武帝已经举兵来犯了。

北齐的政权是高洋从东魏手中夺得的。6世纪初，北魏分裂成东西两个国家——东魏和西魏，后来，东魏被北齐代替，北周则取代了西魏。论实力，北齐的实力远胜于北周，然而由于北齐皇帝一直无所作为，北周则加紧称霸步伐，不久，两国的力量渐渐持平。到高纬当皇帝的时候，北齐所统辖的汉中和四川等地都已经被北周吞并了。由于高纬昏聩、荒唐，北齐也渐渐陷入亡国的境地。

更请君王猎一回

北齐隆化元年（576），北周再次伐齐。北周武帝集中了近十五万兵力，亲自带兵攻打晋州，不费吹灰之力便得到了晋州的门户——平阳城。北周武帝留下一万精兵镇守平阳，其他人继续进攻晋州。而此时，高纬正带着冯小怜在天池（今山西宁武西南管涔山上）打猎。

晋州告急，晋州信使一个上午就飞马传送了三次告急文书，可是北齐的右丞相居然以"大家正为乐，边鄙小小交兵，乃是常事"为由拒绝呈报高纬，直到信使来报平阳失守，他才去找高纬。可是，这个时候冯小怜正在兴头上，她要求高纬"更杀一围"。高纬竟然也荒唐到置军情不顾，继续陪美人打猎，正是"巧笑知堪敌万机，倾城最在著戎衣。晋阳已陷休回顾，更请君王猎一回"。

不久之后，北齐臣子向高纬建议，严冬将至，北周攻打平阳的大军都已经退回长安，北齐可以趁这个机会收复平阳。对此，高纬犹豫不决，不知道是否值得一战。冯小怜从来没有见过打仗，她以为战争和狩猎一样好玩，于是怂恿高纬御驾亲征，带着她一起收复失地。高纬欣然答应了。

高纬带着十万大军围攻平阳，北齐士兵为收回失地，日夜不停攻城，后来还在城下挖掘地道，使城墙塌陷了一处。就在这即将获胜的紧要关头，高纬居然下了暂停攻城的命令。原来，冯小怜听说平阳城上有圣人遗迹，想去观看。等到冯小怜打扮好出来时，北周军队已经将城墙缺口堵住了。

接着，高纬又担心流矢会伤到冯小怜，于是命人将攻城用的木料撤出一部分用以建造天桥，便于冯小怜远观战事。经过这一番折腾，北齐军队疲惫不堪，哪还有力气攻城。高纬愚蠢行为的结果就是一再延误战机，使北周军队得到了喘息的机会，北周的援军迅速赶到，北齐军队再次陷入被动。

两军交战，北齐军队稍稍后退准备反击，谁知冯小怜竟然大叫："齐军败啦！齐军败啦！"这使得北齐部队顿时崩溃，高纬带着冯小怜慌忙逃跑。主帅一走，北齐军队更是军心大乱，连战连溃，而高纬竟然说："只要小怜无恙，战败又何妨。"

高纬逃回晋阳后，又让人建造一座高耸入云的天桥，以便于冯小怜观战。谁知不久天桥就垮塌了，冯小怜认为这不吉利，于是要高纬放弃重镇晋阳，返回北齐都城邺城，而高纬竟然一口同意。占据晋阳后，北周军队长驱直入，很快就攻陷了邺城，高纬父子和冯小怜等人被北周掳获，北齐灭亡。而此时，高纬向北周武帝提出的唯一要求是"乞还冯小怜"。建德七年（578），高纬被诬谋反后，遭辣椒塞口而死。冯小怜被赐予周武帝的弟弟代王宇文达并受奇宠，曾恃宠几乎将代王妃李氏逼死。隋灭北周后，冯小怜又被转赐给李氏之兄李询。一日，冯小怜弹琴时弦断了，于是有感道："虽蒙今日宠，犹忆昔时怜。欲知心断绝，应看膝上弦。"最终，这位倾国美人被李母逼迫自杀。

历史上，君王和后妃的荒唐事不少，然而像高纬和冯小怜这样的实在不多见。一个昏庸的皇帝，再加上一个没脑子的妃子，国家想要不灭亡，恐怕也很难吧！

●斛律光（515～572）

斛律光为北齐名将，朔州（今山西朔州）人，高纬的第一位皇后斛律氏的父亲。武平三年（572），后主高纬听信谗言将其诱杀，时年58岁。斛律氏也因生女而瞒称生子被废黜皇后之位，削发为尼。

成也独孤 败也独孤

独孤皇后的铁腕

■■■ 她出身名门，父亲是北周鼎鼎大名的大司马独孤信；她身世显赫，姐姐、女儿皆是北周皇后；她聪明绝顶，帮助丈夫成为开国君王并独霸后宫。她就是隋文帝杨坚的妻子独孤皇后。然而也正是因为她的不辨真伪，使得杨广（即隋炀帝）得到了太子之位，间接将隋王朝拖进了灭亡的坟墓。

一门三后 荣宠无比

独孤皇后名叫伽罗，她的父亲独孤信一生征战无数，是一位骁勇善战的大将军。独孤信有七个女儿，其中长女嫁给了宇文泰的长子宇文毓。宇文毓即帝位后，独孤氏被封为皇后，但受封仅两个月便香消玉殒了。宇文毓痛苦不堪，追封其为明敬皇后。独孤信的第四个女儿嫁给了李渊的父亲，李渊称帝后，追封母亲为元贞皇后。独孤伽罗是独孤信最小的女儿，14岁就嫁给了杨坚，后来杨坚称帝，她被封为皇后。后人称独孤信"一门三后，荣宠无比"，但独孤信在长女封后之前就已经过世了。

独孤信可谓眼光独到，当时他为小女儿选亲的时候，一眼就相中了杨坚。杨坚的先祖杨震曾是东汉太尉，父亲杨忠是北周的柱国大司空。受先人的荫庇，杨坚少年时便在朝中任职，但遭皇室猜忌，所以他处处收敛锋芒，不轻易与人起冲突。不过，独孤信相中这个女婿却是另有原因。据说杨坚身材样貌与常人不一样，身体"短下长上"，这种人坐下来后就显得高人一等，古人认为这是帝王之相。杨坚的面相也很特别，有威严之态，北周太祖就曾说过"此儿风骨，不似世间人"。独孤信正是看到他样貌不凡，才将女儿嫁给他。

婚后，独孤伽罗柔顺恭孝，谦卑自守，因此杨坚对她又敬又爱，生活和睦。杨坚本就是贵族之后，如今又得到了岳父的鼎力支持，仕途自然通顺。经过二十几年的经营，杨坚已经升到骠骑大将军、大兴郡公的位置。

杨坚虽然身居高位，但始终没有纳妾室，他的五子一女都为独孤伽罗所生。从以后的事情来看，不是杨坚对独孤伽罗情坚不移，而是独孤伽罗手段厉害。独孤伽罗很聪明，她对丈夫动之以情，晓之以理，总是在事情没发生之前就让丈夫断了这样的念想。杨坚也不是寻常之人，他有雄心壮志，既然家中已有美丽贤妻，在这种小事情上也就不计较了。

后来，他们的女儿成了北周宣帝的皇后。北周皇室对杨家的猜忌更加严重，宣帝曾经多次威胁杨皇后说："你父亲要是把我惹火了，我一定杀了你们全家！"

在这样的情况下，杨坚一直按兵不动。直到宣帝死了，年幼的静帝继位，朝中大权尽掌握在杨坚手上，他依然犹豫不决。最后还是独孤伽罗派人劝说："大事已然，骑兽之势，必不得下，勉之！"杨坚这才决定自己坐天下，逼静帝颁发禅位诏书。

北周大定元年（581），静帝下诏禅位，杨坚称帝，史称隋文帝，独孤伽罗被封为皇后。

明辨是非的贤内助

独孤皇后见识非凡，很有政治才能，隋文帝夺帝位时，她不仅献计献策，还到处为他周旋。执掌后印之后，鉴于前朝后宫是非多，她又从文帝那儿要到了大权，施展雄才大略严治后宫，废除了三妃六嫔的惯例，不许嫔妃随意接近皇帝，宫中提倡简朴，不许宫中女子浓妆华服。在她的治理下，后宫呈现出一片安静、肃穆的气氛。大家知道皇后手段强硬，所以都不敢越礼，连隋文帝都惧她几分。

即使独孤皇后在管理后宫上有些霸道，但是她和隋文帝之间的感情还是很好。况且当时隋文帝正致力于国事，并没有多余精力在后宫脂粉堆中取乐。每天早上，隋文帝上朝时，独孤皇后便陪在他身边，和他"同辇而进，至

● 历代帝王图（局部）

图中右为隋文帝杨坚，左为隋炀帝杨广。

阁乃止"。隋文帝退朝后，两人再一同回宫。夫妻二人几十年如一日，都是"同吃同乐同寝"，"相顾欢欣"。

在这位识达古今的妻子的辅助与督促之下，隋文帝将政务处理得井井有条，即使有时出现了偏差，也有独孤皇后在一旁提醒他。遇到大事时，他也总会征求独孤皇后的意见，在一些事情上，夫妻二人的看法往往不谋而合，因此宫中称他们为"二圣"。

当时，隋朝和突厥有商贸往来。一次，突厥商人带来一盒明珠，价达八百万。幽州总管殷寿请独孤皇后将其买下，独孤皇后却说："如今戎狄屡犯我边境，将士们征战辛苦疲劳，用八百万买一盒明珠，还不如将这些钱犒赏有功之士。" 殷寿听后大为感动。不久，朝野上下都知道了这件事，纷纷称赞她的仁德。

独孤皇后的表兄崔长仁在朝中任大都督。一次，他触犯了法律，按律当斩，隋文帝念他是独孤皇后的表兄，有意免他死罪。独孤皇后知道后，劝谏文帝说："国家之事，焉可顾私！"隋文帝听后大为感动，这才下令处死崔长仁。

信谗言 废长立幼

独孤皇后平时待人仁爱，却最讨厌丈夫和大臣纳妾，觉得男人妻妾成群就可能事业受损，后宫混乱可能为祸国家。独孤皇后一直严格要求文帝，不准他纳嫔妃，甚至还要隋文帝和她约定："此生永矢相爱，海枯石烂，贞情不移，誓不愿有异生之子。"

隋文帝不仅答应了她的要求，而且颇为自豪地向大臣们炫耀自己只有一位妻子，自己的几个儿子都是同一个母亲生的，不会像前朝一样内宠过多，造成异母子夺权的现象。然而，隋文帝虽然立下誓言，后宫中也没有女子敢主动接近他，但这并不意味着隋文帝绝对不近女色。一次，隋文帝经过仁寿宫，看见一名美貌女子，心中十分喜欢。该女子是举兵反隋的尉迟迥的孙女，尉迟迥被镇压之后，尉迟家的女眷被充入宫中为婢。当晚，隋文帝就留宿仁寿宫，将独孤皇后抛诸脑后。

独孤皇后见丈夫彻夜未归，早已心如明

同侍父子的宣华夫人

独孤皇后逝世后，晚年的隋文帝开始无所顾忌地遍幸嫔妃，其中盛宠二妃——宣华夫人与容华夫人，曾对人言："朕老矣！情无所适，今得二卿，足为晚景之娱。"宣华夫人陈氏本是南陈宣帝之女宁远公主，陈后主之妹，南陈灭亡后充入隋宫。宣华夫人天性聪慧，明艳不可方物，所以太子杨广也垂涎于她的美色，隋文帝病重时，杨广竟在宫中拦住她意图非礼。宣华夫人努力挣脱，衣衫不整地奔回隋文帝寝宫哭诉。隋文帝听后大怒，悔恨当初立此逆子为太子。不久，隋文帝在病中被杨广所杀（一说病逝）。宣华夫人见宫中巨变，惊惧不已，在战战兢兢中收下了杨广赐的一个红色同心结，成为侍奉父子两代帝王的妃子。但在此后的日子里，宣华夫人心中郁结难开，以致忧愁多病，逝世时年仅29岁。

镜。第二天，隋文帝早朝后，独孤皇后带着一帮宫女拥入仁寿宫，背着隋文帝处死了尉迟氏。隋文帝回宫后知道了这件事情，不由得勃然大怒，离宫出走，躲入山中。最后在高颎、杨素等人的劝谏之下，隋文帝才肯回到宫中，并感叹道："朕贵为天子，竟不得自由！"独孤皇后哭着跪在地上请求隋文帝的原谅。从那以后，隋文帝便不敢再碰其他女人了。至于高颎，独孤皇后认为他宠爱侍妾，让原配衔恨而死，所以在隋文帝面前说他的不是，最后高颎被免职回乡养老去了。

除了高颎，朝中哪个大臣的小妾如果生了孩子，他的官运也就到此结束。就连皇子也不例外，太子杨勇就是因此而丢了太子之位。

杨坚称帝之后，封长子杨勇为太子。杨勇本性直率，为人宽厚，颇有才华，对朝政也颇有建树，但是他"性奢华，又多内宠"，因此不得母亲独孤皇后的喜爱。独孤皇后曾为杨勇选了元氏女为太子妃，可是杨勇却不喜欢这位妻子，多年来一直冷落她，最终导致元氏郁郁而终。元氏死后不久，杨勇宠爱的庶妃云氏却有了孩子。本来元妃之死就让独孤皇后耿耿于怀，如今太子又违背她所定的规矩，让侧妃有子，这是不可以容忍的。

●宣华夫人

杨勇的弟弟杨广早就觊觎太子之位，当他得知母亲对哥哥越来越不满时，知道自己的机会到了。杨广本是个骄奢淫逸之徒，然而为了讨好母亲，他故意装出一副节俭仁孝、不好声色的样子。独孤皇后每次派到杨广守地的人回来时，都报告说杨广生活简朴，与妻子和谐，家中没有漂亮的姬妾，用人也都是一些老妪。听到这些，独孤皇后深感欣慰，因此常常在杨坚面前说杨广的好话，数落杨勇的不是。

不久，杨广又给独孤皇后加了一把火，他借入京拜见父母的机会，在母亲面前挑拨，说哥哥杨勇想要刺杀他，图谋不轨。本就对杨勇成见极深的独孤皇后听了这话勃然大怒，立即要求隋文帝改立太子。

开皇二十年（600），杨勇以"情溺宠爱，失于至理，仁孝无闻，昵近小人"的罪名被废为庶人。一个月后，杨广终于如愿以偿，被立为太子。四年后，杨广登帝位，然而隋王朝在这个穷奢极欲的隋炀帝手中仅存在了13年就灭亡了。

自古以来，后宫是是非不断之处，唯独隋文帝可以独享清静。虽说孤独皇后的手段过于严厉，却保证了后宫秩序谨严。但她偏听偏信，把隋朝江山托付给了不该交托之人，到头来犯下了如此大错，其中功过又有谁能说得清楚。

宫花寂寞红

隐没在**深宫中的**宫女们

"寥落古行宫，宫花寂寞红。白头宫女在，闲坐说玄宗。"唐朝诗人元稹将寂寂深宫里那些孤独女子的千行泪化作了五言诗中的字字愁。宫女们身处世间最奢华富丽之所，每日所见皆是金玉满堂，但她们却过着卑贱辛酸的生活，在万丈深宫中，一生悬着一颗空虚落寞的心。

牢狱般的生活

历代后宫，宫女数量巨大，命运凄惨，因为她们只是为皇帝及嫔妃们服务的下层女子。

她们或是因采选入宫的良家女子，或是被进献、被抢夺入宫，或因是罪犯的妻女而被充公，等等，来历不同。不管通过何种途径入宫，宫女们鲜有自愿入宫者，被挑中后，即便家人不情愿让其入宫，也没有办法改变命运，这是一场难以抗拒的灾难。

被选中的宫女们主要供后宫妃嫔们差遣使用，有些被分配做洒扫洗衣缝制等杂役。不管身份高低，宫女们都是低贱的奴隶，常见的结果是辛劳一生，寂寥而终。

自从踏进宫门的那一刻，她们就失去了全部自由，她们的命运只能绑在自己侍奉的主子身上。宫门一入深似海，皇宫是皇帝的天下，是女人的牢狱，不仅仅是宫女，即便后宫之主皇

后，也不过是皇帝的一件附属品。

历代后宫对宫女的管理都非常苛刻，宫女们在宫内各司其职，未经许可，不得随意走动，只能守在本宫之内。为防止宫廷信息泄露，严禁宫女与外界联系，哪怕是与亲人之间。

唐朝是相对比较开明的封建王朝，但是在永徽年间，后宫官员太常侍宋四通等人因同情宫女，借出入宫廷演奏的机会帮宫女传递书信，被发现后，唐高宗下诏将宋四通等人处死，后经大臣力谏才保住性命，被发配到边远地区。

明朝时期，统治者宁可把衰老的宫女都幽禁在浣衣局，也不愿意将她们遣送出宫和家人团聚。这些为统治者们劳作了一辈子的老妇们，在风烛残年的岁月里，只能慢慢终老于宫廷深处，谁让她们知道了帝王家的太多隐私。

宫女一旦入宫，就成了帝王家的奴隶，不再属于父母，帝王可以把她们当作物品一样任意赠送、打骂甚至处死。帝王们为拉拢大臣皇族，经常把宫女赐给有功的臣子、小国的君主，虽然其中不乏因此得宠从而飞黄腾达者，比如东汉景帝的母亲窦太后就是在当宫女时被吕后赐给代王刘恒，又在刘恒当上皇帝后成了皇后。但是有这样好运气的毕竟不多，大多数宫女仍然过着被蹂躏、打骂的屈辱生活。

生命不再属于自己

尽管宫女们衣着光鲜，居住条件却很糟糕，在现今保存完好的清代皇城故宫里，那些处在配殿阴暗之处的耳房、偏房低矮潮湿、狭窄拥挤，就是宫女、太监们的住处。

●捣练图

唐代画家张萱的名作。此图描绘了唐代宫女劳动时的情景。练是丝织品的一种，刚织就时质硬，必须经过煮、漂、杵捣，才能柔软洁白。图的第一部分是四个宫女用木杵捣练；第二部分中一个人坐在地毯上理线，另一个人坐在凳上缝纫；第三部分是几个宫女正在把练扯直，并用熨斗熨平。

● 孟蜀宫伎图

此图为明代"江南第一风流才子"唐寅的画作。此图取材于五代后蜀后主孟昶的宫廷生活。画中四位人物衣着华贵，云髻高耸，青丝如墨。从穿戴来看，正面两位地位高贵，而背向两位疑是宫婢，正奉酒捧食。唐寅借此图披露孟蜀后主的糜烂生活，有讽喻之意。

宫女生病了也得不到及时治疗。宫廷御医只给皇后和妃子们看病，宫女们生病只是按照症状把药拿进宫内服用，病好与不好全看运气。明朝的宫女病重不能劳作时，就会和老宫女一样被送到浣衣局里等死。

历代后宫制度森严，对宫女的惩罚异常严厉。后妃们长期争宠夺爱，过着非正常的生活，经常就有主子将争宠失利的怨气发泄到宫女身上，被打骂责罚是宫女的家常便饭。清朝时，宫女常因一个小小的过失被罚跪或打骂，主子的气没消或者干脆忘记这事的话，被罚宫女也许要不吃不喝地跪上几天几夜。要是不慎犯了稍微严重一点的过错，就会被痛打甚至杖毙。

身处深宫的宫女们只能忍耐。但是历史上也曾有过宫女不堪忍受欺凌而反抗的事情。嘉靖二十一年（1542）十月夜里，紫禁城中一片宁静，嘉靖帝宿醉未醒，突然，十几位宫女七手八脚地按住沉睡的嘉靖帝，一个宫女用绳子套住嘉靖帝的脖子用力绞紧，另一个宫女用布塞住嘉靖帝半张的嘴巴。宫女们力气柔弱，再加上紧张，手足发软，半天都没有勒死嘉靖帝，最后因为动静过大惊动了侍卫。这十几名宫女最后全部被凌迟处死。此事在历史上被称为"壬寅宫变"。史书上并没有明确记载宫女谋杀嘉靖帝的原因，但是嘉靖帝性情暴戾、喜怒无常、虐待后宫之事却有明证，宫女、太监乃至妃子们经常因为一点点小事而被责罚，有时嘉靖帝还会亲自大打出手。

宫女更可悲的下场是为帝王和妃嫔们守陵甚至殉葬。秦始皇死后，所有没有生育的后宫女人全部为其陪葬。两汉及两宋王朝时期，帝王死后，其妃嫔与宫女多被派去守陵。魏晋时期还有妃嫔宫女出家为尼的风尚。皇帝喜爱的妃子死后，皇帝为让妃子在阴间有人服侍，生前服侍她的宫女有时也难逃陪葬的命运。宫女的生命从来就不是自己所能够控制的。

无望的爱情幻想

宫女们在宫里没有爱与被爱的权利，她们不仅享受不到父母之爱，更无法得到人生最美妙的爱情，长期压抑的生活使宫女们在感情生活上变得越来越畸形。

大多数宫女入宫时正值豆蔻年华，正处在对美好爱情向往的时期，但是宫里除了皇帝是男人之外，就只余徒有男人外表的太监了。为了寻找感情安慰和温暖，宫女通常和太监结成"对食"，也叫"菜户"。这种现象在各个朝代的宫廷都很普遍，清朝皇宫对此虽明令禁止，但仍然难以杜绝。有的朝代对此持宽容态度，明光宗朱由校曾经把既是宫女又是其乳母的客氏指给魏忠贤为对食。

互为对食的宫女与太监首先因为情投意合而互相接近，二人确定关系之后有如夫妇，方便的时候一起用餐、嬉戏，财物共用，日久生情，尽管太监并非真正男人。除了和太监结成对食，宫女之间也有相互生情者，这便是现代的姐妹恋或者同性恋的雏形。对食也好，同性恋也罢，不过是宫女们在缺少温情的宫中努力寻找些温暖罢了。如果能正常嫁人生子，谁还会以这种方式安慰自己呢？

宫女们对爱情的渴望偶尔也有皆大欢喜的结局，"红叶题诗"和"缝袍赠诗"是历史上少有的特例。

"红叶题诗"的故事发生在唐僖宗时期。一位不甘寂寞的宫女悲秋之余，感叹自己命运可怜，在一片红叶上题诗发泄："流水何太急，深宫尽日闲。殷勤谢红叶，好去到人间。"随后把红叶抛入水中，让红叶随清波流去。题诗的红叶被呆书生于祐得到，也在红叶上题诗："曾闻红叶寄哀怨，叶上题诗寄阿谁？"然后跑到上游放逐红叶。巧的是红叶又被这位宫女得到，后来二人结为百年之好。

"缝袍赠诗"发生在唐玄宗时期。一位宫女在给边境作战的将士们缝制战袍时，题上一首诗："沙场征战客，寒夜苦为眠。战袍经手做，知落向谁边？蓄意多添线，含情更著棉。今生已过也，领结后生缘。"唐玄宗知道后，把这位宫女嫁给了将士。

可惜的是，历史上这样的事情仅有少数几例，在总数巨大的寂寞宫女群中，这少有的圆满早就被宫女们汇流成江河的凄苦给淹没了。

在比较开明的朝代，允许宫女在服役几年之后出宫，但这并未形成制度，直到清康熙时期，才确立宫女入宫服役的年限，25岁以上仍未得到封号者即可出宫。在以往朝代，宫女偶尔被放出宫都是有特殊原因的，并非为宫女们着想，有时是因为新帝登基大赦，有时是因为天灾安抚众生减少宫廷用度。遣出的宫女以年老色衰者居多，这些人即便被放出宫，也过了嫁人的年龄，出宫后若没有亲人，生活便没有着落，依然凄苦无依。

Discovery

歌尽桃花 扇底风

后宫秘史

媚行深宫 铁腕治世

千古第一女皇武则天

■ 在中国数千年的封建社会里，政治一直是男人的专利，不过敢于干预朝政的后宫女子也不在少数，然而却没有一个女子能够像武则天一样登上皇位，君临天下。这个被骆宾王骂为"地实寒微"的女子，是如何一步步爬上权力顶峰的呢？

被迫落发

武则天出生于武德七年（624），是唐朝开国功臣武士彟的次女。武士彟原本是个经营木材生意的商人，李渊起兵反隋时，武士彟捐赠过物资，因此唐朝建立之后得以封官。但按照当时的门第观念，武家还算不上是豪门望族。

据说武则天从小就性格刚强，不爱女红，只喜读书，且随父亲游历过不少名山大川。贞观十一年（637），武则天被召入宫，此时她的父亲已经去世了。母亲哭着送女儿离开，武则天不但不哭，还劝母亲说："如今我去侍奉圣明天子，又怎么判定就不是福气呢，为什么还要哭哭啼啼？"

武则天入宫之后被赐封为五品才人，赐号"武媚"，因此后人都称其为武媚娘。一次，唐太宗得到了一匹叫狮子骢的烈马，没人能够驯服，于是下令说，谁能够制服这匹烈马，就赏赐千金。当时，身为才人的武则天也在太宗身边，便向太宗说自己能够制服它。太宗十分奇怪，连强壮的男子都无法制服的烈马，区区一个小女子如何办到？

武则天不以为然地说出了下面这段流传千古的话："我能帮助陛下制服这匹烈马，只不过我需要三件东西。"太宗便问她是哪三件东西。武则天回答："一是铁鞭，二是铁锤，三是匕首。烈马不服，那我就先用铁鞭抽它；如

● 武则天

中国历史上第一位也是唯一一位女皇帝，善权谋，于载初元年（690）九月称"圣神皇帝"，改国号为周，史称"武周"。

154

果还不服，我再用铁锤击它的头；若是再不服，我便用匕首割断它的喉咙。"

太宗听后心中暗自吃惊，这个女子年纪如此小就有这样的手段，不禁对她的强硬与狠辣有所嫌恶，此后便不再宠信并渐渐疏远她。因此，直到太宗去世，武则天也只是一个才人，并未诞下子嗣。

贞观二十三年（649），太宗病逝，高宗即位。按照当时的规矩，武则天和其他没有生育的太宗嫔妃都要在感业寺落发为尼。这个时候，恐怕连她自己都觉得人生无望了吧。然而，更加精彩的人生正在等着她。

杀女夺后

永徽元年（650），太宗周年祭，高宗带着王皇后和王公大臣来感业寺为太宗祭酒祈

福，武则天和太宗的其他嫔妃陪侍在旁。仪式之后，高宗与武则天"叙旧"。原来，太宗在世的时候，武则天就已经和高宗认识，两人早已暗生情愫，只是碍于身份不敢越礼。如今，两人再度相逢，已是另一番风景了。

高宗的发妻王皇后站在一旁，将一切看在眼里，心中早有了打算。高宗等人回宫之后，王皇后一边让人偷偷告诉武则天留发，一边劝说高宗将武则天重新纳入宫中。高宗早有此意，于是满口答应了下来。

王皇后此举原是为了打击情敌萧淑妃。王皇后因为无子不受高宗宠爱，而萧淑妃却深受高宗宠爱，王皇后十分不满。两个女人为了争夺宫中地位发生了很多争执，相互毁谤，高

● **武后行从图**

唐代张萱绘，此图是对唐代女皇武则天宫廷生活的写照。

宗总是偏袒萧淑妃，王皇后苦无对策，当她见到娇艳的武则天时，突然有了让武则天帮她打败萧淑妃的想法。她没有料到，这一举动给她带来的不是一个帮手，而是一个更加危险的敌人。

一年后，高宗孝服已满，武则天的头发也已蓄好，再度入宫。又一年后，武则天晋为二品昭仪。进宫之初，武则天对王皇后十分谦恭，很快就博得了王皇后的好感。王皇后常常在高宗面前夸奖武则天，高宗便更加喜欢武则天，渐渐远离了萧淑妃。武则天得到了高宗的专宠，而王皇后却什么好处也没有捞到，两个人的战争突然变成了三个人的战争，王皇后这才发现自己是引狼入室。

武则天在宫中站稳脚跟后，便开始对付王皇后和萧淑妃。武则天悄悄买通二人身边的宫女太监，让他们充当耳目，由此对王、萧二人的一举一动都了如指掌。

不久，武则天生下一个女儿，高宗和王皇后都十分喜欢这个孩子。一天，王皇后独自一人前来探望小公主，逗了她一会儿就离开了。

武则天突然有了对付王皇后的办法，她毫不留情地用被子捂死了女儿，并佯装不知。不一会儿，高宗前来看望女儿，却发现襁褓中的孩子已经停止了呼吸。高宗急忙质问宫人，大家都说刚刚只有王皇后来过。高宗勃然大怒，认为是王皇后杀了孩子，立即便想将她废黜。不过，此事遭到了大臣长孙无忌的反对，高宗只好作罢。

这件事情过后不久，王皇后又犯了一个大错，她与母亲柳氏找来巫师作法，企图咒死武则天。事情败露，高宗下令禁止柳氏再踏入宫门，再次有了废后的念头。废后的事情得到了李义府、许敬宗、崔义玄、袁公瑜等大臣的支持，但却遭到元老级大臣长孙无忌、褚遂良等人的极力反对，废后的事情再次搁浅。直到这年年底，高宗才最终决定废后，王皇后和萧淑妃被废为庶人，她们的家人也都受到了株连。七日之后，武则天被立为皇后。

王皇后和萧淑妃被废之后，武则天依然不肯放过她们，当她得知高宗去看过她们后，将二人各打了一百棍，并割掉她们的手脚，将她

们浸泡在酒瓮之中，并恶狠狠地说："令二妪骨醉！"几天后，两人还未死去，武则天又要求高宗下旨将她们赐死。萧淑妃接到诏令之后，破口大骂武则天妖媚惑主，卑鄙残忍，并诅咒武则天来世变成老鼠，自己为猫，到时候"扼其喉以报"。从此以后，武则天常常梦见王、萧二人的鬼魅在宫中作祟，因此下令宫中不准再养猫。据说也是因为这个原因，后来她执掌朝政时，就迁往洛阳居住，从此不再回长安。为了表示对王皇后与萧淑妃的憎恶，武则天下令改王氏为蟒氏，萧氏为枭氏，直到唐中宗时，王、萧二氏才恢复本姓。

武则天当上皇后后，那些曾经阻挠过她当皇后的大臣，诸如长孙无忌、褚遂良、于志宁、韩瑗、来济等人，个个被削职免官，贬出京师，遭到屠戮的人也不在少数。

"二圣"临朝

显庆五年（660），高宗患头风病，整日头晕目眩，无法处理国家大事，这给了武则天展现政治才能的机会。武则天生性霸道，代理朝政亦是如此，这使得高宗总是受制于她。为此，高宗非常生气，于是与宰相上官仪商议废后。然而，武则天耳目众多，上官仪还没有将废后诏书拟好，武则天就气冲冲地前去质问高宗。高宗畏惧武则天，只好将责任全都推到上官仪身上。不久，上官仪被捕入狱，随即被满门抄斩。

从那以后，高宗每次上朝，武则天必在帘后听政，朝中的一切大权实际上都掌握在她手中。因此，朝廷内外称他们为"二圣"。其间，武则天劝谏高宗重视农业生产，提拔选用人才，并提出了"劝农桑，薄赋徭""息兵，以道德化天

下""广言路""杜谗口"等十二件事，高宗全都按照她的提议去做。

龙朔七年（667），高宗因为久病不愈，不能亲理朝政，于是令太子李弘监国。李弘是武则天的长子，本性善良，曾跟着郭瑜学习《左传》，因不忍读类似"芈商臣弑君"的恶事，在郭瑜的建议下改读《礼记》。当时，唐在征讨辽，被征的士兵如果在规定的时间内没有到达或者逃跑，不仅要被斩首，其家人也会受到处罚。李弘觉得如果士兵是因为病痛、死亡等原因没有准时或是不能前往指定的地方报到，造成其家人也要陪葬，这实在是很不人道的。在他的建议之下，高宗同意以后百姓家中有士兵逃跑、晚报到者，家人不再受连坐之罪。

萧淑妃死后，她的两位女儿义阳公主与宣城公主一直被幽禁在宫中，年过二十还未婚配。李弘知道这件事情之后非常惊讶，同时也极其同情两位同父异母的姐姐，于是向母亲提出让两位姐姐嫁人。李弘的举动让武则天非常生气，她觉得儿子是在多管闲事，但碍于情面，不得不将这两位公主许配给了宫廷侍卫（古代宫廷侍卫都是贵族子弟担任）。此事之后，武则天越来越不喜欢这个儿子，渐渐疏远了他，而李弘也常对高宗暗示武则天过于专权。从史书上的记载来看，当时高宗似乎有禅位给李弘的打算，这使武则天感到这个儿子已经成为自己的对手，必须采取措施了。

一次，高宗、武后一起前往东都洛阳，李弘随行。不久，合璧宫倚云殿便传出李弘暴卒的消息。后世的许多史家都认为是武则天下毒毒死了自己的亲生儿子。李弘死后，高宗悲痛万分，亲谥其为"孝敬皇帝"，下令以皇帝之礼厚葬。

上官婉儿

谈到武则天，人们必然会想到上官婉儿。上官婉儿的祖父上官仪就是因起草废后诏书而被武则天杀了，当时上官婉儿还只是个婴儿，和母亲被充入内廷。上官婉儿长到14岁时，已出落得非常美丽，而且聪明伶俐，文采过人。武则天听说她很有才华，于是便召见了她，并当场出题考查。上官婉儿文不加点，须臾而成，武则天当即免去她的奴婢身份，让她掌管宫中诏命，此后武则天所有的诏令都出自她手，后来甚至让她去处理百司奏表，管理一些政务。虽然当时上官婉儿没有宰相之名，但却有丞相之实。

二次杀子夺权

李弘逝后，高宗立武则天的第二个儿子李贤为太子，并三次授命他监国。

李贤自幼聪明，熟读诗书，被立为太子之后，曾组织一批名儒注释《后汉书》，大有借东汉太后临朝之事来讽刺武则天的意思。高宗看后认为李贤有经世治国之才，却没有发现其中深意，于是重赏李贤的著书之举。而武则天却敏锐地发现了其中奥妙，于是亲撰《少阳正范》和《孝子传》两部书赐给李贤，要他好好尽孝道，还"数作书以责让贤"。李贤对母亲的用意心知肚明，从此两人之间的嫌隙越来越大。

武则天的宠臣明崇俨数次在武则天面前说李贤的坏话，后来他被人杀了，武则天便怀疑是李贤干的。武则天派人搜查东宫，结果搜得"皂甲数百具"，又让赵道生诬告李贤杀了明崇俨。按照武则天的意思是要处死李贤，但是高宗一向疼爱这个儿子，请求武则天手下留情。可是武则天却说："为人子怀逆

谋，天地所不容，大义灭亲，何可赦也。"李贤因此被废为庶人，幽锢一室，不久又被贬到巴州。之后，武则天又派丘神勣到巴州逼令李贤自杀。李贤死后就葬在巴州，后来中宗将其灵柩迁回长安，陪葬乾陵。

武则天为什么要一直逼迫李贤呢？有人说是因为母子权力之争，李贤曾三次监国，"处事明审，为时所称"，几乎所有的朝中大臣都站在他这一边，武则天意识到这个儿子有可能夺取她的权力，于是便痛下杀手。不过，按道理来说，李贤已被远贬他乡，她的另外两个儿子李显和李旦此时才是她登临权力顶峰的阻碍，为何武则天还是不放过这个对她已经毫无威胁的儿子呢？

● 上官婉儿（664～710）

武则天时女官，以才学著称。唐中宗时为妃，权倾朝野。唐景龙四年，临淄王李隆基（后为唐玄宗）发动政变，上官婉儿被杀。

传说，李贤并不是武则天的亲生儿子。武则天有个姐姐嫁给了贺兰氏，武则天得势后，贺兰氏被封为韩国夫人，可以自由出入后宫，遂与高宗有染。武则天的第二个儿子是在高宗等人前往昭陵拜谒的途中生下的，有人推测这个孩子可能早夭。而此时韩国夫人也恰巧为高宗生下了一个儿子，高宗为了给儿子一个名分，所以偷偷将孩子抱来，这个孩子便是李贤。当时，武则天正和王、萧二人争宠，无暇顾及姐姐和丈夫的私情，况且多一个男孩对她是有百利而无一害，所以就顺着高宗的意思办了。一个月后，高宗就急急忙忙立李贤和已经3岁的李弘为王，高宗这个匆忙的举动也让人对李贤的身世有所怀疑。

李贤和武则天关系紧张的时候，宫中就纷纷流传着李贤是韩国夫人所生的流言。这些流言甚至还传到了李贤的耳朵里，李贤因此惶恐不安。

李贤死后，武则天又大肆杀戮李唐宗室，将李唐江山牢牢掌握在自己手中。后来，睿宗李旦识趣地将皇位"让"给了武则天。于是，武则天便在载初元年（690）登上了帝位，成为中国历史上第一位，也是唯一一位女皇帝。从此，她的人生踏上了另一段旅程。

● **狩猎出行图**

此图为唐代章怀太子墓中的壁画。章怀太子墓位于陕西乾县，是唐乾陵的陪葬墓。章怀太子名李贤，武则天次子，上元二年（675）立为太子，后被武则天废黜，贬居巴州。文明元年（684）死于巴州，时年31岁。这位皇子是武则天的骨肉至亲，最终却无罪得咎，令人慨叹。中宗神龙二年（706），中宗迁李贤墓回长安，陪葬乾陵。

被皇帝宠坏的女人

乱政的韦后

■ 唐中宗的妻子韦氏是个连名字都没留下的女人，所有的史书对她的评价除了贪婪、淫荡，就是狠毒、骄纵。《新唐书》和《资治通鉴》中都说，这个狠毒的女人亲手毒死了自己的丈夫……一切都是因为权力。在韦后的心中，权力真的比患难与共十多年的夫妻真情还重要吗？

红杏出墙的皇后

唐中宗的妻子韦氏是中国历史上最接近皇帝宝座的少数几个女性之一，她效法她的婆婆武则天，每次中宗临朝之时，都要置幔坐在殿上，预闻政事。按理说，中宗应该对这种行为十分警惕才是，宰相桓彦范等人也多次上疏，劝谏中宗对韦后加以防范，但中宗却不以为然，任凭韦氏为所欲为，丝毫不加干涉。

干政倒也罢了，毕竟在唐代，尤其是在唐代前期，妇女的社会地位是比较高的，公主、后妃影响朝政的现象屡见不鲜，社会舆论对此也比较宽容。可是韦后过分的行为并不仅仅表现在政治方面，在私生活方面更是荒淫无度，擅长符咒的国子祭酒叶静能、擅长医术的常侍马秦客、擅长烹饪的光禄少卿杨均都是她的面首，这些人随意出入后宫，毫无顾忌，而中宗竟然丝毫不加约束。

除这几个面首之外，韦后还和武三思有染。武三思是武则天的外甥，武则天被迫退位后，他通过老情人上官婉儿勾搭上了韦氏，韦后还将自己的女儿安乐公主嫁给了武三思的儿子武崇训。通过这种裙带关系，韦武两族结成了同盟，武三思被封为德静郡王，官拜左散骑常侍。武氏家族的地位不仅没有因为武则天的退位而削弱，反而更胜以往。

武三思经常入宫和韦后下棋，中宗则站在一旁观看。有时，武三思和韦后甚至一起坐在龙床上玩双陆（古时的一种赌博游戏），中宗不但不以为忤，还在旁边给他们数筹码。中宗还依韦后的意见任命武三思为宰相，朝中发生的事情都要找武三思商量。

韦后的这些淫乱行为很快便在朝堂内外传得沸沸扬扬。神龙二年（706）四月，一个名叫韦月将的书生上书中宗，说韦氏和武三思通奸，秽乱宫闱，并说武三思有谋逆之心。中宗阅罢勃然大怒，命令将韦月将速速斩首。黄门侍郎宋璟请求对韦月将进行审问后再定罪，谁知中宗更加生气，连衣襟都顾不上整理，就趿着鞋子从宫殿侧门跑出来，对宋璟大发脾气说："我以为已经斩了，怎么还没有斩！"又连声命令"速斩，速斩"。宋璟宁死不肯奉诏，其他大臣也纷纷劝谏，说夏季杀人有违时令（古人认为秋季主杀，因此一般在秋季执行死刑），于是中宗将韦月将重加杖责后流放岭南。而当年秋分刚过的第二天清晨，韦月将就被广州都督周仁轨斩首了。

从历史记载来看，中宗李显是个既懦弱又没有主见的人，瞒着他在背后搞点小动作是轻而易举的事。但这种几乎是明摆着替自己的妻子和奸夫撑腰的行为似乎又说明韦后的放荡举止很有可能像史书中所说的一样，是得到了中宗默许的。

愿把江山送美人

一国之后红杏出墙，还弄得举国皆知，被戴了不知道多少顶绿帽子的中宗却不闻不问，还替妻子收拾残局，如此"尽职尽责"的丈夫可谓是空前绝后。这到底是什么原因呢？事情要从二十多年前说起。

弘道元年（683）十二月，太子李哲（后来改名李显）在洛阳即位，是为唐中宗。即位

●斜封除官

出自明刊本《帝鉴图说》。唐中宗李显在位时，韦后掌权，韦后的宠臣任意妄为，贩夫走卒只需花三十万钱便可升官，这种官被称为"斜封官"。

之初，中宗准备组织一批自己的亲信班底。在深宫中长大的他不幸摊上一个权力欲极强的母亲武则天，哪里能有什么亲信，最值得信任的就是皇后韦氏和自己的乳母，于是他准备将岳父韦玄贞从小小的地方参军直接提拔为中央级官员侍中，并给乳母的儿子授了一个五品官。当时，受高宗遗诏辅政的宰相裴炎坚决抵制这种任人唯亲的行为，中宗很是气愤，于是说了一句："我以天下与韦元贞何不可，而惜侍中耶？"意思是说，就算我把我们李家的天下给我老丈人又能怎么样，何况一个小小的侍中！

谁都知道这只是一句气话，可是这话传到武则天的耳中就不一样了。这天下眼看就要改

姓武了，岂能让你一个傀儡皇帝说给谁就给谁？武则天勃然大怒，立即改立第四子李旦为帝，是为唐睿宗，自己则临朝称制，自专朝政，改国号为周。即位只有两个月的中宗被贬为庐陵王，并被逐出京城。

丈夫被废，韦后自然也一同遭殃，夫妻两人先是被贬至房州（今湖北房县），随后又迁往均州（今湖北均县西），不到两年又被命令回到房州。在被贬的途中，身怀六甲的韦后产下一个女婴，仓促之中竟然连婴儿的襁褓都没有，夫妻二人只得用自己的衣物把孩子裹起来，于是给这个孩子取乳名叫作裹儿。因是落难之中所生，中宗和韦后对这个孩子格外宠爱，这个女婴就是日后的安乐公主。

就在中宗被贬的当年，即文明元年（684）九月，徐敬业以拥护中宗为号召，在扬州举兵造反，仅两个月就兵败被杀。深知母亲手段之狠辣的中宗认为自己绝无幸免之理，一定会被赐死，干脆自己主动了断得了。这时的韦后安慰丈夫说："祸福无常，宁失一死，何遽如是。"

妻子的深情打消了中宗自尽的念头，但他们的苦难才刚刚开始。在这段漫长的幽禁生活中，中宗不时听到母亲武则天大肆诛戮李氏宗族的消息：琅琊王李冲起兵造反，兵败被杀；越王李贞起兵造反，兵败后自杀；韩王元嘉、鲁王灵夔、东莞郡公融、常乐公主等人在狱中不堪周兴等酷吏的逼迫，一一自尽……就连自己的儿子皇太孙李重润也被武则天活活打死。

这样惊恐不安的生活足足持续了18年。不知有多少次，中宗在得知母亲派人前来"探望"自己的时候，经受不住那种巨大的恐惧想要自杀，全都是靠韦后的劝慰和鼓励，才有了

●废中宗武氏专权

出自明刊本《隋唐演义》。嗣圣元年（684），李显被武则天废去皇位，贬为庐陵王，流放外地。天授元年（690），武则天废唐为周，以洛阳为都城。至神龙元年（705），唐中宗复位，去周帝号，废武氏专权。

坚持下去的勇气。18年之中，夫妻二人"累年同艰危，情义甚笃"。中宗感动于妻子不离不弃的深情，曾发誓："复见天日，当惟卿所欲，不相禁制。"

圣历二年（699），七十多岁的武则天在狄仁杰的屡次劝谏之下终于同意将中宗接回长安。五年后，张柬之、桓彦范、敬晖、袁恕己、崔玄暐等五位大臣趁武则天卧病之际发动政变，武则天被迫退位，中宗在失位20年后，又登上了皇帝宝座。几个月后，82岁的武则天离开了人世。

中宗复位后，立即重立韦氏为皇后，追封韦后之父为上洛王，并仿照当年高宗李治和武

则天的样子,让韦后和自己一同听政。大臣们生怕再出一个"韦则天",纷纷上书表示反对,但中宗一概不听。天下又如何,他只记得当年对妻子许下的诺言。妻子想要这个天下,就拿去好了。

破灭的女皇梦

中宗的一味忍让助长了韦后更大的野心,武则天真正成为韦后的榜样了。

中宗复位之后,中原地区连年灾害,受灾百姓不计其数,而中宗和韦后却毫不在乎。似乎是为了弥补十多年来所受的伤害,夫妻二人开始疯狂地享乐。

中宗即位当年,同官县(今陕西铜川)遭受特大冰雹和暴雨袭击,被淹农家四百余户,而中宗和韦后却身披轻裘,在凛冽的寒风中观看赤裸上身的胡人泼水为戏。神龙三年(707),山东、陕西地区发生瘟疫,大量百姓死亡,而中宗和韦后却带领近臣们在玄武门城楼上观看宫女聚会饮酒。韦后命宫女和大臣扮作商人,在宫中开办的集市中交易,大臣和宫女们用粗俗的语言互相辱骂,中宗和韦后却哈哈大笑。景龙四年(710)元宵节,中宗和韦后换上便服出宫观赏花灯,

中宗听从韦后的意见,将宫中的几千名宫女放出宫看灯,结果一半以上的宫女借机逃跑了。虽然是无心所致,但这件事几乎可以算是韦后所做的唯一一件称得上善政的好事。

仗着中宗的纵容,韦后、武三思、安乐公主、上官婉儿等韦氏集团的核心人物在朝中大肆排挤、打压政敌,诬陷拥立中宗有功而被封王的张柬之、桓彦范等五人意图造反,将他们发配岭南,又将他们一一害死在路上。

太子李重俊非韦氏所生,因此也被韦氏集团列入打击范围,时常遭到他们的欺凌和侮辱。一日,安乐公主异想天开,对父亲中宗撒娇要他废掉太子,封自己为皇太女。中宗抚着公主的脖子笑着说:"等你母后做了女皇帝,再立你为皇太女也不迟。"安乐公主把中宗的玩笑话当了真,常常怂恿韦氏效仿武则天临朝听政。韦后和武三思也怂恿中宗废掉李重俊。

李重俊忍无可忍,于神龙三年(707)七月发动兵变杀死武三思、武崇训父子,又率兵冲入宫中,中宗和韦后、安乐公主等人仓皇登

● 观灯市里

出自明刊本《帝鉴图说》。景龙四年(710)元宵节,唐中宗李显与韦后便服出宫,观看闹市花灯。

上玄武门的城楼。太子李重俊是个老实人，事情到了这种程度，他竟然还只是包围了城楼，希望父亲能够听他解释。中宗站在城楼喊话使李重俊的士兵倒戈，李重俊兵变失败逃亡，途中被自己的部下杀死，首级被部下献于朝廷将功赎罪，而中宗竟然用自己儿子的首级来祭祀武三思、武崇训。李重俊死后，韦氏更加肆无忌惮，又诬陷宰相魏元忠和太子暗中勾结，将魏元忠贬官，任命了武则天堂姐的儿子宗楚客为宰相。从此，韦后、安乐公主更加肆无忌惮，她们大肆卖官鬻爵，"树用亲党，广纳货赂，别降墨敕斜封授官"，庙堂之上充斥着韦氏的党羽亲信。

排除了异己的韦后开始为自己造势，宗楚客率领群臣给她上尊号"顺天皇后"。第二年二月，韦氏又说自己的衣箱中出现一朵五色祥云，并命画工绘图赐给大臣们观看，一群党羽在旁胡吹乱捧。太史迦叶志忠上表进献《桑条歌》十二篇说："在高祖未受命时，天下人都在唱《桃李子》；太宗未受命时，天下就在唱《秦王破阵乐》；高宗未受命时，天下在传唱《堂堂》；天后武则天未受命时，天下传唱《武媚娘》；陛下受命之前，天下在传唱《英王石州》。现在皇后受命，天下在传唱《桑条韦》，这都是因为皇后的德行使得天下蚕桑丰收的缘故啊！臣谨进《桑条歌》十二篇，请宣示天下，载入乐府传唱。"中宗龙

●唐中宗李显定陵
定陵位于陕西富平凤凰山。这座山由东西相连的三座山梁组成，正中南面的山梁凸出，似鸷鸟奋飞，故得名凤凰山。

颜大悦，重赏了迦叶志忠，韦氏党羽又借机给韦氏上尊号为"顺天翊圣皇后"，与武则天的"则天顺圣皇后"如出一辙，野心表露无遗。

景龙四年（710）四月，一个名叫郎岌的布衣上书中宗，说韦氏集团将来必将叛逆。韦后请中宗将郎岌活活打死。五月，许州（今河南许昌）司兵参军燕钦融上言："皇后淫乱，干预国政，宗族强盛，安乐公主、武延秀、宗楚客等图危社稷。"中宗召燕钦融来京当面质问，燕钦融慷慨直言，毫无惧色，中宗为之默然。燕钦融出殿后，韦氏指使亲信兵部尚书宗楚客矫诏令侍卫将燕钦融摔死在殿外的石阶上，中宗虽然没说什么，但是脸色非常难看。

就在此事发生后不久，中宗忽然暴毙，《资治通鉴》上说："散骑常侍马秦客以医术，光禄少卿杨均以善烹调，皆出入宫掖，得幸于韦后，恐事泄被诛；安乐公主欲韦后临朝，自为皇太女；乃相与合谋，于饼馅中进毒。六月，壬午，中宗崩于神龙殿。"书中认为是韦后怕中宗对其采取措施，安乐公主又想让韦后登基称帝，自己好做皇太女，于是二人联手在食物中下药毒死了中宗。但现代史学家则认为，从当时的情况来看，并没有什么根据表明中宗对韦后的态度有什么变化，按理来说，韦后不应该有这种举动，中宗很有可能是因突发遗传性的心脑血管疾病而死。

中宗死后，韦后秘不发丧，派她的侄子和外甥领兵五万进京，并在各个要害部门安插自己的亲信，然后伪造遗诏，立温王李重茂为太子，自己则临朝称制。一切准备妥当以后，韦后才召集百官公布了中宗的死讯，并宣读假遗诏。韦后的计划完全是武则天称帝的一个翻版，先夺政权，然后杀李重茂、李旦、太平公主等人，扫清登基的最后障碍。但是相王李旦的儿子临淄王李隆基却抢在她的前面动了手。

景龙四年（710）六月二十日夜，李隆基与太平公主之子薛崇简率领羽林军发动政变，韦后和安乐公主被乱军所杀，第二天，韦后的亲信们全部被诛杀。韦氏的女皇梦破灭了。

● 定陵神道西侧的武臣石像生

被迫自缢的倾城美人

唐玄宗与**杨贵妃**的传奇爱情

■ 开元二十五年（737），唐玄宗的宠妃武惠妃病死，唐玄宗因而终日郁郁寡欢，食不知味。宦官高力士深知圣意，向唐玄宗推荐了寿王李瑁之妃杨玉环。从此以后，这个原本默默无闻的王妃开始登上历史舞台，深深地影响了一代帝王。

儿媳变成妻子

杨贵妃，小字玉环，出生于官宦世家，其父杨玄琰曾任蜀州（四川崇庆）司户。因父母早逝，杨玉环是在叔叔杨玄璬家中长大的。

开元二十二年（734），唐玄宗的女儿咸宜公主大婚。当时，唐玄宗的第十八子寿王李瑁在婚礼中一眼就看上了貌美如花的杨玉环，李瑁的母亲——唐玄宗最宠爱的武惠妃便立即要求唐玄宗立杨玉环为寿王妃。于是，16岁的杨玉环当年就成了李瑁的妻子，婚后两人生活和睦。

三年后，李瑁之母暴病而亡，唐玄宗心头抑郁，在高力士的推荐之下，他将目光转向了杨玉环。唐玄宗看上杨玉环之后，心中有喜有愁，喜的是他的确喜欢杨玉环，愁的是杨玉环是儿子的妻子。不过，很快就有人帮他解决了这一难题，有人出主意，让杨玉环出家为女道士，为唐玄宗的母亲窦太后祈福，这样也就断了杨玉环与李瑁的婚姻。在唐代，很多皇室女子皆用此法结束婚姻。于是唐玄宗下了一道圣旨，赐杨玉环道号"太真"，让她立即搬离寿王府，住进太真宫。李瑁与杨玉环五年的美满婚姻就此画上了句号。

天宝四年（745），唐玄宗为了补偿儿子，更是为了给自己娶杨玉环作铺垫，将韦昭训的次女册立为新的寿王妃。不久，杨玉环入住宫中，并被册封为贵妃，受唐玄宗专宠。唐玄宗自从废了王皇后之后，一直没有再立皇后，因此杨贵妃在宫中的地位就如同皇后无异，宫人们都称她为娘子。

《旧唐书》说杨贵妃"善歌舞，通音律，智算过人，每倩盼承迎，动如上意"，恐怕这就是她受宠的原因。唐玄宗通晓音律，曾谱《霓裳羽衣曲》，令杨贵妃依曲编舞。杨贵妃领着宫人日夜编排。表演那天，杨贵妃带领众宫女翩翩起舞，好像仙子下凡，唐玄宗看得龙心大悦，不由道："朕得杨贵妃，如得至宝也。"还有一次，唐玄宗要在宫中举办一个用中原乐器和西域乐器一起演奏的音乐会。音乐会上，杨贵妃怀抱琵琶，唐玄宗手持羯鼓，彼此合奏无间。除了琵琶之外，杨贵妃还是个击磬高手，"拊搏之音泠泠然，多新声，虽梨园弟子，莫能及之"。为此，唐玄宗特别命人用蓝田绿玉为她打造了一套名贵的玉磬。

一骑红尘妃子笑

"长安回望绣成堆，山顶千门次第开。一骑红尘妃子笑，无人知是荔枝来。"这是唐朝著名诗人杜牧所作的《过华清宫》，诗里提到的妃子就是杨贵妃。唐玄宗知道杨贵妃喜欢吃荔枝，于是便命人千里迢迢从岭南送荔枝到长安城。当时的交通极不方便，况且岭南到长安路途遥远，为了保持荔枝的新鲜，唐玄宗命人开辟了一条从岭南到长安的千里贡道，并让人快马运送。快马最快可以日驰五百里，为了运送这些荔枝，不知累死了多少快马。

传说岭南有人进献了一只白鹦鹉给杨贵妃，因其全身皆白，所以杨贵妃给它取名"雪衣女"，不过宫人们都称其为"雪衣娘"。雪衣娘非常伶俐，不仅能模仿人说话，还会背诗，唐玄宗曾让人教它诗篇，几遍之后，它便能吟诵出来，唐玄宗和杨贵妃因此都很喜欢它。雪衣娘还善

● 风流阵图

日本屏障画，画家不详，描绘的是唐玄宗的后宫生活：宫女们每人手中都挥舞着花枝，杨贵妃端坐在后方。

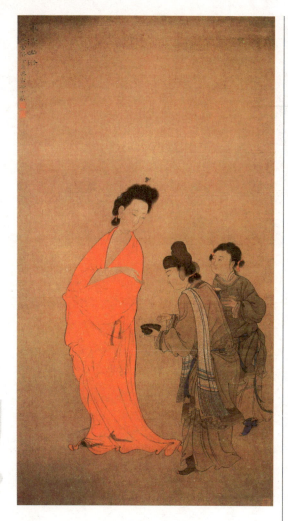

●杨贵妃华清池出浴图，清中叶画家康涛绘。

解人意，唐玄宗与人下棋的时候，如果棋局不利于唐玄宗，侍从只要叫声雪衣娘，它便会飞到棋盘中捣乱，或是啄对方的手，让他们无法应战。杨贵妃没事的时候，也常常独自逗它玩。

后来，这只雪衣娘被老鹰啄死了，杨贵妃和唐玄宗都很伤心，将其葬在御苑中，并建了鹦鹉冢。唐玄宗对杨贵妃的宠物尚且如此关心、喜爱，对杨贵妃本人就更不用说了，哪怕她做得再过分，也舍不得伤害她。

有一次，杨贵妃因梅妃而与唐玄宗发生了争执，触怒唐玄宗被遣送回杨家。杨贵妃被送走还不到一个早晨，唐玄宗便"思之，不食"。高力士深知唐玄宗的心思，便请求将杨贵妃平时所用的东西送到杨府，唐玄宗还命人将御食送至杨家。没过多久，唐玄宗又发脾气了，还痛打了身边的侍从。高力士知道他的心思，于是跪请迎接杨贵妃回宫。当晚，杨贵妃就从安兴里门重回宫中。杨贵妃一见唐玄宗便"伏地谢罪"，唐玄宗则欢欢喜喜地上前安慰她。第二天，杨贵妃的两个姐姐韩国夫人和虢国夫人又进宫来，唐玄宗"作乐终日"，身边侍从也得到了许多赏赐。

还有一次，杨贵妃偷偷拿了二十五郎（章怀太子的孙子邠王李承宁，唐玄宗之从侄）的紫玉笛，独自吹奏娱乐。在当时，这种事情是不合礼法的，事发之后，唐玄宗警告她不可再拿紫玉笛吹奏，谁知她却没将这话当回事，而且还忤逆唐玄宗。唐玄宗生气了，再次将她赶出宫外。杨贵妃出宫后，剪下一缕头发，让人捎进宫中。唐玄宗见到后十分害怕，又立即让高力士将她接回。

一人得道　鸡犬升天

杨贵妃得势之后，杨家人也都得到了丰厚的赏赐，她的三个姐姐分别被封为韩国夫人（大姐）、虢国夫人（三姐）、秦国夫人（八姐），唐玄宗每年赏赐给她们的脂粉钱多达千贯，杨贵妃的两位堂兄弟杨铦、杨锜也加官晋爵。杨家人"出入禁门不问，京师长吏为之侧目"，因此当时有歌谣唱道："生女勿悲酸，生男勿喜欢。"

除了这五位杨家人之外，杨贵妃的另外一位族兄杨国忠因为杨贵妃的关系，也得到了唐玄宗的重用。唐玄宗为了讨好杨贵妃，一味任由杨家人胡来的做法直接导致了大唐的国势趋于没落，并导致了安史之乱，而杨氏也因此遭到灭门。

杨国忠本名杨钊，是杨贵妃的同曾祖兄（另一说同祖兄）。杨钊从小行为放荡不羁，喜欢喝酒赌博，到了30岁还是一事无成。杨贵妃得势之后，剑南节度使章仇兼琼担心李林甫专权，自己禄位难保，所以派杨钊入朝，想利用他的裙带关系为自己找一个好靠山。

于是，章仇兼琼准备了蜀锦和价值万缗的四川名贵土特产，让杨钊分别将这些东西献给朝廷和杨氏诸姐妹。杨钊到了长安后，依照章仇兼琼的吩咐将东西送给了杨氏诸姐妹，于是杨氏姐妹就常常在唐玄宗面前替杨钊和章仇兼琼说好话。唐玄宗因此任命杨钊为金吾兵曹参军，而且还可以随意出入宫中。

杨钊善于权术，精于运算，他利用杨贵妃和杨氏诸姐妹的关系，很快在朝中站稳脚跟，不久就连连升职。天宝九年（750），唐玄宗赐杨钊名"国忠"，从此以后人们都称他为杨国忠。

不久，杨国忠取代李林甫成了右相，并身兼四十余职。杨国忠担任宰相期间两次征讨南诏，均以失败告终，损失了二十几万官兵，也

给边境少数民族地区造成了极大的灾难。当时朝廷规定的选拔官员的手续是十分严格的，然而杨国忠却一手操纵，任人唯亲。对于百姓的疾苦，他毫不关心，甚至隐瞒不报。此时，唐朝的国政已经变得混乱不堪，国力开始衰败。

杨国忠的专权引发了他和安禄山之间的矛盾。安禄山同样深受唐玄宗器重，他还靦着脸认了比他年龄小得多的杨贵妃为干娘。天宝十四年（755），安禄山发动了以讨伐杨国忠为名的叛乱，意图夺取大唐江山，史称"安史之乱"。唐玄宗害怕，携带杨贵妃逃往西南，途经马嵬驿时，将军陈玄礼以军士不满为名，先杀了杨国忠，又逼唐玄宗赐杨贵妃自缢。不久，虢国夫人也自杀了，杨门彻底败落。

唐玄宗统治前期曾开创了开元盛世的局面，然而晚年却沉湎于酒色，最终酿成国祸。杨贵妃作为一个后宫妃子，虽然没有直接插手政事，却因得到君王迷恋而被后人指为造成国事混乱的红颜祸水。

●虢国夫人游春图

唐玄宗宠爱杨贵妃，对杨家一门大加青睐，杨贵妃的三个姐姐分别获封为韩国夫人、虢国夫人和秦国夫人，她们可自由出入宫廷。画卷中何人为虢国夫人，众说不一，一种说法认为右起第五人应是虢国夫人。此女子高髻丰腴，衣着典雅华贵，坐骑佩饰豪华。

盛开在南唐遗梦中的姊妹花

红颜薄命的大小周后

■■■ 南唐后主李煜是一个才华横溢、工书善画、能诗擅词的风流人物。虽然他是一个失败的君主，但却是个成功的词人，一生中留下了许多不朽的词作。这其中少不了他的两位妻子——大小周后的功劳。

才子佳人

"晓妆初过，沈檀轻注些儿个。向人微露丁香颗，一曲清歌，暂引樱桃破。罗袖裹残殷色可，杯深旋被香醪涴。绣床斜凭娇无那，烂嚼红茸，笑向檀郎唾。"一首《一斛珠》使大周后艳丽娇憨的风情跃然纸上。李煜写这首词的时候，和大周后刚新婚不久，两人整日耳鬓厮磨，享受着快乐的生活。

●李煜（937～978）
李煜虽不通政治，但才华横溢，精通书法、绘画、音律，在诗文上有一定造诣，尤以词的成就最高，有《浣溪沙》《虞美人》《乌夜啼》等名篇传世。

大周后，名宪，字娥皇，南唐大臣周宗的长女，长得花容月貌，气质高雅，棋艺精湛，史书上说她"晓书史，善歌舞，精音律，尤以弹琵琶见长"。她的妹妹后来也嫁给李煜并封为后。后人为了区分她们两人，称姐为大周后，妹为小周后。

保大十二年（954），在李煜之父南唐元宗皇帝李璟的亲自主持下，大周后与李煜成婚，这一年大周后19岁，李煜小她1岁。李璟很喜欢这个儿子，对他的婚事也颇为重视。此前，大周后曾到宫中演奏过琵琶，李璟听后赞不绝口，将宫中至宝烧槽琵琶赏赐给了她。可见，李璟对这位儿媳妇相当满意。

大周后嫁给李煜之后受到专宠。虽然李煜还有其他姬妾，但只有大周后一人能与他精神相通。

一日，大周后同李煜月夜赏雪饮宴，酒至半酣时，大周后邀请李煜起舞助兴。微微有些醉意的李煜笑着说道："要我起舞也可，只要你能谱出新曲来，我就随曲起舞。"大周后微微一笑，立即命人取来笔墨，只见她"喉无滞音，笔无停思"，一会儿工夫就谱了一首新曲。李煜接过新曲一看，大声叫妙，立即让乐伎演奏，自己则随着乐声舞了起来。大周后所作的这首曲子也因此被称为《邀醉舞破》。

在成婚的头几年，他们几乎日日过着这样的生活。此间，李煜为大周后写下了不少词，词中所展现的不是他们的恩爱之情，便是他对大周后的迷恋之态。在南唐风雨飘摇的岁月里，过得最逍遥的莫过于他们两人。

然而风暴已经来了，这样的日子注定不能长久。

风华绝代　红颜逝去

北宋建隆二年（961），也就是赵匡胤代北周自立为帝的第二年，李璟去世，李煜在南京即位，大周后被立为皇后。李煜一向只醉心于风花雪月、诗词歌赋，哪懂得治国之道，不过他还是硬着头皮坐殿，批阅奏折。此时天下局势动荡，南唐江山岌岌可危，但李煜依然同大周后一起歌舞宴乐。

大周后并不迷恋权术，享乐、奢靡的生活才是她的追求。传说她特别喜欢置身于香风薰雾之中，李煜为投其所好，在宫中专门设置了司香宫女，焚香器具均以金银玉精制而成，器具名目多达数十种。

大周后很会打扮，每当她"高髻纤裳，首

●**韩熙载夜宴图（局部）**

五代南唐画家顾闳中绘。此画描摹了南唐巨宦韩熙载家开宴行乐的场景。韩熙载见南唐日趋没落，为避免后主李煜的猜疑，以声色为韬晦之所，每每夜宴宏开，与宾客纵情嬉戏。画中高冠大髯、端坐于榻沿者即韩熙载。

翘鬓朵"（梳着高髻，穿着细腰裙，鬓上满插鲜花，传说此妆容为大周后所创）出现的时候，就如同仙子下凡一般，美丽脱俗。李煜非常喜欢，便在宫中建了一个锦洞天，将殿上的梁栋窗壁、柱拱阶砌都装成隔筒，饰以各种花枝，然后让宫中所有嫔妃都仿照大周后绾高髻、穿细腰裙在锦洞天内歌舞。

盛唐时有一支非常出名的曲子叫《霓裳羽衣曲》，自从唐世乱离之后就失传了。李煜在偶然中得到了该曲的乐谱，可是它在流传中发生了很多变异，也不完整，宫中乐师无法将其演奏出来。大周后知道后亲自整理乐谱，一番增删调整之后，居然用琵琶弹奏了出来，赢得一片赞扬之声。当时的内史舍人徐铉也是个懂音律的人，他听完曲子之后，偷偷问乐工曹生说："音乐之法，曲终时应当缓和，这个曲子却很急促，是什么原因？" 曹生说："旧谱上这个曲子本是缓缓终结的，如今令其急促结束，恐怕不是好兆头。"不久之后，曹生的话应验了。

这年的七夕前夕，李煜让人在碧落宫内造了一座富丽堂皇的月宫。七夕这天，无数歌舞乐伎扮成仙女的样子，奏演《霓裳羽衣曲》，李煜则带着大周后观看饮乐，直到很晚才散去。

不料，七夕后不久，大周后竟得了重病。李煜非常着急，日夜陪伴在她的身边，亲自照顾饮食，汤药也必定亲口尝过再喂她服下。然而，大周后的病一天重似一天，特别是她最疼爱的幼子仲宣4岁夭折，大周后"哀苦增剧"，眼看是不行了。

据说，大周后死前还遭受过严重打击。在她病重期间，她那小她14岁的妹妹常常往来于宫中，和李煜有了私情，大周后因为一直卧病在床并不知晓。一日，大周后发现妹妹站在自己的帷帐外，先是吓了一跳，然后问她来了多久。这位后来被称作小周后的女孩子当时只有15岁，年幼无知，见大周后问，便老老实实地回答说已经来了好几天了。大周后听后什么都明白了，心中又气又恨，把头转向一边，"至死面不外向"。

没过多久，这位风华绝代的佳人便香消玉殒了。死前，她亲手将烧槽琵琶和一直戴在手

窅娘缠足

后主李煜还有一名非常有名的妃子，名叫窅娘。窅娘出身贫寒，本为采莲女，16岁时被选入宫中。据说她是一名混血儿，眼睛与中原人不太一样，双目深凹，所以李煜赐名"窅娘"。窅娘轻佻艳丽，能歌善舞，尤善跳金莲舞，李煜特意为她建了一座六尺高的金莲舞台。窅娘跳此舞时以帛缠足，使其纤小弯曲如新月，外着素袜，在金制莲花上翩翩起舞，有凌云之态，俯仰摇曳之姿非常动人，李煜看了喜不自禁。窅娘于是常常以白绫缠足，以保舞姿优美，因此很受李煜的宠爱。

女子缠足成风始于五代，而窅娘则起了一个推波助澜的作用。于是，从宋代开始，名媛闺秀皆以缠足为美。这种陋习渐渐发展到民间，并到了变态的地步，直到民国时候才被废除。

臂上的玉环留给李煜为念，然后沐浴更衣，化好妆，并亲手将玉蝉含放进口中，随后静静逝去。

红颜薄命

大周后去世之后，李煜深为悲痛，在葬礼上"哀苦骨立，杖而后起"，并作了数千字的悼文，还自称鳏夫煜。

大周后的妹妹成了李煜之母钟太后认可的皇后人选，但因为她年纪太小，连礼服都撑不起来，只好让她"养于宫中待年"，准备等她大一点再举行大婚。但是还没等到大婚，钟太后就过世了。按照古礼，李煜要守孝三年，所以婚事又被推后，直到大周后死后四年，李煜才迎娶小周后。

婚礼第二日，李煜大宴群臣。按照惯例，大臣们都要献贺诗，但是李煜写给小周后的描述二人偷情的词——"花明月暗笼轻雾，今宵好向郎边去。刬袜步香阶，手提金缕鞋。画堂南畔见，一向偎人颤。奴为出来难，教郎恣意怜"，大臣们早就耳熟能详了，所以他们所作的贺诗大多怪异，多含讽刺的意味。李煜倒也一笑置之，没有怪罪。

李煜迎娶小周后之后依然不改"骄侈，好声色，不恤政事"的本性，南唐国势一日不如一日。虽然小周后在才情上不如大周后，但是年轻貌美，李煜对她还是非常迷恋的，常常丢掉国事与她一起玩乐。

小周后酷爱着绿装，宫女们见她穿着青碧色的衣服飘然出尘，宛若仙子，十分艳羡，纷纷仿效。宫女们又嫌弃宫外所染的青碧色颜色不够纯正，便亲自动手染。一次，一个宫女染了一匹绢晾在屋外，夜里忘了收进屋子，第二天一看，发现这绢被露水沾湿后，颜色更加

●在六尺高金莲上起舞的窅娘

青碧、鲜艳。李煜与小周后见了都觉得很好，从此以后，宫中就以露水染碧，称之为"天水碧"。

李煜与小周后的快乐日子很快到了头。北宋开宝八年（975），南唐灭亡，李煜与小周后被宋军俘到汴京，李煜被封为违命侯，小周后为郑国夫人，夫妻双双被软禁。不久，宋太宗即位。

宋太宗早就听说小周后美艳动人，于是每到命妇入宫参拜皇后的日子，他便找借口将小周后留在宫中几日。对此，李煜只能逃避、忍耐。而小周后为了丈夫的性命，也只好任由宋太宗胡来。

不久，李煜因作了《虞美人》和《浪淘沙》被宋太宗鸩杀。自此以后，小周后再不入宫，只在李煜的牌位前守丧。几个月后，她也自杀，追随李煜而去，死时和她姐姐一样，年仅29岁。

人说红颜薄命，大周后、小周后似乎就应验了这句话。一声叹息，随风而去，再美的人也奈何不了人世的变故呀。

真假狸猫换太子

刘娥的封后之路

■ 她是一个街头卖艺女，又是一位夺人之子的皇后，她政绩显赫，是宋朝第一位摄政的太后，她还常被与吕雉、武则天相提并论，被称为"有吕武之才，无吕武之恶"，她就是宋真宗的皇后——刘娥。

狸猫换太子

中国民间有一个流传很广的传说——狸猫换太子，故事发生在宋真宗年间。真宗的两位妃子——李宸妃与刘德妃同时怀孕，刘德妃唯恐李宸妃会早于自己生下儿子被立为皇后，于是与宫中总管都堂郭槐商定收买接生婆尤氏，让尤氏趁李宸妃产子后不省人事之际，用一只剥了皮毛的狸猫换走刚出世的太子。真宗以为李宸妃生下了妖怪，将其贬入冷宫。而太子则被太监陈琳偷偷带至南清宫抚养。

不久，刘德妃生下儿子，如愿以偿成了刘皇后。不过，这个孩子6岁时就死了。当刘皇后得知李宸妃生的儿子并未死时，于是将其收养，这个孩子就这样成了太子。一日，太子在冷宫中见到李宸妃，两人都淌下了眼泪。刘皇后得知后，在真宗面前进谗言，真宗下旨要将李宸妃赐死。在太监余忠、秦凤的帮助下，李宸妃逃离皇宫，逃到陈州，住在破窑洞里，以乞讨为生。后来，大臣包拯到陈州赈灾放粮，李宸妃拦轿叫屈。包拯得知真情后，与李宸妃假以母子相称，将其带回开封。

此时，真宗早已过世，李宸妃的儿子即皇帝位，史称宋仁宗。包拯趁仁宗皇后寿诞之日，将李宸妃带到宫中，又设计让陈琳供出了事情的真相，李宸妃得以与儿子相认。已做了太后的刘皇后阴谋败露，惊厥而死。

事实上，历史上的确有仁宗认母之事，不过这件事情和包拯可没什么关系，仁宗认母之际，包拯还未入仕呢。但是，故事的部分内容还是真实的，被仁宗称为太后的刘氏的确并非仁宗生母。

刘太后本名刘娥，是将门之后，出生不久父亲战死沙场，家道中落，母亲只好带着她寄居在外祖父家。刘娥自小就聪明伶俐，除了读书识字外，她还学得击鼗的谋生技艺，善说鼓词。

14岁时，刘娥嫁给了一个名叫龚美的年轻银匠为妻，婚后不久随夫到京城开封谋生。龚美喜欢结交朋友，他到了开封之后，便同在襄王府当差的张耆成了好朋友，这位襄王正是日后被称为真宗皇帝的赵恒。

刘娥生得花容月貌，而且常常跟着龚美在外击鼗挣钱，因此声名远播，连王府的下人也知道她是个美人。张耆将襄王赵恒正在选妃的事情告诉了龚美，并暗示刘娥就是一个合适的人选。

龚美听张耆这么一说，就回去同刘娥商量，假以兄妹相称，送其进王府。刘娥听了以后，也没有反对。就这样，刘娥进入了襄王府。

刘娥进入襄王府后，很快就得到了赵恒的宠爱，因此下人们也都对她毕恭毕敬，只有赵恒的乳母秦国夫人例外。她认为出身卑微的刘娥是在利用媚术勾引赵恒，因此千方百计地想将她赶出王府。不过赵恒说什么也舍不得让刘娥走，秦国夫人一生气，就将这件事捅到了赵恒的父亲太宗面前。

太宗知道后大怒，立即下旨命赵恒将刘娥赶出京城，并给赵恒选了潘美的八女儿为妻。

●中国戏剧绘图《抱妆盒》

《抱妆盒》全名《金水桥陈琳抱妆盒》，元杂剧。宋真宗未有太子，偶幸李美人得子。刘皇后令宫女寇承御将太子丢弃。寇承御与太监陈琳将太子送予八王赵德芳。十年后，真宗死，德芳子即位为仁宗，方知自己的身世，并立李美人为太后。

迫于太宗的威严，赵恒不得不将刘娥遣出王府，但并没有把她送出京城，而是偷偷将她藏在张耆家中，还不时前去私会。

6年后，潘氏过世，太宗又下旨让赵恒娶宣徽南院使郭守文的次女郭氏。太宗过世之后，赵恒即位为真宗，郭氏被封为皇后，刘娥也被接回宫中，封为四品美人，真宗对她依然宠爱非常。

景德四年（1007）四月，郭皇后病逝，真宗想册立刘娥为后，但大臣们认为刘娥出身卑微，也没有生下皇子，没有资格当皇后。大臣们建议应该册立宰相沈伦的孙女——14岁的沈才人为后。真宗对大臣们的态度十分不满，于是干脆不谈立后之事，一直将后位空着。

真宗妃嫔
宗真宫承封追奏曲
辛福孔子庙初有名
定谥荐祥石巳上特
释妃绵名的故再年
始妃奏纪官令远县
分叔七十二一万于逐
妃孔休荣外人以以
配真庥祭宗諡沼庙
李氏休留写留沼庙

● 宋真宗谒孔子庙图
1008 年，宋真宗谒孔子庙，加封孔子为"玄圣文宣王"，后改称"至圣文宣王"。

颇为照顾，每次晋封刘娥时，杨氏也必能得到晋封。

既然刘娥已经"生子"，真宗便又提起了立后之事，然而朝中大部分官员都知道其中真相，因此还是不同意。真宗只好先晋封刘娥为德妃，一个月后再封为皇后。为了避免群臣再次反对，册后仪式一切从简，没有封后仪式，没有官员进贺，只是在宫中宣布一下，然后将封后诏书传至中书各省便算完事。

刘娥当上皇后后常常与真宗同进同出，真宗每日批阅奏章时，她一定会在旁边陪伴。她对朝中政事了解颇多，常常能够给真宗一些好的建议，真宗就更加离不开她了。另外，刘娥从不恃宠而骄，从不和其他妃子争风吃醋，所以真宗更加喜欢她，就是外出巡幸，也必然将她带在身边。

借腹生子成为皇后

刘娥虽然受到了真宗的专宠，但始终没能怀孕。随着年岁的增长，她意识到自己怀孕的可能性越来越小，于是想出了一招借腹生子。刘娥身边有一位姓李的侍女，相貌清秀，庄重寡言，于是刘娥便让她给真宗侍寝。李氏怀孕后，真宗便对外界声称刘娥有孕，也就是说这出借腹生子的闹剧真宗也参与了。

据说，李氏怀孕期间，一日随真宗登砌台，发髻上的玉钗不慎坠落。真宗在心中暗暗祈祷，如果玉钗完好无损，李氏怀的便是男孩。命人捡起玉钗一看，玉钗真的完好无损，真宗非常高兴。不久后，李氏果真生了一个儿子，这个孩子就是后来的仁宗赵祯。李氏生下皇子后被封为崇阳县君，后来又生过一位公主，被晋封为才人。真宗对这位生下皇子的妃子并不重视，可怜她生了皇子，却只能孤独终老。

刘娥"生子"之后，将孩子交给了一直与她交好的杨婕妤抚养。杨氏对刘娥极为恭顺，刘娥也非常信任她，因此真宗对她也是

厚葬李氏

天禧四年（1020）二月，真宗患了重病，无法批阅奏章，大部分政事都是刘娥代为处理。真宗对刘娥极为信任，他发现自己的病情越来越重，便下诏说："此后由皇太子赵祯在资善堂听政，皇后贤明，从旁辅助。"诏书一出，刘娥便可名正言顺地管理朝政了，这使得很多大臣不安起来。

乾兴元年（1022），真宗病逝，太子赵祯

即位，史称宋仁宗，刘娥被尊为皇太后。此时，赵祯仅有11岁，因此朝中的大事都由刘娥做主。

刘娥掌权后手段非常，迅速除去了朝中的异己势力，开始垂帘听政，将朝中大权尽握手中。这段时间，宋朝的政治还是比较清明的，刘娥号令严明，赏罚有度，对自己的亲信也不纵容，在重大问题上也不一意孤行，而是虚心听取大臣们的意见。

刘娥虽然没有让仁宗和生母李氏相认，但却在真宗死后封李氏为顺容。真宗在世时，刘娥就已经令人访得李氏的家人兄弟，让他们在朝中做官。后来，李氏病重，刘娥派太医前去诊治，并亲下诏书封其为宸妃。李氏在接到诏书的当晚就过世了，刘娥命人按照宫人的礼仪将李氏入殓，并移棺宫外，准备从简办理丧事。此事被宰相吕夷简知道了，他对刘娥说："娘娘如何不顾念刘氏家族？臣不敢多言，但若欲使刘氏久安，则李宸妃葬礼万难从轻。"听了吕夷简的话，刘娥顿时明白其中的利害关系，于是以皇后之礼厚葬李氏，并追封了李氏的父亲，提升了她的哥哥李用和的官职。

明道二年（1033）三月，刘娥病逝，燕王赵元俨将真相告诉了仁宗，还说李氏是被刘娥毒死的。仁宗得知自己的身世后大为震惊，让李用和亲自开棺验尸。棺木打开后，只见李氏穿着皇后的礼服，周身以水银浸泡，尸体丝毫没有腐烂，颜色如生，安详地躺在棺木中。仁宗叹道："人言岂可尽信。"于是，在刘娥牌位之前跪拜谢罪，并给刘氏族人加官晋爵，还说："从此后大娘娘（仁宗称刘娥为大娘娘，杨氏为小娘娘）的生平可清白分明了。"

●宋永定陵

乾兴元年（1022），宋真宗赵恒病逝，葬永定陵（在今河南巩义）。后来，宋仁宗又将刘娥与李宸妃一同迁葬永定陵。

几度浮沉 因祸得福

孟皇后三立之谜

■ 北宋哲宗第一任皇后孟氏贤淑温婉，生平从不与人争斗，却屡遭迫害，一生几度废立，最终还是得到了善终。纵观中国历史，能像她这样在复杂的宫廷斗争中屡遭迫害，又屡获新生的后宫嫔妃，恐怕难再找出第二位了。她的一生似乎就像是一场戏，哀婉动人却又高潮迭起。

●宋哲宗赵煦
（1076～1100）

宋神宗赵顼长子，元丰八年（1085）即位。哲宗是北宋较有作为的一位皇帝，但他在位时期新旧党争激化，由此种下北宋灭亡的祸根。

婕妤挑衅

　　孟皇后出身名门，其祖父是眉州防御使马军都虞侯孟元。孟皇后自小就温柔乖顺，很得哲宗祖母高太后的喜爱，所以在很小的时候就被高太后接到了宫中，并学习女仪。

　　元丰八年（1085），宋神宗病逝，宋哲宗以幼龄即位，高太皇太后临朝听政。哲宗17岁那年，高太皇太后让哲宗迎娶温婉贤淑的孟皇后。然而，这桩婚姻从一开始就埋下了不愉快的种子。

　　根据钦天监所选的日子，大婚的日子在农历五月十六日。然而，在道家看来，这天为"天地合日"，在民间，这一天夫妻应该分床睡，否则将有性命之忧。哲宗生母朱太妃笃信道教，认为这一天结婚会影响到儿子的性命，因此请求高太皇太后更改大婚的日子。

　　高太皇太后不同意朱太妃的意见，还训斥了她。朱太妃出身寒微，入宫后极为温柔恭顺，对高太后和向皇后（神宗的皇后）一直毕恭毕敬，但高太后对她却极为排斥。对此，哲宗敢怒不敢言。另外，高太皇太后一直垂帘听政，始终不肯将权力还给哲宗，而且还监视他的私生活，这让哲宗非常不满。因为讨厌高太皇太后的缘故，哲宗对高太皇太后所喜欢的孟皇后也没有好感。

孟皇后虽然得不到哲宗的宠爱，但她一直恪守本分，在宫中人缘颇好，哲宗对她也无可挑剔。倒是得到哲宗专宠的刘婕妤恃宠成骄，经常冒犯孟皇后。孟皇后每次都隐忍着，不与刘婕妤计较。刘婕妤不仅不知道收敛，而且在高太皇太后去世之后越发肆无忌惮。

一次，孟皇后带领后宫嫔妃到景灵宫朝拜历朝皇帝、皇后的画像。仪式结束之后，孟皇后坐着休息，嫔妃们都侍立在旁，只有刘婕妤独自一人站到帘子下，背向皇后，这简直就是公开的挑衅。

还有一次，孟皇后带领嫔妃们到隆祐宫谒见向太后，当时向太后还没有起床，大家于是坐着等候。按照规定，只有皇后才能用朱漆金饰的椅子，其他嫔妃只能坐普通的椅子。但是刘婕妤不肯坐普通椅子，直到她的心腹太监郝随给她换了一把朱漆金饰椅，她才满意地坐下。刘婕妤刚刚坐下，就听到有人通报向太后来了。嫔妃们都站立迎接，不料等了一会儿，太后的身影并没有出现，大家又都坐下。嫔妃们都还没坐稳，就听见刘婕妤的惊呼声，众人循声望去，只见刘婕妤坐了个空，仰天跌在地上。原来，孟皇后的宫女见她如此嚣张，想替主子教训她一下，于是便趁她起身之际，将她的椅子往后拉了拉。刘婕妤受了这番捉弄后，气得七窍生烟，顾不上拜见向太后，便跑去向哲宗哭诉。哲宗虽然心疼刘婕妤，但只是安慰了她几句，并没有追究此事。此事之后，刘婕妤就更加看孟皇后不顺眼了，想除之而后快。

被废出家

经历过摔跤一事之后，刘婕妤生气了很长一段时间，郝随用孟皇后还没生育皇子的事来劝她说："婕妤不必生气，若能早为官家生子，后位正当为婕妤所有。"

郝随之所以敢说这样大逆不道的话，不仅因其主子刘婕妤受宠，更因为他有宰相章惇当靠山。此时，高太皇太后已死，朝中大权尽掌握在像章惇一样的变法派手中。章惇一向对高太皇太后心存不满，太皇太后一死，他便将这种愤恨转移到孟皇后身上。

章惇知道哲宗喜欢刘婕妤，于是便有意扶植刘婕妤登上后位。在郝随的牵线下，章惇终于和刘婕妤搭上了关系，准备内外联手废除孟皇后。可是，孟皇后一向洁身自爱，既不争风吃醋，也不兴风作浪，一直没让他们找到废后的借口。

孟皇后有一个女儿叫福庆公主。一次，福庆公主生病了，孟皇后的姐姐懂得一些医术，于是进宫给公主治病。当她见药物无效之后，便想用符水来治病。孟皇后一见到符水大惊失色，连忙阻止，并警告道："姐姐莫非不知宫中禁令吗？倘被奸人借端播弄，这祸事就不小了！"说完立即将符封了起来。

一日，哲宗来看女儿，孟皇后将符取出，如实地向哲宗说明了事情的经过，并请皇帝惩罚。哲宗倒也没在意，称这也是人之常情，安慰了孟皇后几句就算了。

不久，福庆公主夭亡，孟皇后的养母燕氏、女尼法端、供奉官王坚等擅自做主为孟皇后母女祈福，没想到这件事情刚好落人口实。

刘婕妤趁此机会，将前后两件事情联系起来在哲宗面前搬弄是非，说孟皇后这是在诅咒皇帝。哲宗听了非常生气，立即派梁从政、苏珪等人办理此案。在宰相章惇和刘婕妤的授意下，他们共逮捕了孟皇后身边的宫女、太监

吟徵调商茎下桐
松间疑有入松风
仰窥低案含情客
以聽无绝一再中
甲午暮春上澣识

聽琴圖

●听琴图

此图是北宋传世画作中最
为精工的人物画之一，传
为宋徽宗赵佶作。画中古
松树下的弹琴者为赵佶本
人，端坐左侧的青衣者为
宦官童贯，有一童子侍立
在旁，端坐右侧的红衣者
为蔡京。《听琴图》诗为
蔡京所题。

三十几人，并严刑逼供。太监、宫女们不愿诬蔑孟皇后，个个被打得体无完肤，割舌断肢者不在少数。最后，梁从政等人不得不伪造供词，才让哲宗相信孟皇后图谋不轨。

章惇和刘婕妤因此要求哲宗废后。哲宗念及结发之情，且想到孟皇后平日里一向温顺贤淑，不忍心将她废去。这时候，又有人翻出"天地合日"的事情，说不废皇后，皇帝将有祸患，哲宗这才同意废后。

哲宗下旨命孟皇后出家为女道士，将她安置在被废妃嫔出家所居的瑶华宫，号华阳教主。

据说，废后的诏书是在孟冬季节颁布的，但诏书颁布之后，"天忽转暑，阴翳四塞，雷雹交下"。奉旨复查此案的诏令侍御史董敦逸原就对此案有怀疑，但在郝随的要挟之下，只好助纣为虐。当他见天现异象，以为是上天的警告，于是上书请求皇帝暂时收回废后的命令，重审此案。

哲宗收到董敦逸的奏折之后，认为他出尔反尔，大怒，最后还是知枢密院事曾布求情，哲宗才放了他。而哲宗也意识到自己过于草率，后悔道："章惇坏我名节。"

或许因为这个原因，所以孟皇后被废之后，尽管章惇等人多次提出立刘婕妤为后，哲宗都没有答应，只是晋封她为贤妃，废后的事情就此告一段落。

再废再立　浮沉一生

哲宗皇后的位置空置了3年之后，刘妃终于熬出了头，她为哲宗生了一个儿子。直到这时，哲宗才答应立她为后。然而好景不长，皇子出世仅两个月就死了。不久，哲宗去世。

宋哲宗没有留下子嗣，他一死，册立新帝的事情也被提上了日程。在向太后的干预下，神宗第十一子端王赵佶当上了皇帝，即徽宗。

徽宗即位之后，对向太后感恩戴德，不仅请她垂帘听政，还将向太后一向喜欢的哲宗废后华阳教主迎回宫中，复立为元祐皇后，位居刘皇后之上。刘皇后虽然气愤，但是也没有办法，这个时候她已经没有靠山，只能任听太后做主。

孟皇后被迎回宫中还没享几天清福，向太后就过世了。刘皇后勾结徽宗信任的蔡京等人，又将孟皇后废去，加赐号"希微元通知和妙静仙师"，并再次让她移居瑶华宫。

孟皇后回到瑶华宫后没多久，瑶华宫失火，她只好移居延宁宫，不想延宁宫又失火，只好搬到弟弟孟忠厚家居住。然而，她却因祸得福，逃过了一劫。

靖康二年（1127），汴京（开封）被金兵攻占，徽宗、钦宗二帝以及众多后宫嫔妃、皇子、公主都被金兵俘去，北宋灭亡。孟皇后因为居住在宫外，所以幸免于难。由于她的特殊身份，宋臣们又迎她出来，尊为元祐皇后，垂帘听政。

孟皇后听政之后，立即派人前去迎接逃亡在外的徽宗的儿子康王赵构，请他即皇帝之位。赵构做了皇帝之后，尊孟皇后为元祐太后，为了避她的祖父孟元之讳，改称隆祐太后。绍兴五年（1135），一生被废了两次的孟太后离开了人世，谥号"昭慈圣献皇太后"。

●闰中秋月帖

中国书法史上留下了几位帝王的名字，如梁武帝萧衍、唐太宗李世民等。但真正称得上是书法家的恐怕不多，其中就有宋徽宗赵佶。楷书作品《闰中秋月帖》是赵佶"瘦金体"之精品。瘦金体为赵佶创，这种书体笔画劲瘦如筋，清瘦纤细又挺拔有力，以韵味见长。

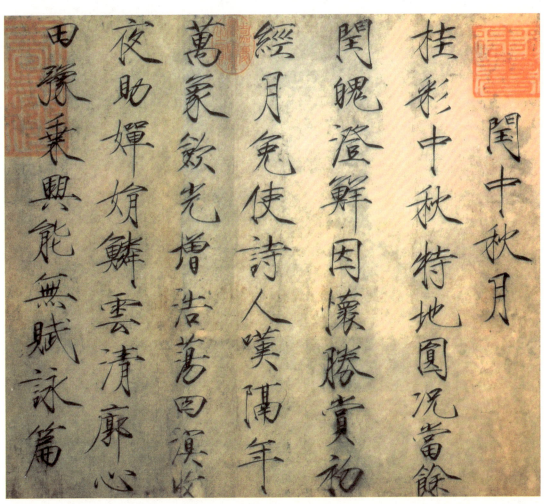

大明后宫的母子恋

万贵妃终身受宠

■ 历史上得宠的妃子很多，长期受宠的妃子也不少，这些人大多以色事君，色衰而爱弛，然而有一个女子却是例外，那就是明宪宗朱见深的宠妃万氏。万氏年长宪宗19岁，然而宪宗却对她宠爱有加，而且终生不渝。

毛头小子爱上半老徐娘

明宪宗宠妃万氏，青州诸城（今山东青州）人。她的父亲原本是诸城县衙的一个小官吏，但是因为受到株连被发配戍边，而4岁的万氏也被充为奴进入掖庭。

万氏入宫时，宪宗还未出生，待宪宗出生之时，她已经出落成一位亭亭玉立的大美人了，而且聪明伶俐。宪宗的祖母孙太后很喜欢她，便留她在身边管理服装衣饰。宪宗年少时常到祖母处玩耍，与万氏接触的机会很多，万氏常常哄着他玩，渐渐地两人之间就产生了感情。

天顺八年（1464），宪宗的父亲明英宗去世，宪宗继承皇位。宪宗能当上这个皇帝还颇费了一番周折。宪宗虽然出生不久就被立为太子，但是在他3岁的时候，英宗在同蒙古瓦剌部的交战中被俘，叔父（明代宗）登上了皇位。代宗即位才一年，英宗就被释放回朝。代宗为保帝位，将英宗幽囚起来，接着又废去宪宗的太子之位。

没几年，代宗病重，朝臣们趁机救出被幽囚的英宗。英宗复位之后，废了代宗，重新立宪宗为太子，万氏奉孙太后之命常到东宫照顾太子，两人之间的感情更加深厚。不久，孙太后病逝，宪宗便趁此机会将万氏要到自己宫中，做自己的贴身丫鬟。此时，万氏尽管已年过三十，但姿色未减，情窦初开的太子在万氏的挑逗之下，很快就和她有了床笫之欢，并与她难舍难分。

对宪宗来说，万氏不仅仅是一个玩伴，更是他的精神支柱，他不仅爱她，更多的是敬畏她。万氏从小就非常照顾宪宗，但是在他面前一点都不谦卑，相反，宪宗总是仰视她，这种习惯一旦养成就很难改掉，哪怕宪宗当了皇帝以后，他们之间的这种相处方式依然没有改变。

姜还是老的辣

宪宗登基后，周太后（宪宗的生母）为儿子选了王氏、吴氏、柏氏三位名门闺秀为妃，准备从她们中间挑出一位做皇后。最终，在司礼监太监牛玉的推荐之下，吴氏成了皇后，王氏、柏氏为贤妃。其实，按照宪宗自己的意思，他是想让万氏为皇后。无奈万氏出身低微，而且比皇帝大了19岁，在太后和群臣的反对之下，宪宗只好打消了这个念头，只给万氏一个小小的妃嫔称号。

和徐娘半老的万氏比起来，吴皇后不仅更加漂亮，也更加年轻。但是大婚之后，宪宗却一点也不贪恋吴皇后，依然天天和万氏黏在一起。为此，吴皇后非常恼怒，她不明白万氏哪点讨皇帝喜欢，论才学论姿色都不如自己，可宪宗却对她死心塌地。吴皇后越想越生气，心中对万氏万分讨厌。

万氏对吴皇后也没什么好感，本来她以为自己可以仗着宪宗的宠爱成为后宫之主，谁知道皇后的宝座让这个小丫头给占了，心中一万个不愿意。她于是开始不将吴皇后放在眼中，每次见皇后的时候，总是绷着脸，给皇后行礼时也不恭顺，有时候甚至对皇后端架子。刚开始的时候，吴皇后倒也忍让，没想到万氏越加嚣张跋扈，吴皇后忍无可忍，便训斥了她几

句。万氏不但不收敛，反而对皇后恶语相加。如此一来，吴皇后修养再好也忍不住发火了，她命令宫人将万氏拖倒，亲自对其施行杖罚。

这一闹可不得了，万氏受完杖罚之后，便跑到宪宗那儿去哭诉。宪宗一听皇后居然打了自己的宠妃，怒不可遏，立即就要替万氏到皇后那里要个说法。万氏知道如果宪宗这个时候去找吴皇后，最多也就是骂骂吴皇后而已，她当然不会傻到就这么放过吴皇后。

万氏一把拉住宪宗，不让他去找吴皇后评理，只是一味抹眼泪，一副可怜兮兮的样子，说自己已经年老色衰了，皇后却年轻漂亮，请求宪宗让自己出宫，免得在宫中碍眼，遭受皇后的嫉恨。

宪宗越听万氏的哭诉，越觉得她受了委屈，也就越恨吴皇后。第二天一大早，宪宗便去见两宫太后，说吴皇后"举动轻佻，礼度率

●明宪宗消闲调禽图

御花园中，小太监手拿鸟笼，治国平庸、生活奢靡的明宪宗正玩赏笼中小鸟。

略"，要将她废去。周太后劝阻儿子不要如此草率，说立后仅一个月就废，会遭天下人耻笑。宪宗却坚持己见，并怪罪牛玉在册立之时有舞弊的嫌疑。两位太后只好同意废后。

宪宗一道圣旨便除去了吴皇后的后位，吴氏退居别宫，牛玉被罚到孝陵种菜。可能是宪宗心中也觉得对牛玉过分了一点，所以当有其他大臣上奏称对牛玉的惩罚太轻时，他没有加重对牛玉的惩罚，却将那几位大臣贬到边远地区去了。

吴皇后被废之后，万氏还是不能如愿，虽然宪宗有意立其为后，但是在周太后的一再反对之下只得作罢。最终，在周太后的干预之下，宪宗不得不立王氏为皇后。王皇后生性软弱，知道宪宗处处维护万氏，因此不敢得罪万氏，处处忍让。作为对万氏不能被立为皇后的补偿，宪宗默许了她在后宫中胡作非为，一时间，后宫中人人自危。

干预外廷

万氏不仅在宫中骄横，还间接影响到了朝廷政事。当时朝中当权的宦官很多，而他们中的大多数都是依附于万氏起家的，如大宦官汪直、梁芳等人都是万氏的私臣。

汪直本来是侍奉万氏的小太监，因为很懂得讨万氏的喜欢，所以升职很快，没几年就任西厂提督。当时，汪直的气焰可谓嚣张，朝中

●明宪宗元宵行乐图

巨幅明代民俗画卷，绘于成化十一年（1475）。画中描绘了正月十五元宵节，明宪宗朱见深在皇宫游玩庆祝的各种场景，画卷中从早至晚的各种节目均有宪宗在场，他穿着不同的盛装，或站或坐，表情安详。宫内设街市，模仿民间习俗放爆竹、闹花灯、耍杂技，一派喜乐景象。

很多大臣都要巴结他，就连吏部尚书尹旻见了他也要下跪。据说，当时还有一个名叫杨福的江西人纠集了一班无赖，假冒汪直一路从芜湖招摇撞骗至福州，沿途的官吏根本不敢向他求查看信印，而是恭恭敬敬地听从命令，可见其势力有多大。

太监梁芳知道要想得到宪宗的宠信，就必须先从万氏身上下手。为了讨好万氏，他与自己的亲信韦兴不断将从民间搜刮来的各种奇珍异宝献给万氏，还借口为皇宫采办奢侈品出京，在地方上大肆搜刮民脂民膏，并与万氏分赃。万氏收到好处之后，自然在宪宗面前极力推荐梁芳，宪宗因此十分宠信他。梁芳恃宠做出了很多荒唐的事情来。

有一个叫作僧继晓的人，据说懂得"秘术"，在梁芳的引荐下得到了宪宗的信任。他原本是个娼妓之子，居然向宪宗请求旌表他的母亲。宪宗竟然下令不需要审核此事，直接给僧继晓的母亲立了贞节牌坊。宪宗甚至赏赐宫中的宫女给僧继晓，以供其淫乐。

梁芳本人则是一个挥霍无度的小人，他不仅到民间大肆搜刮，就连内府中的库银也被他花费一空，而宪宗对此却始终不闻不问，朝中大臣也奈何他不得，这都是因为有万氏在后面为他撑腰的缘故。梁芳一直受宠于宪宗，直到孝宗即位之后，才获罪下狱。

除了宦官，一些无耻的内阁大臣们为了升官发财，也频频向万氏示好，争相与其家人结交，其中最有名的就是大学士万安。

万安虽然身为大学士，其实就是一个不学无术的小人。万安的祖籍在眉州（今四川省境内），而万氏祖籍在诸城（今山东省境内），两地相距遥远，但万安还是费尽心思地与万氏

联上了宗，摇身一变成了皇帝宠妃的侄辈。万氏因出身寒微，也想有个士大夫家族来撑自己的脸面，于是默许了万安的这一做法，认下了这个远房侄子。

更有意思的是，万安的一个小妾王氏居然是万氏弟媳的妹妹。王氏以其特殊身份常常出入宫廷，探听宫中的变化虚实，而万安也倚仗万氏的支撑稳稳地坐在大学士位置上，直到孝宗即位以后才失势。

色衰爱未弛

成化二年（1466），万氏生下皇长子，宪宗非常高兴，立即封万氏为贵妃。万氏更是春风得意，梦想着能母以子贵，成为皇后。然而，这个孩子不到满月便夭折了。万氏深受打

●一团和气图

此画为明宪宗朱见深登位一年半后绘。朱见深绘此图有特定原因：一是期望朝政安定，群臣一心；二是体现儒、释、道三教合一，画面是释迦、孔子、老子三圣合体像。

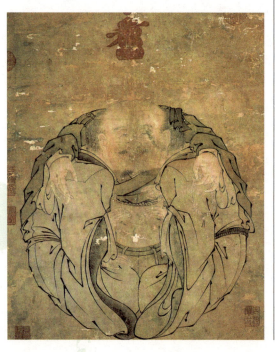

击，整日精神不振。宪宗对她更加怜爱，万氏才渐渐恢复过来。

后来，万氏又想了各种办法，希望能够再度怀上龙子，不过始终不能如愿。从此以后，万氏变得更加心狠手辣，并暗中监视得到宪宗临幸的宫中女子。一旦发现有怀孕者，不是强迫打胎，就是迫害致死。宫中的嫔妃、宫女虽然恨她，但惧于其淫威，无人敢反抗。

朝臣见宪宗没有子嗣，纷纷奏请宪宗广施恩泽，不可专宠万氏。宪宗则以"内事也，朕自主之"为由，依然宠幸万氏。

成化五年（1469），柏贤妃终于产下一个皇子，宪宗异常高兴，取名祐极并立为皇太子。万贵妃惶恐不安。一年后，祐极突然生起大病，这场病来得蹊跷而又迅速，一天一夜后祐极就死了。宪宗伤心不已，哭得死去活来。一些人知道这是万氏暗中下的毒手，但谁也不敢去告发。

一晃几年过去了，宪宗依然没有皇子，心中难免惆怅。一日，他又对太监张敏感叹起自己还没有儿子的事情。谁知张敏立即叩拜在地，告诉他其实有一个纪姓宫女早已生下一个皇子，已经6岁了。

这纪姓宫女是谁？纪氏女本是一土官之女，成化三年（1467）充入掖庭，性情淑贤，又通文字，得到了王皇后赏识，受命管理内府库藏。一日，宪宗到内府库藏，见纪氏女生得明眸皓齿，妩媚动人，便临幸了她。宪宗很快就忘了这件事，而万氏却开始注意纪氏女，因为纪氏女的肚子一天天大了起来。万氏一心要除掉纪氏女。不过，纪氏女还是在宫女和太监张敏的保护下活了下来，并生下一个男婴。废后吴氏知道这件事后，又偷偷将孩子接到自己

实行一夫一妻制的皇帝

大多皇帝都有三宫六院，嫔妃无数，然而明朝却有这样一个皇帝，他一生只有一个皇后，再没有其他嫔妃。这位皇帝便是饱受万贵妃迫害却奇迹般活下来的明孝宗朱祐樘，他唯一的妻子是张皇后。张皇后在孝宗还是太子时便嫁给他为太子妃，孝宗即位后，她被册立为皇后。孝宗与张皇后感情非常好，两人同起同卧，一起读书作画，朝夕相对。张皇后育有两子一女，次子3岁时便夭折了。孝宗和张皇后的婚姻是中国两千年帝制史上唯一一例一夫一妻制的皇帝婚姻。

宫中悉心照料。

宪宗和儿子相认之后，立即派人向内阁报喜。大臣们纷纷向皇帝表示祝贺。宪宗给皇子取名祐樘，不久封为太子，又封纪氏为淑妃，并同意大学士商辂的奏请，让纪淑妃亲自抚养太子。自此以后，宪宗常常去看望纪淑妃母子。不久，宫中的其他嫔妃也陆续为宪宗生下了几个儿子。

宪宗登基这么多年，朝廷中第一次如此高兴，唯一不高兴的只有万氏一人，她对纪淑妃简直是恨之入骨。没多长时间，宫中就传出纪淑妃暴病身亡的消息。大家都知道这肯定和万氏有关，不过宪宗不追究，大家也就不敢多言。张敏见纪淑妃遭到毒手，料想下一个遭殃的必定是自己，便吞金自杀了。纪淑妃死后，周太后为了保护孙子，将祐樘带在身边抚养。

因为一直无子，万氏突然想和小太子祐樘搞好关系。一天，万氏请祐樘到她的宫中玩耍，周太后知道万氏心怀不轨，就叮嘱孙子到了那儿什么也别吃。祐樘牢牢记下了祖母的话。万氏先请他吃饼，他说吃饱了，万氏又问要不要吃羹汤，他说不喝，恐怕有毒。

万氏气得说不出话来，过了好久才缓过神来，说："这孩子才几岁就如此防备我，只怕将来我会死在他手上。"于是逼宪宗另立邵宸妃的儿子朱祐杬为太子。尽管这个时候万氏已经人老珠黄，身体肥硕，可是宪宗依然非常宠爱她。万氏哭闹了一阵之后，宪宗竟然同意了她的请求。

宪宗召集群臣商议废太子之事。这时突然传来泰山发生地震的消息，钦天监根据天象，测算说兆应在东宫。宪宗以为这是上天不让他废太子的警示，于是不再提废储之事，祐樘这才保住了太子之位。

万氏费尽心思既没能得到皇后的宝座，也没有动摇祐樘的太子之位，不免气结，不久暴毙。万氏一死，宪宗也郁郁不乐，因过度悲伤，数月后也追随她而去了。

万氏身份卑微，没有才学，却能以半老徐娘之躯博得宪宗二十几年的宠爱，不能不说是一个奇迹。古往今来，有多少君王和妃子的故事，大多都以色衰而爱弛为结局，独万氏不同，看来她的确有某种非凡的魅力啊。

一生只爱郑贵妃

万历后宫之乱

■ 万历是明神宗朱翊钧的年号，这个年号一共用了48年，是明朝使用时间最长的一个年号，神宗皇帝也是明朝在位时间最长的一个皇帝。然而，实际上这个年号中有30年的时间都没有皇帝上朝，而这仅仅是因为一个女人——郑贵妃。

爱美人不爱江山

万历十四年（1586），神宗传谕内阁，说自己"一时头昏眼黑，力乏不兴"。万历十八年，神宗又说自己"腰痛脚软，行立不便"。万历三十年，神宗召首辅沈一贯入阁交代后事。万历四十年，南京各道御史上疏："台省空虚，诸务废堕，上深居二十余年，未尝一接见大臣，天下将有陆沉之忧。"

神宗10岁当上皇帝，20岁亲政，24岁开始就因身体原因极少上朝，27岁以后干脆避居宫门之内，不再上朝。当时，他处理政事的方法都是通过谕旨向臣下传递，就连"万历三大征"也是以这种方式处理的。

最初，神宗只是不愿意上朝听政，后来他竟不郊、不庙、不朝、不见、不批、不讲。这位皇帝不仅自己不处理政事，也不授权给大臣处理，整个国家的运转出现了严重的问题，很多地方官员编制都出现了问题，出现官位空置的现象，朝野上下则党派林立，相互争斗。因此，

● 明神宗朱翊钧（1563～1620）

这是明代历史上一位特殊的皇帝，在位48年，却有30年不上朝听政。先后有孝端、孝靖两位皇后，但独独宠爱搅得大明王朝内外不安的郑贵妃。

《明史》中是这样评价神宗的："明之亡，实亡于神宗。"

关于神宗不理朝政这一荒诞的做法，很早的时候就有人批评他了。万历十七年（1589）十二月，大理寺左评事雒于仁给神宗进了一份奏折，批评他纵情于酒、色、财、气。雒于仁的行为完全惹怒了神宗，幸好得到了首辅大学士申时行的帮助才得以免去死罪，仅被革职为民。对于雒于仁的批评，神宗曾为自己辩解："说我好酒，天下谁不喝酒？说我好色，我只偏爱贵妃郑氏一人而已，我喜欢她是因为她勤劳……"

神宗所说的郑贵妃是神宗第三子朱常洵的母亲。这个嗜权如命的女人在神宗生前不断唆使他立自己的儿子为储君，致使神宗与群臣出现矛盾，30年不上朝。神宗死后，她又利用权术搅得大明王朝不得安宁。她到底是怎样一个女人呢？

万历年间的立储之争

郑氏14岁进宫，在宫中等了两年之后，终于引起了神宗的注意，被封为淑嫔。郑氏不仅容貌清丽，而且机智聪敏，好读书，更富心机，神宗因此很喜欢她。

一次，神宗在母亲李太后宫中看上了宫女王氏，并使其怀孕。在李太后的逼问下，神宗只得承认王氏腹中的胎儿的确是自己的骨肉。在李太后的要求之下，神宗不得不册封王氏为恭妃。王恭妃受封不久之后便产下一个男婴，即神宗的长子朱常洛。

郑氏见王氏被封为恭妃，而且还生了一个男孩，心中感到十分不快，于是对神宗软硬兼施，让神宗给她一个名分。神宗本来就疼爱她，因此马上就同意了她的要求，先将她从淑嫔升为德妃，又升为贵妃。神宗的这一举动引起了大臣们的不满。大臣们认为王氏生了皇长子尚且只封为恭妃，而一个没有生育皇子的妃子竟然当上了比恭妃高一级的贵妃，这简直就

● **神宗龙袍（复制品）**

此件龙袍是明神宗定陵地宫中出土的缂丝十二章衮服的复制品。衮服是皇帝参加祭祀天地、宗庙、社稷等最隆重的典礼时才穿的服装。缂丝工艺复杂，成本高昂，熟练织工一日只能完成一寸，制作一件长衣的缂丝面料需要连续不断织造十年之久。

是荒谬。为此，神宗也非常烦恼。这时候，郑氏却在一旁提醒神宗，只要将这些奏章一概留下，不去理睬它们就好了。神宗听从了她的建议，时间一长，大家便也不再提起这件事情。

看到这种情形，郑氏心中也暗暗担心，虽然她一直深受神宗的宠爱，但终究不是长久之计。在这个后宫当中，只有生下儿子，母以子贵，地位才能更加稳固。因此，她日夜都盼着自己也能生个儿子。

不久，她的愿望便实现了，她为神宗生下了皇三子朱常洵，神宗立即晋封她为皇贵妃，皇贵妃这一封号始于此，位仅次于皇后。这一年，皇长子朱常洛已经5岁了，他的母亲王恭妃始终没有再晋封，神宗也迟迟不肯提立太子之事。大臣们从神宗的态度中揣测出他想废长立幼，因此心中不满，提出劝诫。其中有个叫作姜应麟的户科给事中就在神宗册封郑氏为皇贵妃的当天上书，要求先封王恭妃（实际上要求神宗册封朱常洛为太子），结果姜应麟以及为他说情的刑部主事孙如法等都因此而获罪。

郑氏还是被册封为皇贵妃了。朝中大臣们几乎一致反对神宗的这种举动，神宗每日上朝时都会听到大臣们的各种反对之声，他开始对临朝听政十分厌恶。此时，神宗的母亲已经老了，也不会再管他，张居正已死，神宗本以为朝中没有人再能约束他，哪知其他大臣又对他吹毛求疵，让他不胜其烦，于是他选择在后宫中，在郑氏的温柔乡里寻找慰藉。

神宗和大臣们的关系越来越紧张，和郑氏的关系却越来越好，郑氏也想趁此机会将自己的儿子推上太子之位。神宗宠爱郑氏，因此十分喜爱朱常洵，心中也想要立朱常洵为太子。然而，朱常洛毕竟是长子，封建王朝的传统都

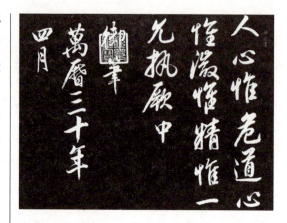

● 明神宗手迹

神宗书警句："人心惟危，道心惟微，惟精惟一，允执厥中。"
题款：御笔万历三十年四月。

是"有嫡立嫡，无嫡立长"，如今皇后未育有子嗣，那么立长子为太子就是正统，如果神宗改立朱常洵为太子的话，一定会招致非议，而且朝中大臣和太后也不会允许他这么做。

为了不立皇长子为太子，神宗和郑氏可谓是想尽了办法，出尽了花招。神宗虽然想尽办法拖延立储之事，不过也因为心急出了一些纰漏，首先就是他在贬姜应麟时下的圣旨中有这么一句"立储自有长幼之分"，这便等于承认了皇长子的地位。大臣们抓住他的这句话，要他兑现诺言。皇帝金口一开，什么事情也挽回不了了，但神宗还不死心，继续拖延。

接着，神宗和郑氏又先后以皇长子年纪太小、等待嫡子出世等说法搪塞满朝大臣，但都被大臣们一一否定了。郑氏见这些计谋都没有得逞，于是便要求神宗"三王并封"，就是同时封皇帝的长子、三子、四子为王（神宗二子早殇），这样，三个皇子的身份地位就一样了，便可以为立朱常洵为太子作铺垫了。不过，这个计谋也被大臣们给识破了。

就这样，这场立储之战持续了十几年，在

双方无数次的交锋中，郑氏越战越勇，而神宗却被弄得精疲力竭。最终，神宗于万历二十九年（1601）册立皇长子朱常洛为皇太子。这样，这场闹剧一般的立储风波才算结束。郑氏虽然想尽了办法，却没能占到半点便宜。

后宫内主挥霍无度

郑氏想当皇后的美梦虽然没有实现，但是她一直在后宫中过着奢靡的生活，大肆敛财。为了满足郑氏的私欲，万历二十四年（1596）开始，神宗派出一批又一批的矿监税吏，让他们打着增加国库收入的旗号出京到处搜刮金银财宝。各种赋税突然增加了不少，弄得百姓怨声载道。当时臭名昭著的几个矿监税吏有陈奉、马堂、梁永，这几个家伙都是郑氏的心腹宦官，为了帮郑氏聚敛财富，他们可谓干尽坏事。

马堂在临清（今山东临清）收税时，纵容其手下爪牙在临清日夜行劫。陈奉在湖广征收店税时，大肆搜刮，到了令人发指的地步，为了搜求更多的金银财宝，他居然掘人坟墓，逼辱妇女。除了从商家、百姓处增收各种苛捐杂税外，他还胁迫谷城官员交出国库中的金子。仗着郑氏撑腰，他不仅大肆搜刮财物，还欺辱百姓。一次，他居然为了取乐，下令用火箭焚烧民房，一些不知情况而前往救火的人都死在了他手下官兵的刀剑之下。湖广监察御史冯应京实在看不下去，于是上书弹劾他，没想到神宗不仅不治陈奉之罪，反而将冯应京贬调到边远地区。

当时，这些人将地方搅

●明神宗第二位皇后孝靖皇后王氏的凤冠

此冠出土于明神宗定陵地宫，名金累丝点翠凤冠。冠框用细竹丝编制，然后髹漆。上饰金龙，下为翠凤，其间又饰宝石珠花，华美异常。

神宗的两位母亲

神宗的生母李贵妃是一个难得的贤淑的女子，神宗父亲穆宗皇帝的皇后陈氏因有病不能生育另居别宫，李贵妃就每日带着神宗前去探望她。陈皇后每次一听到神宗的脚步声就会亲自到门口迎接，而且常常拿书考他，每当他对答如流时，陈皇后就会特别高兴。陈皇后和李贵妃的关系堪称是大明后官中的典范，在当时母凭子贵的后官中，李贵妃想要夺得后位应该也不是难事，但是她在陈皇后面前依然恭顺，而且还要求儿子也要孝顺皇后，因此两官关系良好。神宗即位之后，尊奉陈皇后为仁圣皇太后，生母为慈圣皇太后，史载神宗"孝事两官无间"。像陈氏与李氏这样的关系，大明后官中并不多见。

得一团乱之后便带着战利品大摇大摆地回到京师，然后将这些金银财物、奇珍异宝中的一部分进献给神宗与郑氏，剩下的则收入自己囊中。据史料记载，万历初年国家每年的田赋收入只有四百万两白银，而郑氏和其他嫔妃一年的胭脂费就高达十万两白银，实际上大部分白银都是郑氏挥霍的。

据说，当时这些宦官们都将郑氏称为内主，皆听命于她。郑氏因此常常在神宗面前为他们讨差事，出了什么事情也替他们向神宗说情。因此，即便知道他们贪赃枉法，即便地方百姓和一些正直的官员纷纷要求惩办这些宦官，神宗都努力为他们开脱，使他们得以逍遥法外。

朱常洛被立为太子后，朱常洵不久也被封为福王。按照明朝的律例，受封藩王之后应该立即到藩国就任，朱常洵却在母亲郑氏的支持下迟迟不去封地洛阳。直到万历四十年（1612），在朝中大臣和太后的一再要求之下，郑氏才终于承认儿子即将离开京都、离开自己的事实。

在朱常洵前往洛阳之前，神宗在郑氏的要求之下，花费二十八万两白银为儿子建造了一座豪华的藩邸，赐给他两万顷庄田，原本要赐四万顷，因群臣反对，只好作罢。张居正被查封的财产、四川盐税和茶税，还有历年来矿监税吏进献的珍宝也大都交给朱常洵带走了。除此之外，神宗还将洛阳的卖盐权也赏赐给了这个儿子。

朱常洵到达洛阳后，学着他母亲的样子到处横征暴敛，为祸百姓。河南数年大荒，朱常洵的府库中竟然有数百万金钱，比大内府库更加充盈。

就这样，郑氏不仅为自己捞得了大把钱财，也为儿子敛了不少以供其挥霍，甚至让儿子学会了如何搜刮百姓。

玩弄权术的女人

朱常洵前往洛阳就任藩王之后，郑氏依然没有放弃当皇后、除太子的想法，千方百计地想达到自己的目的。王皇后身体虚弱，她就日夜盼望着王皇后死去，这样她就能当上皇后，儿子也能顺理成章成为嫡长子。不过，王皇后在太后的保护之下，居然度过了一个又一个春秋。

看到这种情形，郑氏决定铤而走险，让哥哥郑国泰收买宦官，找了一个叫张差的人，准备谋害皇太子朱常洛。由于有内侍的接应，张差很快就进入朱常洛居住的慈庆宫并打伤了太监，直到大殿前檐下才被抓获。

郑氏兄妹见杀手被抓，非常着急，于是密访审理此案的两位主审官刘廷元和胡士相。这两人按照郑氏的意思，上书神宗说此人患有精神病，应该立即处死。提牢主事王之寀对这件事很怀疑，于是偷偷审问了张差，张差说出了实情，称自己是受了内侍的指使。王之寀立刻向刑部侍郎张问达禀告了这件事情，不久整个京师的人都知道有人要谋害太子，矛头都指向了郑氏兄妹。直到这时，神宗才注意到事态的严重性，于是下令彻查。

郑氏虽然深受神宗宠爱，但她知道如果真的追查到底，恐怕神宗也保不了她。经过一番思考，郑氏跑到神宗面前哭诉自己无辜，要神宗为她做主，否则就要死在他的面前。神宗只好对她说："外廷语不易解，若须自求太子。"虽然心有不甘，但郑氏最后还是听了神宗的话，前去求太子朱常洛，没想到朱常洛倒放了她一马，最后神宗下令处死了张差。经过这一次之后，郑氏改变了策略，开始频频对太子示好，给太子送去珠宝和美女。

朱常洛也同他父亲一样，整日纵情于酒色，到了即位之时，身体已经不行了。朱常洛登上皇位没有几天就生了重病，郑氏便令鸿胪寺丞李可灼给朱常洛送上仙丹，朱常洛服下第二颗后便沉睡不起了，史称"红丸案"。

这宗案子也是不了了之，涉案人员都从轻处理，郑氏未受到一丝牵连。朱常洛死后，郑氏勾结朱常洛最宠爱的妃子李选侍藏起朱常洛的太子，想要垂帘听政。但她的美梦很快就破灭了，朝臣们安排太监王安从宫内秘密接出太子，然后突然在文华殿升殿登基，接着削去李选侍的封号，对郑氏则不予理睬。郑氏美梦破灭之后，虽然没有再受到迫害，可是却生活得孤苦伶仃，如同被打入冷宫。

郑氏一生传奇，神宗为了她居然长期不朝，导致大明王朝日益衰竭，而她自己却屡次化险为夷，竟然能安然地度过余生，不能不说这也是一个奇迹。

● 青花云龙大瓷缸

此缸出土于定陵，缸上有"大明嘉靖年制"的题款，是用来为长明灯储油的。长明灯又称万年灯，帝后入葬地宫后即会点燃。

姑侄三人同侍一夫
皇太极的三位妻子

■ 在大清后宫中，博尔济吉特这个姓氏可谓风光无限，大清后宫中许多女子都来自这个家族，仅清太宗皇太极一朝就有六位博尔济吉特氏妃子，其中三人还是来自于同一个家庭的姑侄——哲哲皇后、宸妃海兰珠和庄妃。姑侄同侍一夫，这不能不说是一种奇特的婚姻。

大清王朝的第一位国母

崇德元年（1636），皇太极在盛京（今沈阳）称帝，国号为"清"。称帝后，皇太极开始册封五宫后妃，将中宫皇后的宝座赐给了他的大福晋哲哲，哲哲于是成了大清后宫中第一位被封为皇后的人。

哲哲，博尔济吉特氏，其父是蒙古科尔沁部的首领莽古思。蒙古科尔沁部早就归附了后金（清太祖努尔哈赤所建），双方为了巩固政治关系，经常联姻。

皇太极迎娶哲哲的仪式非常隆重，迎亲之时，皇太极率大队人马从赫图阿拉城（今辽宁新宾老城）出发，行了三百余里到达辉发部扈尔奇山城（今吉林辉南县境），在那里杀牛宰羊大肆庆祝。据说，皇太极还立下重誓："永不抛弃哲哲。"

皇太极登临汗位后，封哲哲为大福晋，让她统管家中的一切事务。哲哲也没有令皇太极失望，不仅将家中事务打理得井井有条，而且还能让皇太极的其他妻妾和睦相处。哲哲聪明能干，恭顺温柔，深得皇太极的信任和喜欢。有时候，皇太极出行打猎时也带上她，上殿同部下商量大事的时候，也让她坐在旁边。皇太极在册封皇后的册文中也赞哲哲"赞襄（辅助）朝政，坐立双成"。由此可见，哲哲在皇太极争天下的过程中发挥了极其重要的作用。

皇太极在位17年，其间后宫的一切大事均由哲哲处理，特别是当蒙古各部到盛京来贺或是送女来嫁时，各种迎送事宜都由哲哲处理。皇太极为了表达对哲哲的感激之情，对哲哲的家人也给予特殊待遇。天聪（清太宗年号）年间，哲哲母亲多次上京来朝，皇太极每次都举行盛大的宴会，以盛大的礼节亲自迎送。后来，皇太极还追封哲哲已故父亲为和硕福亲王，母亲为和硕福妃。

皇太极去世之后，顺治尊哲哲为母后皇太后，小心侍奉。哲哲的一生看似平静，实则精彩。不管是正史还是野史，书写皇太极另外两位妃子的篇幅都要大大超过她，然而即使从少量有限的文字中，依然可以了解到她的不凡。可以说，皇太极能够在政治上取得如此高的成就，她功不可没。

皇太极的最爱

皇太极一生中见于史籍的后妃共有15人，其中最受他宠爱的就是孝端皇后哲哲的侄女、庄妃的姐姐海兰珠。

皇太极遇到海兰珠的时候，哲哲和庄妃都已经嫁给他多年了。传言海兰珠是随母入京朝见时令皇太极一见倾心的。那次会面之后，皇太极便提出要娶海兰珠。

天聪八年（1634），海兰珠嫁给皇太极，这一年她已经26岁了，相比哲哲16岁、庄妃13岁嫁给皇太极，她以这样的高龄出嫁，不得不说是一件新鲜事。不过，海兰珠生得貌美如花，身上有种独特的成熟美，而且贤淑文静，所以深得皇太极喜爱。

婚后两人形影不离，皇太极还赐封海兰珠为东宫大福晋，地位仅次于皇后哲哲。崇德元年（1636），皇太极封海兰珠为宸妃，将海兰珠居住的东宫赐名关雎宫，"关雎"源于《诗经》中象征爱情的诗句"关关雎鸠，在河之洲，窈窕淑女，君子好逑"。这足见他对海兰珠的心意。

崇德二年（1637），海兰珠产下皇八子，皇太极极为高兴，下令大赦天下，这也是大清颁布的第一道大赦令。这道大赦令让大臣们猜测出皇太极想立皇八子为储的决心，因为此前或是此后出生的皇子都没有这种待遇。只可惜，这位极有可能君临天下的孩子刚满周岁就夭折了。

孩子的死使海兰珠深受打击，一直郁郁寡欢，最终忧

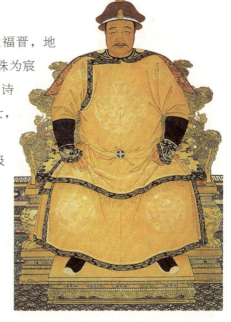

● **清太宗皇太极**
（1592～1643）

爱新觉罗·皇太极，清太祖努尔哈赤第八子，中国最后一个封建王朝的创建者。

闷成疾。崇德六年（1641），皇太极正在松山战场上指挥作战，突然传来海兰珠病危的消息。皇太极置紧张战事于不顾，日夜兼程赶回盛京。当他赶回关雎宫时，海兰珠已逝。皇太极看着海兰珠的灵柩悲恸欲绝，乃至哭得昏死过去。

海兰珠的丧礼非常隆重，赐谥号"敏惠恭和元妃"，这是清代后妃中谥号字数最多的。当时，郡王阿达礼、辅国公扎哈纳在海兰珠的丧礼期间作乐，皇太极知道后非常生气，削去了他们的爵位。

在海兰珠死后的很长一段时间，皇太极都无法从悲伤中缓过来，不思饮食，身体越来越差。大臣们为了缓解他的伤痛情绪，请他到蒲河射猎。没想到途中要经过海兰珠的墓，引得皇太极又大哭了一场。之后，皇太极身体更加不如从前，不久便离开了人世。

海兰珠26岁入宫，33岁过世，虽然陪伴皇太极的时间只有短短7年，但却得到了皇太极真切的感情，这种情感在历代皇帝中都是少见的。关于海兰珠，人们也只知道她嫁给皇太极之后7年的事情，至于其前26年的逸事，不管正史还是野史都不见记载，让人不能不对她产生一种奇特的好奇心。

孝庄下嫁疑案

庄妃即历史上著名的孝庄太后，13岁时就嫁给了皇太极，育有三女一男。

皇太极在世的时候，孝庄并不十分得宠，特别是在海兰珠也嫁给皇太极之后，皇太极一心只爱海兰珠，她便只能在婚姻中充当一个配角。不过，庄妃在政治上表现出来的勇气和智慧，却让皇太极刮目相看。有野史记载，她曾为皇太极劝降明朝最具影响力的大将洪承畴。

崇德八年（1643），踌躇满志的皇太极

●孝庄太后
皇太极在位时为庄妃，名博尔济吉特·布木布泰，孝端皇后侄女，生顺治帝福临和三位公主。

眼看就要实现他入主中原的梦想了，可就在这年夏天，他突然在清宁宫暴卒。由于皇太极生前没有立下储君，他这一死，围绕皇位继承的问题，诸王兄弟相争为乱，尤以皇太极的长子豪格和皇太极之弟多尔衮两人的争夺最为明显。

皇太极死后第五天，双方终于在崇政殿诸王大会上摊牌了。当时豪格本来极有机会继承皇位，但是，他却在关键时刻用错了一招欲擒故纵。虽然大家都知道他只是做场面上的谦让而已，而多尔衮却利用了他这一招，说豪格无意争夺皇位，建议立九皇子福临为帝，由他和郑亲王济尔哈朗共同辅政。多尔衮的这一提议很快就被大家同意了，原来支持豪格的主要势力集团见自己的利益并未受损，也赞同这一提议。不久，福临登临大宝。

其实，当时除了豪格外，皇太极还有几个儿子，为什么偏偏福临能够登上帝位呢？

这就得归功于他那聪慧的母亲庄妃了。庄妃知道如果多尔衮和豪格争执不休的话，一定会给大清造成很大的麻烦，如果想要稳住这个局面，就一定要找一个折中的办法，让双方的权力欲望都得到满足。于是，她想到了笼络多尔衮，只要多尔衮同意放弃皇位，那么豪格就容易解决得多。庄妃很清楚，那些支持豪格的人大多只在意是否立皇子为帝，至于立哪个皇子并不重要。于是，庄妃就想到了立自己的儿子为帝。这样一来，她便可以拉拢到部分支持豪格的人，到时候就由不得豪格不同意。至于多尔衮，如果他能够当上辅佐大臣，满足了心中的权力欲望，应该也就不会再争执。

庄妃找到多尔衮，提出了自己的想法，没想到多尔衮居然答应了她的要求，于是出现了推举福临的一幕。人们很好奇，多尔衮是如何被庄妃打动的？关于这点，史书上没有留下任何的记载，因此后人也就无从知道这位力挽狂澜的女性到底有何魅力能让多尔衮主动放弃皇位，难道就仅仅是费了一些口舌吗？还是他们之间有某种默契？

福临称帝之后，多尔衮很快就翦除了其他势力，朝中大权在握，他对小皇帝步步进逼。对此，庄妃一再忍让，不断给多尔衮更多的名位。而且，传说大约在顺治四年时，庄妃还下嫁给多尔衮，福临称其为皇父，遇到庆贺大典时，他还和福临一起接受百官的朝拜。

关于庄妃下嫁多尔衮的事情，一直是清史中的一大悬案，虽然这件事情在民间流传极广，但是清正史中却未记载。有人认为这可能是因为后来清朝的皇帝受到中原文化的影响，认为这是一件不光彩的事情，所以刻意隐瞒。不过人们还是从一些文字记载中发现了一些蛛丝马迹。

清亡后，民国教育部发现了清存档的历科殿试策文中有"皇父摄政王"几个字，与"皇上"二字同格而写。人们发现顺治四年后，大部分奏疏上多尔衮都被福临称为"皇父"，加上蒋良骐《东华录》中写多尔衮常自由出入皇宫内院，据此推测庄妃下嫁的可能性极大。

虽然人们还无法确定庄妃是否下嫁多尔衮，但是她对后者的影响绝对不小。作为一个后宫女子，她的生活空间仅限于后宫，然而她的影响力却覆盖了整个大清王朝。她一生经历三朝，辅助两代幼主，关键时刻总会显示出一种坚韧和智慧，可以说，她是大清朝最伟大的女性。

皇太极一生能娶得这三位博尔济吉特氏女子为妻，生活、感情、政治都得到了圆满，恐怕天底下再无第二个男人有他这样的福气了吧。

万千宠爱在一身

顺治帝与董鄂妃之恋

■ 一个美丽动人的女子，一位风姿卓绝的佳人，她用她的柔情换得了皇帝的真心。然而红颜薄命，她在爱情之花还未凋谢之时就早早地离开了人世。她是怎样一个女子？顺治帝到底有多爱她？为什么世人对她的身份总是抱有极大的兴趣呢？她到底是谁？

宠冠后宫

董鄂妃，清顺治帝福临的妃子，顺治十三年（1656）八月入宫即被封为贤妃，十二月又晋封为皇贵妃，地位仅次于皇后。行册封礼时，顺治帝还破格大赦天下，同时封董鄂妃之父为三等伯。按照常例，皇帝只有在册立皇后之时才会颁布诏书诏告天下，董鄂妃可谓是创了立皇贵妃也发诏书的先例了。由此可见，董鄂妃极受皇帝宠爱。顺治为何如此厚待这位妃子呢？

顺治从小就在一个极其复杂的环境中长大，虽然贵为一国之君，但是生活总是不如意。在政治上，多尔衮操纵着一切，而且当时朝中派别斗争严重，这造成了顺治喜好猜忌的个性。虽然董鄂妃进宫之时多尔衮已经死了，顺治也可以松一口气了，但是顺治还是不得不处处防备，因此生活总是很紧张，辛而总能从董鄂妃处得到一点安慰。每当下朝之后，董鄂妃就陪顺治说话谈心，让他暂时忘记政治的残酷。

在生活中，顺治没有选择婚姻的自由。他先后娶过两位皇后，都是由母亲孝庄太后选的，一位是太后的侄女，一位是太后的侄孙女。第一位皇后出生于蒙古草原，没有什么学识，而且嚣张跋扈。对于顺治来说，这个女子过于强悍，不懂温柔，

●清世祖福临

这位清朝入关后的第一位皇帝，冲龄登基，英年早逝，给后人留下了不少谜团。

因此顺治并不喜欢她。仅过了两年，这位皇后就被降为静妃。第二位皇后，也就是董鄂妃入宫时在位的皇后，也不是他心仪的那种女子，所以他的感情一直处于憋闷状态。然而，董鄂妃却和她们不同，不仅生得美貌异常，而且端静温柔，更懂得隐忍。更难得的是，董鄂妃还是一位极有才情的女子，琴棋书画样样精通。对于顺治来说，这样一个女子是不多见的，正合他心意。

董鄂妃入宫之后，顺治的心情竟一天好过一天，两人之间的感情也是一天比一天深厚。顺治终于找到了一个精神伴侣，二人经常一起赋诗作画，参禅悟佛法。除此之外，董鄂妃还亲自打理顺治的饮食起居，顺治的饭菜她必先尝过。顺治常常批奏折到深夜，她都会陪在身边。顺治生病时，她便一直待在他的身边伺候。

● **顺治帝颁布的哀诏**

顺治七年（1650）冬十二月初九，多尔衮外出打猎，死于喀喇城（今河北滦平）。顺治帝得知后颁布诏书，封多尔衮为"诚敬义皇帝"，庙号成宗。

绝无仅有的国葬

董鄂妃深受顺治宠爱，并很快怀孕了。顺治十四年（1657），她于承乾宫中产下一个男婴，这是顺治的皇四子。董鄂妃本来就受宠，此时又生了一个儿子，对于很多人来说，她就是一个威胁。而且，顺治一直对皇后不满，早就想废皇后改立董鄂妃为后，只是苦于找不到理由。孝庄太后将一切看在眼里，她虽然也喜欢董鄂妃的贤淑，但是在政治和家族斗争中，这点喜欢往往只能成为一声叹息。

董鄂妃临产之时，孝庄太后就已经想好了对策，她先搬到皇宫外的南苑（专供皇家冬天狩猎阅兵的地方）居住。董鄂妃生下皇子后不久，孝庄太后便以自己身体不适为由要董鄂妃前往伺候。一向恭顺的董鄂妃虽然身体很虚弱，但还是前往南苑照顾孝庄太后，她的健康因此受到了很大的影响。

不久，董鄂妃受到了生命中最严重的打击，她的孩子还未活到百日就夭折了。经此人生巨痛，董鄂妃一病不起，挣扎了三年后，一代佳人终于香消玉殒，死时"言动不乱，端坐呼佛号，嘘气而死。殓后数日，颜貌安整，俨

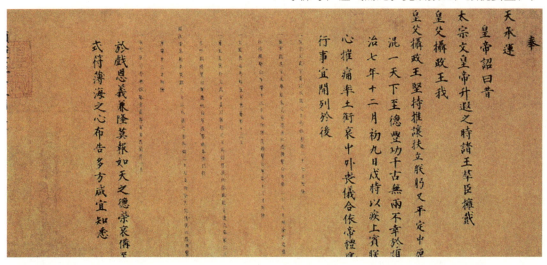

如平时"。

董鄂妃死后，顺治十分难过，为了补偿此前不能立她为后的遗憾，在她死后两天就追封其为"孝献庄和至德宣仁温惠端敬皇后"，还亲自撰写了《端敬皇后行状》来悼念她，关于她的好，他是"笔不胜书"，"伤悼中不能尽忆"。

董鄂妃的丧礼办得非常隆重，顺治甚至要求上至亲王下到四品官，所有公主和命妇都要哭丧，"不哀者议处"，最终还是孝庄太后"力解乃已"。当时已经没有殉葬的习俗，但是顺治怕董鄂妃没人陪伴服侍，便想将三十几名宫女、太监处死殉葬，后因孝庄太后劝阻，才放弃了这一想法。

董鄂妃的梓宫从皇宫移往景山观德殿时，为她抬梓宫的都是满洲八旗贵族中的二三品大员，这在清代也是绝无仅有的，就连皇帝的丧礼也未见过这样大的阵仗。然后，顺治又在观德殿里为她举行了一场规模很大的水陆道场，108名僧人整日诵经，21天里经声不断。

按照清朝惯例，遇到国丧时，皇帝便需要用蓝笔代替朱笔批奏章，直到27天后再改用朱笔。然而董鄂妃去世之后，顺治竟用蓝笔达4个月之久。

顺治本来就体弱多病，在痛失爱子与最重要的人生伴侣之后，他也垮了。几个月后，正值元旦之际，四处都在张灯结彩，顺治却患上了天花。朝廷颁布命令要求全国百姓"毋炒豆、毋点灯、毋泼水"（古代避天花的迷信做法），并下大赦令。然而没几天，顺治就病逝了。还有一种传说，说顺治帝失去董鄂妃后心如死灰，不再留恋红尘，于是选择出家为僧。

谜一样的身世

董鄂妃可说是一位谜一样的女子，这谜首先源于她的身世。

根据清正史记载，董鄂妃是内大臣鄂硕的女儿。因为董鄂妃的缘故，鄂硕死时被追封为侯爵，皇帝辍朝五日。这一说法还有顺治的《御制董鄂后行状》可证明，顺治写道："后董鄂氏，满洲人也。父，内大臣鄂硕……年十八，以德选入掖庭，婉静循礼，声誉日闻，为圣皇太后所嘉誉。"

一些人则说，董鄂妃实际上是秦淮名妓董小宛。传说董小宛原是秦淮八艳之首，后来在清兵攻占江南时被擒获，后又被献给顺治帝。

历史上的确有董小宛这个人。董小宛本名董白，字小宛，又字青莲，不仅长得灵秀，而且还精通琴棋书画，也擅厨艺，是秦淮河畔的第一风流人物。传说她喜欢清静，不爱喧闹奢靡的生活，为人十分淡泊。后来她钟情于当时四公子（方以智、陈贞慧、侯方域、冒襄）之一的冒襄，并嫁给对方为妾。董小宛和冒襄婚后相携走过9年的艰难岁月，顺治八年（1651）因积劳成疾香消玉殒，年仅28岁。有人认为董小宛并没有死，而是被送到了宫中，得到了皇帝的宠爱。冒襄因担心获罪，只好谎称董小宛已死。那么这个董小宛是不是董鄂妃呢？

答案是否定的，所谓董小宛即是董鄂妃的说法纯属虚构。首先，董小宛死时顺治只有14岁，和史料上记载顺治19岁时娶18岁的董鄂妃有相当大的出入。其次，董小宛虽然是个女子，却十分崇尚气节，而且不喜欢奢华的生活，没有理由入宫邀宠。再说，董小宛之所以钟情于冒襄，最重要是因为欣赏他誓死不肯降清的气节，这样一个尚洁之士又怎会因害怕获罪而假称自己的妻子死了呢？另外，清制规定满汉不得通婚，皇帝即使再喜欢她，也不能给她那么高的封号，"月册为贤妃，十二月进为贵妃"，死后又追封为皇后。

既然董小宛并不是董鄂妃，为什么人们又总是喜欢将她们联系在一起呢？或许是因为她们的名字中都有一个"董"字，两人又都生得极其美丽动人，而且都是才情女子，所以一些人在编撰小说时，为了情节更加曲折、哀婉，故意将这两位女子混为一人来说。

除此之外，关于董鄂妃的身世还有一种说法值得商榷。传说董鄂氏原本是顺治的弟弟襄亲王博穆博果尔的妻子。清初，后宫有命妇轮番进宫陪侍后妃的制度，顺治便是在这样的机会下认识了他人生中最重要的伴侣董鄂氏。据说顺治长得一表人才，而且才华出众，董鄂氏因此也对他芳心暗许。两人偷偷相爱，却没能躲过博穆博果尔的眼睛，博穆博果尔痛斥了妻子。顺治知道这件事情之后，还打了博穆博果尔一个耳光。后来，博穆博果尔莫名其妙地死了，有人说他是忧愤而死，有人说他是被顺治毒死的。50天后，董鄂氏成了顺治的妃子。这种说法，是一本传教士写的书里提到的。

清史中关于博穆博果尔的记载并不多，这位亲王未满15周岁就死了，留下的有关他的文字资料中都没有提到董鄂氏。董鄂妃原来真是他的妃子吗？清史中为何没有详细记载这段史实？

传说也好，猜想也罢，对董鄂妃身世的深究不过是人们对凄美爱情难以释怀的一种寄托罢了。总之，这位风姿卓绝的女子赢得了顺治的专一爱情，并至死不渝。

●顺治帝妃佟佳氏

满洲镶黄旗人，汉军都统佟图赖之女，圣祖康熙皇帝的生母，谥号为"孝康章皇后"。

葬在妃园寝中的乾隆之后

乌喇那拉氏*断发*之谜

■ 清乾隆的继皇后乌喇那拉氏，满洲镶黄旗人，乾隆十五年（1750）晋封为皇后，风光15年后被幽禁宫中，次年带着皇后的名号入葬裕陵妃园寝。堂堂一国之母死后既没有入葬皇帝的陵寝，也没有自己的地宫；既没有神位，也无法得到祭享。一代皇后何以竟遭如此下场？乾隆又为何对自己的妻子如此刻薄呢？

从侧福晋到皇后

乌喇那拉氏比乾隆小7岁，生于康熙五十七年（1718），雍正在位时，将其赐予乾隆为侧福晋。乾隆即位以后，她又先后受封为娴妃、娴贵妃。虽然乾隆并不十分宠爱这位妃子，但也没有亏待她。

乾隆十三年（1748），乾隆的第一位皇后孝贤皇后富察氏死于东巡途中。乾隆和孝贤皇后之间感情深厚，在此后一段时间里，乾隆一直沉浸在悲伤中不能自拔，更没有另立皇后的意思。此时，倒是另一个人对中宫之位悬缺的事异常关心，这个人便是乾隆的母亲崇庆皇太后。

崇庆皇太后一直很喜欢乌喇那拉氏，认为她端庄贤惠，有母仪天下之风，希望乾隆能立她为后。乾隆是孝子，但他却没有立即答应皇太后的要求。当时孝贤皇后刚刚过世，大丧之期还没过，乾隆不想在此时立后，不过也不敢违抗母亲的意思，于是想了一个折中的办法，晋封乌喇那拉氏为位分仅次于皇后的皇贵妃，暂代皇后掌管后宫之事。

乾隆十五年（1750）八月初二，孝贤皇后的丧期已过，乾隆正式下诏书册立乌喇那拉氏为后。册立皇后之礼刚过半个月，乾隆便带着她拜谒祖陵，之后又到嵩山洛水一带巡视，又南下江浙。不久，乌喇那拉氏生下皇十二子永璂，仅隔一年又生了皇五女。

皇后的平民葬礼

乾隆三十年（1765）正月，乾隆第四次南巡，皇后乌喇那拉氏和一众妃子都在随行之列。南巡之初，一切正常，途中乾隆还为乌喇那拉氏庆祝了她的48岁生日。闰二月十八日，南巡队伍来到了杭州，在美丽的"蕉石鸣琴"（清西湖十八景之一）处用早膳。当时，乾隆还赐了许多膳品给乌喇那拉氏。可是到了吃晚饭时，陪皇帝一起用膳的嫔妃之中却不见她的身影。此后，大家也再没有见这位皇后露过面。

后来人们才知道，就在闰二月十八日那天用过早膳后不久，乾隆便命人悄悄将乌喇那拉氏从水路送回京师了。

乌喇那拉皇后被送回京师后，乾隆依然继续南巡，但不久就返回。乾隆回宫后做的第一件事情就是收回乌喇那拉氏被封为娴妃、娴贵妃、皇贵妃、皇后时的四份册宝。乾隆虽然没有下废后的圣旨，但是收回册宝就等于废除了乌喇那拉氏的所有封号。之后，乾隆又下令裁减乌喇那拉氏身边的用人。到了这年七月，乌喇那拉氏身边只剩下两名宫女了。按照清制，只有宫中地位最低的妃子才使用两名宫女。

一年后，乌喇那拉氏在孤苦之中默默离开了人世，时年49岁。当时，她的身边除了两名伺候的宫女外，别无他人。

乌喇那拉氏过世之时，乾隆正带着皇子和大臣们在木兰围场打猎，当他听到乌喇那拉氏去世的消息时，唯一的表示就是让乌喇那拉氏的儿子永璂回宫。

此前，孝贤皇后去世时，乾隆要求"在京王公以下，三品官以上，及诸皇子齐集举哀行礼"。孝贤皇后是在乾隆东巡途中去世的，迎孝贤皇后的灵驾回到京城时，"四品以下官员、公主、王妃、命妇以及内务府佐领、内管领下妇女，分班在朝阳门、东华门内和储秀宫缟服跪迎"。所有妃嫔、皇子、公主都要戴孝，民间停止嫁娶作乐27天，京师"男去冠缨，女去耳环"，就连乾隆本人也穿白绸孝服，更辍朝九日。那么，乌喇那拉氏的丧礼又办得如何呢？

从史料来看，乌喇那拉皇后的丧礼办得异常冷清，乾隆下了一道谕旨，说"饰终（人死

● **孝贤纯皇后富察氏朝服像**

清宫廷画家郎世宁（意大利人）绘。富察氏，满洲镶黄旗人，乾隆原配皇后。乾隆十三年（1748）正月随驾东巡，三月十一日死于回銮途中，时年37岁。

● 乾隆南巡图

时给予尊荣）典礼不便复循孝贤皇后大事办理。所有丧仪止可照皇贵妃例行"。从这份诏书来看，乾隆要求降一级操办乌喇那拉氏的丧礼，但实际上这位皇后的丧礼等级比皇贵妃的还要低。按清制，皇贵妃过世时，每天都该有大臣、公主、命妇一起给她举哀、行礼，但是在乌喇那拉氏的丧礼上这一项却被省去了。当时有个御史曾请求乾隆以皇后之礼葬乌喇那拉氏，结果因此被贬到新疆伊犁。

按照惯例，皇后死后一般都与皇帝同穴，但是这位皇后却未能进入乾隆的裕陵地宫，而是葬在了妃园寝内，葬在裕陵地宫中的则有两位皇后、三位皇贵妃。乾隆虽然口中说以皇贵妃的身份出殡，但实际上却不承认她的身份。

除此之外，即使是一位普通的妃子，只要葬在妃园寝内，就应该有自己的地宫，可是这位皇后却被葬入纯惠皇贵妃的地宫，而且还位

于旁室。按照清朝的规矩，所有的皇贵妃、贵妃、妃死后都应设有灵位，并供奉在园寝享殿内，嫔、贵人、常在、答应则不设灵位，但也能得到祭祀供品，可是乌喇那拉氏死后既没有灵位也无人祭享。入葬后，乾隆对这位皇后只字不提，更别说商议什么谥号了。

不要说是和孝贤皇后相比了，就算是和平民相比，乌喇那拉皇后的身后事也略显凄凉。

皇后剪发之谜

乌喇那拉氏到底做错了什么，竟让乾隆突然翻脸，刚刚赏赐完就将她打入冷宫，而且还让她死后没名没分？

《清史稿·列传·后妃》中有这样一段关于乌喇那拉氏失宠的记录："皇后，乌喇那拉氏……三十年，从上南巡，至杭州，忤上旨，后剪发，上益不怿，令后先还京师。"乾隆本

人也曾发过谕旨谈到这件事情，大意是皇后自册立以来一直没有失德，去年春天的时候，我陪皇太后巡视江浙一带，正当大家都很高兴的时候，皇后突然一改常性，在皇太后跟前没能恪守孝道。到了杭州以后，她的举动更加乖戾，好像疯了一般。我因此让她先行回宫，在宫中调养。

可见，乾隆之所以立即将乌喇那拉氏送回皇宫，并收回她的四份册宝，是因为乌喇那拉氏突然剪掉了自己的头发。在当时满族人的习俗里，剪发是最忌讳的事情，皇后只有在皇太后或皇帝去世之时才能剪发。可当时皇太后、皇帝都还活着，这一举动无疑就是在诅咒他们，是一种几近疯狂的举动。皇太后一直十分喜欢这位继皇后，对她关爱有加，平日里也总是护着。可是这一次，皇太后也十分生气，因此由着乾隆处置，丝毫不加劝阻。

乌喇那拉氏一向淑贤，而且出身官宦之家，又在宫中生活了几十年，不会不知道剪去头发的利害。到底是什么事情导致她突然做出这种疯狂的举动呢？

据野史记载，乾隆这位风流皇帝每次出巡都会沿途寻花问柳，这一次也是如此。当他们到达杭州之后，乾隆曾深夜换上便服上岸游玩，乌喇那拉氏再三劝谏，甚至以泪眼相对，可是乾隆就是不听，伤心不已的皇后一气之下便剪了自己的长发。乾隆见皇后吃醋，还做出这种大逆不道的事情来，盛怒之下将其送回京师，从此以后一直对她不理不睬。

在乌喇那拉氏死后的很长一段时间里，乾隆依然对

她非常忌讳，甚至连重新册立皇后的事情也不能提。当时有一个叫金从善的大臣上疏请求乾隆"下诏罪己"，重新考虑册立新后的事情。乾隆竟然大怒说："乌喇那拉氏是先帝赐给我的侧福晋。我即位之后，因孝贤皇后病逝，她才循序晋为皇贵妃，三年后又被立为皇后。后来，她犯下大错，我却一直宽容对待。国俗忌讳剪发，可她竟敢剪去头发，而我却一直包涵，没有废了她。后来，她病死了，我也只是降了她的丧葬礼仪，仍然没有废去她皇后的称号。我这么做已经仁至义尽了。从善竟然想让我下诏责备我自己，我又有什么过错呢？他还提出让我重新册立皇后，我现今已经六十八岁了，哪还有重新册立皇后的道理？"不久，金从善被杀。

实际上，在官方史料上，人们并没有找到关于乌喇那拉氏为何剪发的详细记载，这其中的内幕也许只有乾隆本人才知道。但是金从善在奏疏中却似乎有点责怪皇帝，为乌喇那拉氏打抱不平的意思，这也许是他被杀头的真实原因。在当时，也许有不少人知道乌喇那拉氏剪发之事背后的隐情，但出于维护帝王尊严的考虑，再加上要冒着丢掉身家性命的风险，所有知情者都三缄其口，将所有有关乌喇那拉氏的事情埋藏在记忆深处，随着时光湮没在历史长河中。

● 乾隆帝妃子慧贤皇贵妃高佳氏

真正的红颜祸水

慈禧太后**颠覆河山**

██ 虽然中华文化博大精深，但对女人的歧视也根深蒂固。且不说孔老夫子的"唯女子与小人难养也"，就是一句"牝鸡司晨"，便不知为多少血腥提供了理由。然而离我们时代最近的一次"牝鸡司晨"却真的带来了不幸，这说的就是那位有名的老佛爷——慈禧太后。

叶赫那拉的诅咒

慈禧出身于叶赫那拉家族，传说爱新觉罗家族和叶赫那拉家族有着剪不断理还乱的复杂关系，尤其是那句"兴于叶赫，亡于叶赫"，更为慈禧披上了一层神秘色彩。

相传叶赫那拉家族世代出美女，清朝皇室多与这个家族联姻，仅皇后叶赫家族就出了三个，其他妃子、福晋更是数不胜数。努尔哈赤的母亲就出自于叶赫部，而皇太极生母孝慈高皇后更是叶赫部首领杨吉努之女。

在明朝末年，叶赫部非常强大，因为世代联姻，努尔哈赤在

●慈禧太后

满洲镶蓝旗人，以秀女身份入宫，想尽办法吸引咸丰帝的注意，终于得到宠幸。1861 年至 1908 年间，成为大清王朝的实际统治者。

统一蒙古与东北其他各部的战争中得到了叶赫部的大力支持。谁知硝烟尚未散去，努尔哈赤便转过身来向叶赫部宣战。领兵包围了叶赫城后，努尔哈赤没有立即攻城，而是跪在城前三天三夜，请求叶赫部投降。努尔哈赤的理由是女真人要团结成一个部落，才能反抗明朝的压迫。可是叶赫部却不愿被人统治，更不愿再为一个忘恩负义的人卖命。于是努尔哈赤下令：只要叶赫部的人投降，一律给予高官厚禄；凡是反抗的，一个不留，全部杀死。叶赫部宁死不降，拼死抵抗，但是寡不敌众，经过激烈的战斗，仍然被努尔哈赤攻入城中。叶赫部数万族民被毫不留情地杀死，叶赫部的首领金台吉死前诅咒说："即使我叶赫部只剩下一个女人，也要让爱新觉罗家族灭亡！"

据说正是因为这个原因，清朝的历代皇帝都避免册立叶赫部的女子为后。而大清帝国正是在出身于叶赫部的慈禧主政期间走向了崩溃，因此后人说金台吉的诅咒应验在了慈禧身上。

事实上，慈禧的叶赫部出身并没有给她带来任何影响。咸丰二年，一个没落的满籍道员家的17岁女儿被宫中选中，并被咸丰帝赐号为兰贵人，她就是日后执掌大清权柄近半个世纪的慈禧太后。

现在的人们大多以为慈禧的乳名叫兰儿，但据说慈禧的乳名其实叫杏儿。她出生时，她的祖父叶赫那拉·景瑞正好从河南回京休假，当时家里种了几棵白杏树，在满族人眼里，白杏是高贵的象征，于是景瑞便给自己的孙女取名叫杏儿，大名则叫作杏贞，取贞洁之意。而后人常说的兰儿、玉兰的称呼，应该是在进宫时改的。在当时，许多宫女进宫时都会另取一个新的名字，后人不知，才将这个名字当作是慈禧的乳名。

根据清朝后妃制度，后宫的位号有皇后、皇贵妃、贵妃、妃、嫔、贵人、常在、答应八个等级，贵人列于第六等。据说咸丰帝非常喜欢兰花，兰贵人这个封号似乎意味着刚刚入宫的杏儿就被皇上另眼相看了。仅仅5年后，兰贵人就变成了懿贵妃，而且是咸丰帝唯一的儿子的母亲。这个22岁的女孩拥有了无限的未来。

残酷但不血腥的开始

咸丰帝沉湎酒色，出了名的不务正业，慈禧很早就开始替丈夫处理政务。让人们真正认识到这个女人深沉一面的是"辛酉政变"。咸丰十一年（1861，农历辛酉年）八月，咸丰帝在热河去世。离世前，他委派肃顺等八位大臣辅佐年幼的皇子，以保证皇子成人后顺利执政。咸丰帝的这个计划看似周密，却低估了自己枕边人的欲望。那时的慈禧还是27岁的懿贵妃，丈夫死了，儿子即将登基，她也将成为太后，眼看无上权力即将落入自己掌中，可是肃顺这些辅政大臣却完全控制了热河行宫，一切政令措施都必须出自他们之手。这让热衷于权力的懿贵妃难以接受，她一定要夺回属于她的权力。

肃顺等人势力强大，要想夺回权力，首先需要找到重量级的同盟。懿贵妃首先想到的就是恭亲王奕䜣。奕䜣是咸丰皇帝的亲弟弟，据说当兄弟年两人为了皇位曾各显神通，无所不用其极。咸丰帝当上皇帝后，虽然没有要了这个弟弟的命，但也一直把他排斥在最高权力圈之外。奕䜣才华出众，始终有一批大臣支持他。咸丰帝突然去世后，朝中一片混乱，奕䜣只想挽救祖宗传下来的基业，对皇位暂时没有兴趣。从各方面讲，他都是一个合适的合作者。

可是如何才能瞒过辅政大臣们的眼线，联系到此时还在北京城的奕䜣呢？懿贵妃想到了一个巧妙的办法。有一天，懿贵妃身边的小太监安德海突然和皇后身边的侍女吵了起来。懿贵妃为了尊重皇后，狠狠地处罚了安德海，并命首领太监把他遣送回京，派在"大扫处"做苦力。一个小小的太监受罚，当然不会被日理万机的辅政大臣们当回事，安德海顺利回到京城，辗转见到了恭亲王，把盖有皇后私印的懿贵妃的亲笔信交给了他。懿贵妃就是通过这封信，表达了希望恭亲王能支持政变的愿望。

除了恭亲王以外，懿贵妃还利用安德海暗中拉拢了一大批对肃顺等人不满的满汉官员，其中包括不少如大学士周祖培等很有影响力的官员，这些人成了日后懿贵妃掌权的最初政治班底。

同年九月二十九日，即1861年11月1日，懿贵妃已经成为慈禧太后，并与慈安太后赶在辅政大臣们之前回到北京。按照信中的计划，恭亲王奕䜣带着文武百官在德胜门迎接两位太后。两位太后容颜憔悴，顾不上回宫，就在当场向文武百官哭诉辅政大臣欺侮孤儿寡母的欺君行径。在奕䜣派和两宫太后

的联手操纵下，官员们群情激愤，舆论完全倒向了太后派。

在奕䜣和满汉大臣的支持下，肃顺等人完全失去了反抗的机会，慈禧一举翻盘，命令载垣、端华自尽，肃顺斩立决，其余五人革职。精明的慈禧知道自己虽然获胜，但根基仍不稳固，因此没有大搞株连，仅是处分了与肃顺来往密切的六名官员和五名太监。更令人叫绝的是，她竟然命令将从肃顺等人家中抄得的书信及账簿统统"公开焚毁，毋庸呈览"，这与官渡之战后曹操的做法如出一辙，令人不得不佩服慈禧太后的政治智慧。也正是这样的政治敏感让一个女人在男人至上的世界中控制了最高权力47年。

遭受丧子之痛

虽然在政治上杀伐果断，无数帝国英豪被她玩弄于股掌之中，但慈禧首先是个女人，她把她的孩子看得极重。同治6岁登基，是清朝历史上第三个幼年登基的皇帝。慈禧对他抱有无限期待，希望他能像圣祖康熙帝那样雄才大略，成为一代英主。慈禧为他选择了当时中国最有学问的四个人做老师：学识渊博的李鸿藻、曾经的首席

●咸丰帝（1831～1861）
咸丰帝在位期间国家面临内忧外患，咸丰帝一筹莫展，于是沉湎声色。虽然如此，但也仅有一子一女，这使得慈禧终能母凭子贵。

军机大臣和书法大家祁寯藻、仁阁大学士翁心存以及理学大师倭仁。这四个人是当时中国的学界泰斗、士人典范，拥有极大的号召力，而且各自代表着一种政治势力，显然，慈禧希望同治通过他们赢得朝野的普遍支持。

此后的10年中，慈禧极力维持着这个庞大帝国的正常运转，她全力镇压太平天国，积极支持洋务运动，把自己的心思完全放在政务上，她希望在儿子成年亲政时，交给他的是一个空前强大的帝国。不幸的是，慈禧望子成龙的愿望被无情地粉碎了，同治完全没有先祖们的天纵奇才，17岁时竟然还读不懂奏折！更令人难以启齿的是，他放着后宫三千佳丽不顾，竟然经常和一群纨绔子弟出入妓院娼寮，丝毫不顾帝王身份。

不知是幸还是不幸，同治19岁就暴毙身亡。关于他的死因有很多传说，因为曾经长时间地在青楼厮混，在他生前就有好事之人杜撰他的花边新闻，而到了民国时期，没有了对皇帝的敬畏，更是肆无忌惮瞎编，他死于梅毒的说法正是在这时开始盛行起来的。而根据官方记载，同治是死于天花。学者们曾考证过这个风流皇帝的真正死因，他们在清宫档案中找到了一份名为"万岁爷天花喜进药用药底簿"的文件，这是御医诊治同治病情的脉案、处方以及服药情况的记录。根据这个簿册上记载的症状及太医开出的药方，专家们认为同治的确是死于天花。但也有人提出了不同意见，他们认为古人改簿册、改史书的现象非常普遍，一本册子上的记载并不能说明什么，所以至今同治的死因还是悬而未决。

无论同治死于何因，一个母亲失去唯一孩子的哀伤是不会减少的，可以想象当时慈禧的悲痛和绝望。同治的离开使中年的慈禧失去了奋斗的动力，她不再积极地维持这个帝国的良性运转，她生命中只剩下权力，她只为享受而存在。

清延竹慈

●慈安太后（1837～1881）

又称东太后，钮钴禄氏，满洲镶黄旗人，咸丰帝之妻。同治帝即位后，被尊为皇太后，与慈禧太后一同垂帘听政。

●慈禧太后与外国公使夫人合影

六十寿诞的悲剧

六十是一轮花甲，祝寿规模空前。康熙皇帝的六十寿诞（1713）和乾隆皇帝的八十寿诞（1790）都曾举办过盛大的万寿庆典。为了给慈禧办一次规模隆重的六十庆典，朝中文武大臣们想尽办法，甚至不惜挪用海军军费，凑出了三千万两白银。全国各地地方官员也不能闲着，各地贡献的圣寿礼品要以九为基数，九九为最多。

为展示"圣寿"的隆重豪华，慈禧还特别命令规划万寿景点，计划在从西华门到颐和园的几十里路上用彩绸搭建六十多处彩棚、戏台、牌楼、经坛和各种楼阁。可以想见，如果这场庆典真的顺利举行的话，该是多么隆重盛大。可惜的是，战争出人意料地爆发了。

光绪二十年（1894），甲午战争爆发，清朝损失了亚洲第一的北洋舰队，旅顺港被日本人杀得鸡犬不留。这不仅仅是耻辱！纵使是太平天国也没有让大清帝国如此惊慌失措！大清朝面对着自建立以来的最大危机！

虽然当时表面上是即位的光绪当政，但所有人都明白，慈禧太后仍旧掌握着至高无上的权力，所有的失败应该由她负责。部分官员产生了严重的不满情绪，纷纷上疏，呼吁停办庆典，将祝寿费用移作军费。

户部尚书翁同龢更是在奏折中极力渲染户部筹款的艰辛，上疏请求停止"以后寻常工程，其业经兴办之工毋庸停止"。本来好好的一个生日，还没过就成了这个样子。慈禧大怒，也就有了那句"今日令吾不欢者，吾亦将令彼终生不欢"。

悲剧从这一刻开始，求和，求和，大清丢了台湾澎湖，割让了山东半岛，抛弃了朝鲜藩国，花了三千万两买回了祖宗龙脉辽东，又赔了两亿三千万白银，从此偌大的帝国开始迅速崩溃。正所谓：万寿无疆普天同庆，三军败绩割地求和。

终成土灰

1908年，慈禧这个把持大清朝政长达47年的女人，终于抛下了千疮百孔、内忧外患的江山社稷，离开了人间，卒年74岁。按照中国传统的"东为大，西为小"的观念，咸丰帝的正宫皇后慈安本应葬在定东陵的东边，慈禧只是懿贵妃，应该葬在定东陵的西边。可是慈禧要处处高人一等，于是在慈安太后离世时重修了两宫的陵寝，把自己的陵寝置于定陵东面。重修后的慈禧陵使与之毗邻的慈安陵黯然失色。

慈禧使用了大量珍贵硬木装修自己的陵寝，并饰以贴金扫赤的工艺，这即使是在明清两代皇陵中都是独一无二的。除此以外，慈禧生前酷爱的珍珠、玛瑙、玉器、金银器皿等也一同陪葬于棺内，总价值高达1亿两白银。民间传说她将清帝国300年来所积攒财富的一半带入了坟墓。慈禧棺木内底部铺有7寸厚的金丝织宝珠锦褥，缀有大小珍珠1万多颗，红宝石85块，白玉200多块，锦褥上铺有一层绣满荷花的丝褥，上铺五分重的珍珠2400粒。尸身上盖着一条织金的陀尼经被，捻金织成，缀有珍珠800多粒，凤冠由无数珍珠宝石镶嵌而成。墓内还随葬有无数稀世珍宝。

1928年6月，河南军阀孙殿英盗挖了慈禧陵墓，不仅掠走了所有的财物，更是把慈禧的尸身暴露在棺外。慈禧希望死后能继续享受世间的荣华富贵，但最终还是成了一堆土灰。

清宫选秀

清朝选秀制度从顺治朝开始就有了，每三年一次。八旗（满、蒙、汉各有八旗）女子只要年纪在十三岁至十六岁之间都要参加选秀，十七岁以上女子可不参加选秀。乾隆朝规定，如果八旗女子在规定的年龄内因各种原因没能参加选秀，下一届仍要参加阅选。

清制规定，未经阅选的旗人女子，即使年过二十也不得私自嫁许。一些女子因疾病、残疾、相貌丑陋等原因不能入选的，也必须经过严格的审查，最终得到皇帝的许可后，才可以免去应选义务。

选秀活动由户部主持，参选女子按八旗的顺序排列入宫应选。御花园、体元殿等处，都曾是阅选秀女的场所。通常是五六人一排，由皇帝或皇太后亲自阅选。被选中的女子或成为皇帝的妃子，或被赐给三代以内，血缘关系密切的皇室成员为妻妾，未选中的女子可自由婚配。

三宫六院七十二妃

皇帝究竟**有多少位**妻妾

■ 说起皇帝的妻妾，经常会让人想起"三宫六院七十二妃"这一说法。如果按这样计算，皇帝的妻妾数量并不惊人。但事实上，中国古代帝王的妻妾数量庞大到使人吃惊，尤其是那些过度贪恋女色的帝王，后宫人数最多者达到数万，即便是清心寡欲型的皇帝，妻妾也要上千。

皇帝到底拥有多少女人

皇帝娶多少个老婆，似乎是皇家的隐私。古代留下来的史书典籍虽然数量不少，但是却没有一本书能够把历朝历代皇帝的妻妾数量清清楚楚说个明白。书籍上有记录的一般是有头有脸的女子，如皇后、等级较高的妃子，或者具有特殊言行的女子。

《礼记》对古代帝王应该拥有的妻妾数量有明确的记载："古者天子后立三宫、三夫人、九嫔、二十七世妇、八十一御妻，以听天下之内治，以明章妇顺，故天下内和而家理。"这是周礼要求的后宫人数，那时候帝王们虽然还没有奢侈到如秦皇汉武，妻妾也已经有百余人。

皇帝的妻妾数量虽然有制度规定，但是实施起来总会与规定有些出入。这和皇帝本人的爱好有关，和各朝代的制度也有关，不同朝代的不同帝王的妻妾人数均会有所差异。

夏、商、周时期，诸侯割据，各地的诸侯王们广建宫室以纳妻妾，墨子在《墨子·辞过篇》里曾经抱怨过："当今之君，其畜私也。大国拘女累千，小国累百。"可知当时后宫人数从数百到上千。管子说齐襄公生活淫靡，不加节制，有"九妃六嫔，陈妾数千；食必粱肉，衣必文绣……"虽然当时的条件有限，但是最奢靡的诸侯王们的妻妾人数已多达数千人。

秦始皇是最早统一中原的皇帝，其人豪霸大气，在掠夺美女方面也是不遗余力，其后宫人数达到空前的规模。据《史记·秦始皇本纪》记载：

"秦每破诸侯，写放其宫室，作之咸阳北阪上，南临渭，自雍门以东至泾、渭，殿屋复道，周阁相属。所得诸侯美人、钟鼓以充入之。"又据《三辅旧事》记载："后宫列女万余人，气上冲于天。"

汉承秦制，汉朝皇帝们的妻妾数量和秦始皇时期不相上下。汉高祖刘邦攻进咸阳城，看到咸阳宫内仍有数千美女无家可归。大臣建议他不要留下这些亡国女人，刘邦听不进去，动了善念，把这些女人全部收入后宫，娶不起老婆的穷小子一下子坐拥美妾数千。

汉武帝最爱美人，他执政时期国富民强，后宫当然也人数众多。南齐人王俭在《汉武故事》里说汉武帝"能三日不食，不能一日无妇人"。又据《旧唐书》记载："汉武帝后宫数万人，外讨戎夷，内兴宫室。"可见汉武帝的后宫有泱泱万人。

魏晋时期，局面混乱而统治阶层生活奢靡。魏蜀吴三国鼎立，每国后宫女人总数都不下万人。《三国志》里记载了东吴大臣贺邵曾经上书给皇帝孙皓的一段话："今国无一年之储，家无经月之畜，而后宫之中坐食者万有余人，内有离旷之怨，外有损耗之费，使库廪空于无用，市民饥于糟

糠。"虽然此为大臣劝谏皇帝之语，但从中不难判断孙皓的妻妾也有一万多人。

晋司马炎称帝后耽于酒色，先征选中级以上官员家的处女入宫，再禁止嫁娶，从下级官员和普通人家中征选五千名处女入宫。灭掉东吴后，又从孙皓宫内选取五千美女。前前后后加起来有一万多名妻妾。因为美女人数太多，晋武帝最头疼的就是日暮时分到哪里过夜，索

● **贵妃晓妆**

明代画家仇英绘人物故事图，全册共十开，此图为其中之一。清晨，杨贵妃在华清宫端正楼对镜理鬓，宫女们或奏乐、或采花、或携琵琶，表现出杨贵妃爱牡丹、喜簪花、善声乐、好打扮的习性，好一个奢华纵乐的场景！

性每天坐上一辆羊拉的小车随意游荡，羊停到哪位嫔妃的殿门外，就到哪里过夜。

进入经济与文化都空前发展的唐朝，皇帝的后宫也一度繁盛。据《新唐书》载："玄宗承平，财用富足，志大事奢，不爱惜赏赐爵位。开元、天宝中，宫嫔大率至四万……"可见唐玄宗李隆基时期，后宫人数曾达四万多人。

宋元明时期，皇帝们的后宫人数多者上万，少则数千。临近封建社会尾声的清朝皇帝们相对比较自律，嫔妃数量与以往朝代相比已经大为减少，仅就各位帝王记录在册的妻妾数量来看，除乾隆帝有41位之外，其余皇帝妻妾多者20人上下，少者不过10人。当然，皇家历史经常会被文字模糊得失去真实面目，这些有记载的妻妾仅限于有较高名分的女子，清宫内秀女、答应、宫女的数量虽然同唐宋相比有所减少，但是数量仍旧可观，这些女子随时有被皇帝临幸的可能。如此看来，清朝皇帝们的妻妾远不止记载的那点数目。

帝王妻妾的等级

帝王妻妾又分若干等，如同朝廷中的大臣有不同官职，不同等级的妻妾享受不同俸禄。后宫妃嫔制度随皇权制度的完善而完善。

夏商以前，帝王靠的是以德服人，以才治国，因此帝王生活并不奢靡，后妃制度也相对简单。据《通典·职官·后妃》记载，帝喾、尧帝均有四妃，嫡妻为正妃，其余为次妃，舜帝仅有三妃，不立正妃，三妃并称夫人。

从夏朝开始，中国进入奴隶社会，帝王的后妃制度有所发展，妻妾共十二人，所谓"天子娶十二女"即指夏制。商朝法制为帝王可娶妻妾三十九人，尊者为正妃。周朝以《礼记》中的"古者天子，后立六宫、三夫人、九嫔、二十七世妇、八十一御妻"为礼制，帝王妻妾共一百二十一人。嫡妻为王后，乃六宫之主，其余按尊卑依次为夫人、嫔、世妇、御妻，和外朝官制相对应："三夫人"位同三公，"九嫔"位同九卿，"二十七世妇"位同二十七大夫，"八十一御妻"位同八十一元士。王后总领后宫妃嫔，如同皇帝在朝廷中的地位，因而，历代后宫中因为争夺后位而发生的故事也不绝于书。"夫人坐论妇礼；九嫔掌教四德；世妇主丧、祭、宾客；女御序于王之燕寝"，不同等级的妃嫔各司不同职责，等级分明，分工明确。

史书所载为礼制，具体到不同帝王均有所增减，并非完全按照礼制而为。历史遥遥，很多事实都湮没在古老岁月中，后宫等级名目之繁多常令人眼花缭乱，我们仅能借一鳞半爪的文字对此有些初步的了解。

秦汉时期后妃制度大体相当。秦朝两代而亡，后宫制度尚不完善。汉承秦制又比秦完善，基本上确立起封建王朝后妃制度的框架，以后各朝后妃制度多在汉制基础上增减。

西汉初，正妻皇后以下依次设有夫人、美人、良人、八子、七子、长使、少使。汉高祖刘邦的宠妃戚夫人按名号仅次于吕后，但一级之差，权力却有天壤之别，吕后有权力让她去春米干粗活甚至虐待其至死。汉武帝时期，皇后之下设婕妤，汉元帝时昭仪仅次于皇后，婕妤又在昭仪之下，其余名分也有不同程度更改。

东汉开国皇帝刘秀生性俭朴，鉴于东汉外戚专权、后宫争宠等弊端，裁减后妃等级，降低后妃俸禄，后妃仅分为皇后、贵人、美人、宫人、采女，贵人俸禄不过粟十斗而已，贵人以下没有俸禄，只是岁时赏赐。

魏晋时期政权交叠，各朝后妃等级以汉制为基础，均有不同增减。

隋唐时期，后妃等级有所变化而趋于完备。皇后之下依次为贵妃、淑妃、贤妃，此为三夫人，享一品俸禄；昭仪、昭容、昭媛、修仪、修容、修媛、充仪、充容、充媛，此为九嫔，享二品俸禄；婕妤、美人、才人各九人，此为二十七世妇，婕妤三品，美人、才人四品；宝林、御女、采女各二十七，此为八十一御妻，分别享五品、六品、七品俸禄；另有女官负责宫中杂事。大唐盛世，帝王的妻妾享尽盛世荣华，后妃等级详尽而完备。

宋、元、明、清参照唐朝后宫制度，但是各自有所损益。比如明太祖朱元璋因出身贫寒，建国之初禁止豪奢，因而后宫妻妾数量、女官人数都相应减少，因此明朝的后宫嫔以下位分取消，宫女得到御幸后可晋升为妃。清朝在皇后之下设皇贵妃一人、贵妃二人、妃四人、嫔六人，嫔以下设贵人、常在、答应等数量不定。

●宫中图（局部）

明代画家杜堇绘，以宏大的场面描绘了后宫之中嫔妃们的日常生活。这些女子们或自弹自唱，或听乐人演奏，或以蹴鞠、棰球为乐……人物或自我沉醉，或心事重重，或强颜欢笑，或安详闲适，或愉悦欢欣，可谓是宫中生活百态图。

后宫秘史